Jeanne d'Arc

Régine Pernoud

Jeanne d'Arc
par elle-même et par ses témoins

Éditions du Seuil

Au Rév. Daniel S. Rankin
qui parle si bien du cœur de Jeanne
et dont la ferveur a su voir
au-delà de l'héroïne nationale
la sainte universelle.

TABLE DES ABRÉVIATIONS

C. *Procès de Condamnation*. Édition Tisset (P.) et Lanhers (Y.), *Procès de Condamnation de Jeanne d'Arc,* édité par la Société de l'Histoire de France, Paris, Klincksieck, 1960.

Q. Quicherat, *Procès de Condamnation et de Réhabilitation de Jeanne d'Arc dite la Pucelle publiés pour la première fois d'après les manuscrits,* Paris, 1841-48. Notamment les tomes IV et V de cet ouvrage contenant les chroniques et pièces d'archives relatives à Jeanne d'Arc.

R. *Procès de Réhabilitation*. Nous le citons pour plus de commodité d'après notre traduction : *Vie et Mort de Jeanne d'Arc. Les témoignages du Procès de Réhabilitation, 1450-1456,* Paris, Hachette, 1953.

J.S.O. *Journal du Siège d'Orléans,* cité d'après Quicherat, t. IV.

Préface
à la nouvelle édition

J'appréhendais un peu cette interview qui m'avait été demandée par deux journalistes coréens. Comment trouver un terrain de conversation commun avec des Coréens ? Que dire qui puisse intéresser la Corée ? C'était pour moi l'occasion de mesurer une pénible ignorance, mes informations les plus approfondies sur les rivages asiatiques remontant à Marco Polo, voire à Jean du Plan Carpin. Comment peut-on être si peu coréen ?

Prudemment je m'en tins à la plus banale des entrées en matière :

— Est-ce qu'on connaît Jeanne d'Arc en Corée ?

A ma grande surprise, les deux fronts oscillèrent, gravement, à l'orientale :

— Jeanne d'Arc est très bien connue en Corée. Notre héroïne nationale a été surnommée la Jeanne d'Arc coréenne.

Et c'est alors que j'appris l'histoire si pathétique de Gwan Sun Yu : cette jeune fille qui, par son action persuasive, détermina la marche silencieuse à travers les rues de sa ville, à Cheonan, qui fut le signal de la révolte coréenne contre l'occupation japonaise. Emprisonnée après avoir vu tuer sous ses yeux sa mère et l'un de ses frères, elle devait être horriblement suppliciée et mourir en prison le 12 octobre 1919 : elle n'avait pas seize ans. C'était une jeune chrétienne, baptisée dans la religion réformée. Ses deux héroïnes favorites depuis son enfance étaient Florence Nightingale et Jeanne d'Arc.

Cette Jeanne d'Arc des confins de l'Asie, quel élargissement apporté à notre vision! Nous nous obstinons à voir en Jeanne une héroïne « nationaliste », « tricolore », celle qui a « chassé l'Anglais ». Il faut être coréen, ou russe, ou américain, ou tchèque, ou irlandais, pour la voir telle qu'elle est : l'image de toutes les libérations, des jeunesses intrépides prêtes au sacrifice pour délivrer leur peuple de l'oppression étrangère. « Quant aux Anglais, la paix qu'il y faut, c'est qu'ils s'en aillent dans leur pays, en Angleterre. » (C, p. 216, 27 mars 1431.)

Il est après tout parfaitement significatif que Jeanne n'ait été ni comprise, ni même vraiment connue pendant toute l'ère colonialiste et esclavagiste : celle qui commence au XVIᵉ siècle et ne s'achève qu'en notre temps. Et pour l'historien qui bénéficie du recul des siècles, c'est un spectacle saisissant que celui de cette petite jeune fille s'élevant de toutes ses forces, au prix même de sa vie, contre l'oppression d'un peuple par un autre; cela au seuil d'une époque qui va faire précisément de l'oppression d'un peuple par un autre un système de gouvernement, l'objectif de toutes les politiques des nations européennes, voire même, par un étrange détournement, une entreprise patriotique : on se rassurait, il est vrai, en ce qui concerne du moins la France, par l'évocation des grandeurs de l'Empire romain; philosophie et civilisation antiques étaient opportunément rappelées pour justifier la mainmise d'un peuple sur un autre — sur beaucoup d'autres — et l'on camouflait volontiers en action culturelle des entreprises militaires dictées, beaucoup plus simplement, par le goût du profit. Cela, remarquons-le, aussi bien sous les républiques et les empires qu'au temps des monarques.

Par une surprenante coïncidence, Jeanne a été redécouverte au moment même où, tandis que s'accentuaient lourdement les guerres coloniales, naissait peu à peu la conscience de leur profonde injustice. La libération de la Grèce, celle de la Pologne enflammaient les esprits, et s'ils n'étaient mûrs encore pour admettre que l'autonomie de la personne et celle des peuples se présentât sous une forme aussi impérieuse quelle que soit la couleur de la peau, le germe cultivé dans l'élan romantique, au moment même où l'on redécouvrait aussi le Moyen Age, allait se développer et s'épanouir.

C'est entre 1841 et 1849 que l'érudit Quicherat publie, dans le latin des notaires, le texte des procès, puis celui des chroniques et actes divers se rapportant à Jeanne d'Arc. Quelqu'un à vrai dire l'avait précédé dans cette redécouverte : Michelet qui, alors Garde (directeur) de la Section historique aux Archives nationales, s'était reporté aux documents originaux; entre autres — et personne avant lui ne l'avait fait — au Procès de réhabilitation. Nous en avons une preuve certaine en ce que, n'étant pas paléographe, il a commis quelques fautes de lecture que Quicherat, lui, devait éviter : ainsi, dans le passage qu'il consacre à Jeanne et dont les pages sont dans toutes les mémoires, appelle-t-il *Haumette* son amie *Hauviette* que Péguy plus tard a immortalisée. Difficulté très ordinaire sur laquelle trébuchent les débutants à l'École des Chartes : trois jambages peuvent être soit un *m* soit un *vi*; mais cette erreur est pour nous précieuse, car elle prouve le soin avec lequel s'était penché sur les documents originaux celui qui, pour la première fois, donnait à Jeanne sa véritable place dans l'Histoire.

Il a fallu attendre encore pour que soit complétée l'œuvre de Quicherat par des traductions, par la publication des documents accessoires comme les consultations de docteurs et prélats faites lors du procès de réhabilitation, ou encore l'œuvre rédigée à la même occasion par l'inquisiteur Jean Bréhal : le *Summarium* et la *Recollectio*. Il reste qu'aujourd'hui tout lecteur de bonne foi peut être directement renseigné sur Jeanne d'Arc, en particulier depuis que la Société de l'Histoire de France a réédité, grâce au travail admirable de Pierre Tisset et d'Yvonne Lanhers, les deux versions connues du Procès de condamnation, texte latin et texte français, avec un volume de traduction et un volume de notes auxquels il ne semble pas que l'on puisse ajouter quoi que ce soit [1]. Comme nous savons que par ailleurs un

1. Parus chez Klincksieck, 1970-1971.

érudit, Pierre Duparc, s'emploie à refaire un travail équivalent pour le Procès de réhabilitation, révisant et approfondissant l'œuvre de Quicherat; comme, entre temps, ont paru les études du Père Doncœur et d'Yvonne Lanhers sur la Minute d'Orléans et autres documents, on se trouve aujourd'hui parfaitement armé pour connaître en toute sécurité l'histoire de Jeanne, — et la connaître par elle-même, sans cet intermédiaire que représente toujours plus ou moins l'historien, surtout lorsqu'il se mêle d'expliquer plutôt que d'exposer l'histoire.

En présentant cet ouvrage au public, en 1962, notre intention avait été précisément de retracer l'histoire de Jeanne uniquement par les documents d'époque (selon la méthode inaugurée par la collection *Il y a toujours un reporter* lancée chez Julliard peu de temps auparavant). L'appareil de références permettait de se reporter, comme c'est souhaitable, aux publications des textes originaux dans leur ensemble, et de vérifier donc la qualité des coupures faites pour éviter les répétitions, et aussi la valeur des traductions. Le reprenant à douze ans d'intervalle, il ne nous semble pas qu'il y ait lieu d'y apporter des corrections, bien que, en ce qui nous concerne, ces douze années aient été en partie occupées à creuser et approfondir un sujet inépuisable, et finalement aient vu l'aboutissement d'un projet caressé de longue date : celui d'un centre de documentation sur Jeanne d'Arc, dans lequel on puisse trouver sous forme de microfiches l'ensemble des documents du XVe siècle la concernant. Ce Centre Jeanne d'Arc, aujourd'hui installé à Orléans, comporte, outre les microfiches, une bibliothèque, une photothèque, une cinémathèque, une phonothèque, qui peu à peu se constituent; ouvert au grand public comme aux chercheurs, scolaires, universitaires, etc., il doit devenir, nous l'espérons du moins, un centre actif d'études concernant l'un des personnages les plus attirants de l'Histoire universelle.

Dire que nous ne voyons pas de rectification importante à opérer à cet ouvrage ne signifie pas que la bibliographie de

Jeanne d'Arc n'ait été notablement augmentée durant cette période de douze années. L'intérêt qu'elle suscite, loin de se ralentir, semble s'amplifier avec le temps, et l'on peut s'en féliciter, même quand les ouvrages émanent de pseudo-historiens ou de publicistes plus ou moins bien informés, car leurs erreurs même sont l'occasion de nouvelles recherches et de rectifications qui s'avèrent toujours fructueuses : l'histoire est comme la vie, toujours à recommencer et pourtant toujours nouvelle.

Contentons-nous de signaler rapidement quelques-uns des points élucidés dans l'intervalle. Il y a, bien entendu, la légende de la bâtardise, née, on le sait, au début du XIXe siècle dans la cervelle d'un sous-préfet de Bergerac. Elle s'est manifestée en une demi-douzaine d'ouvrages qui ont reçu récemment (1973) une réfutation magistrale de la part de Yann Grandeau, avec *Jeanne insultée. Procès en diffamation* (Albin Michel). Historien qui se prétend amateur, mais qui fréquente de longue date nos Archives — et tous ceux qui se prétendent historiens, voire médiévistes, n'en sont pas là! —, se soumettant à la discipline rigoureuse de ceux qui ne connaissent que le document, démontant point par point les astuces et les pitoyables ficelles dont usent les faiseurs de mystifications, ne laissant rien dans l'ombre, dénonçant patiemment tous les artifices d'ailleurs quelque peu usés dont ils se sont servis, Yann Grandeau établit clairement ce que les historiens savent depuis toujours sur les origines de Jeanne, cela grâce à une documentation absolument sans défaut. Pour l'amusement du lecteur, nous raconterons comment l'auteur a été assigné devant le tribunal par l'un des contrefacteurs, furieux de s'être vu traité d'imposteur. Le procès en diffamation qui lui a été intenté s'est terminé par une sentence rendue le 6 juin 1974 dans laquelle le tribunal, ayant pris connaissance de la manière dont le plaignant avait tronqué les textes, reconnaissait combien l'indignation de Yann Grandeau était légitime et déboutait son adversaire. Si l'on tient compte de la mentalité du Français, tout empreinte de ce juridisme que lui a inculqué notre Code avec ses réminiscences de droit romain, on peut penser qu'un tel jugement refroidira le zèle des futurs contrefacteurs, mais de toute façon le lecteur de bonne foi possède à présent l'arsenal complet, fortement étayé sur les bases documentaires les plus rigoureuses, des renseignements susceptibles de l'intéresser.

Que peut-on signaler d'autre ? En positif le solide petit résumé de la vie de Jeanne d'Arc dû à André Bossuat, paru dans la collection « Que sais-je ? » (n° 211, 1967); les études absolument remarquables de E. Delaruelle sur *La Spiritualité de Jeanne d'Arc* parues dans le *Bulletin de littérature ecclésiastique* (Toulouse, 1964, 1-2, p. 17-33, 81-98) pourvues d'une excellente bibliographie. En négatif peu de chose, sinon quelques amusettes dont nous énumérerons rapidement les plus marquantes : L'histoire du « souterrain » par lequel Jeanne se serait échappée et qui aurait servi également à la Gestapo en 1944 à Rouen; l'erreur a été réfutée par P. Guillaume dans sa brochure : *Y a-t-il du nouveau sur Jeanne d'Arc ?* (Orléans, 1965). Il y eut aussi ce journaliste qui s'inquiétait très fort, soupçonnant qu'on « nous cachait quelque chose », en apprenant que le procès de réhabilitation n'était pas publié *in extenso*. Émoi bien légitime, certes, chez un journaliste qu'habite tout naturellement le souci d'une information exacte et complète : certains ne poussent-ils pas ce souci d'information jusqu'à informer le public de questions qu'eux-mêmes ignorent tout à fait ? Mais qu'il se rassure : si l'on ajoute à la publication du corps même du procès, faite par Quicherat, l'édition des consultations de docteurs et celles que nous avons citées plus haut, on possède bien *in extenso* le texte du procès de réhabilitation lequel compose un manuscrit de 180 folios, soit 360 pages d'écriture très serrée in-folio grand format. Ce qui a été omis, ce sont les diverses pièces de procédure : assignations, convocations, etc. qui, adressées aux quelque cent-quinze témoins appelés au cours des diverses phases d'un procès qui, avec les enquêtes préalables, s'est déroulé sur *sept ans*, forment à elles seules une bonne partie des dites pages sans pour cela présenter le moindre intérêt pour le lecteur.

On pourrait évoquer aussi les vieilles accusations contre l'Église reprises d'Anatole France et passablement éculées. Nous n'en ferions pas mention si tout récemment un universitaire distingué (les universitaires ne pardonneront jamais tout à fait à Jeanne d'Arc ses réponses aux universitaires parisiens qui la condamnèrent : on sait que Pierre Cauchon était lui-même ancien recteur de l'Université de Paris, devenu évêque de Beauvais par la grâce du duc de Bourgogne, et qu'il fit appel à ses ex-confrères dont la plupart avaient passé en bloc dans le camp anglais, étant avant tout soucieux de ne point perdre rang, dignités et prestations financières) un universitaire donc, à la stupéfaction de tous ceux qui pratiquent l'histoire de Jeanne d'Arc, n'avançait (*Le Monde*, 22 février 1974) cette imprudente assertion : « On attend que les Archives vaticanes nous donnent connaissance un de ces jours des pièces du troisième procès : celui de la canonisation de « sainte » Jeanne d'Arc (1920). On voudrait savoir en effet, ajoutait-il, dans quelles conditions un peu roublardes fut donnée à la France tricolore du Bloc national cette sainte prestement débarbouillée des accusations de sorcellerie, fabriquées de toutes pièces cinq siècles plus tôt. » L'auteur alignait là un certain nombre d'erreurs faciles à rectifier. La cause de canonisation de Jeanne d'Arc a été introduite auprès du Vatican en 1869. Son procès a duré cinquante et un ans. Il se peut que pour un historien habitué à jongler avec les siècles cet espace de temps paraisse relativement court; pourtant l'adverbe *prestement* ne paraît pas être, à la réflexion, celui qui convenait le mieux. Plus surprenant encore est le fait qu'il ignore que, dès la date de 1893, les Presses de l'Imprimerie vaticane livraient au public, tout naturellement — c'est ce qui se fait en toute cause de canonisation — la publication *in extenso* des enquêtes et pièces diverses de la cause étudiée. Il y a eu depuis cette date de 1893 (peut-on à l'époque parler de « Bloc national tricolore »?) *dix-sept volumes* in-4°, émanant du Vatican lui-même et donnant entre cette date et celle de 1920 l'intégralité du Procès de canonisation. Nous invitons gracieusement l'universitaire en question à venir compléter au Centre Jeanne d'Arc, où ces volumes sont à la disposition du public, sa documentation visiblement un peu hâtive.

Quant à parler « d'accusations de sorcellerie » à propos du Procès de condamnation, cela prouve qu'il ne s'est pas plus reporté à ce procès qu'à celui de canonisation. Il lui eût été facile, en effet, de vérifier que, si Jeanne a été accusée d'être « idolâtre » et « invocatrice de démons », aucune accusation de sorcellerie proprement dite n'a été, et pour cause, retenue contre elle; aucune n'est entrée en ligne de compte dans la décision finale qui était d'ailleurs la décision initiale du roi d'Angleterre, nettement affirmée par lui dans sa lettre adressée à l'évêque de Beauvais (le seul véritable juge de Jeanne, étant donné le rôle à peu près nul du vice-inquisiteur Jean Lemaître, qui, en toute régularité, aurait dû être le principal agent dans un procès d'Inquisition) à la date du 3 janvier 1431 : « C'est notre intention, lui écrivait-il, de ravoir et reprendre par devers nous cette Jeanne s'il était ainsi qu'elle ne fût convaincue ou atteinte des cas susdits... touchant notre foi. » On ne peut mieux poser le procès tel qu'il fut : procès simulé d'hérésie (et non de sorcellerie!) mené par un juge qui savait fort bien qu'au cas où lui-même ne la condamnerait pas, le roi d'Angleterre entendait expressément se charger de sa prisonnière; il est aisé de comprendre comment.

Mais la sorcellerie tracasse les esprits à notre époque, visiblement plus d'ailleurs qu'au xve siècle. Rappelons que le premier procès de sorcellerie important ne fut mené qu'en 1456 et que semblables procès ne se sont réellement multipliés qu'au xvie siècle et surtout dans la première moitié du xviie siècle. Lors du procès de condamnation il y eut certes quelques efforts pour amener un aveu de sorcellerie, dans les questions posées par les juges ou assesseurs et dans le *Libelle* rédigé par d'Estivet, l'âme damnée de Cauchon; mais Jeanne les avait écartés comme on chasse une mouche, d'un revers de main. En revanche, il est amusant de constater le rôle que quelques auteurs de notre temps attribuent à la sorcellerie. Certains ne voient-ils pas, dans les examens de virginité auxquels Jeanne fut soumise, une épreuve destinée à détecter la « sorcière » : « Les sorcières forniquent avec Satan », écrit savamment l'un d'eux! Contentons-nous ici d'une réflexion de simple bon sens : celle qui se proclamait Jeanne la Pucelle, c'est-à-dire la vierge, et que ses contemporains ne connurent que sous ce nom, eût été immédiatement confondue si à l'examen il s'était révélé qu'elle ne l'était pas.

Ajoutons qu'en civilisation chrétienne personne ne peut se méprendre sur ce que représente la virginité, signe de consécration à Dieu — consécration qui se veut pleine et entière. Jeanne elle-même accordait la plus grande importance à ce vœu de virginité qu'elle avait prononcé, dit-elle, quand « elle connut que c'était la voix d'un ange » qui s'adressait à elle dans le jardin de son père. Inutile pour l'expliquer d'aller chercher des histoires de sorcellerie semblables à celles qui venaient à l'esprit d'un d'Estivet ou d'un Cauchon — ces tristes exécuteurs des basses besognes de l'occupant — que Jeanne, elle, n'a jamais confondus avec « l'Église ».

A quoi bon s'attarder à ces sottises ? Il y a bien longtemps que le peuple, lui, s'est reconnu en Jeanne, et qu'à Orléans en particulier, ce peuple, témoignant de la plus étonnante fidélité à travers les siècles, continue à l'honorer comme si c'était hier qu'il eût été par elle libéré ; et par-delà Orléans, c'est dans le monde entier qu'aujourd'hui, pour tous, de l'extrême Occident à l'Extrême-Orient, Jeanne est la plus fascinante en même temps que la plus pure de toutes les figures de libération.

Régine   Pernoud

Introduction

« Mardi, dixième jour de mai, fut rapporté et dit à Paris publiquement que dimanche dernier passé, les gens du dauphin, en grand nombre, après plusieurs assauts continuellement entretenus par force d'armes, étaient entrés dedans la baſtide que tenait Guillaume Glasdal (Glasdale) et autres capitaines et gens d'armes anglais de par le roi, avec la tour de l'issue du pont d'Orléans par-delà la Loire, et que ce jour les autres capitaines et gens d'armes tenant le siège et les baſtides par-deçà la Loire devant la ville d'Orléans étaient partis d'icelles baſtides et avaient levé leur siège pour aller conforter ledit Glasdal et ses compagnons et pour combattre les ennemis qui avaient en leur compagnie une pucelle seule ayant bannière entre les dits ennemis, si comme on disait. »

Cette mention eſt portée sur un de ces Regiſtres du Parlement de Paris qui forment, de nos jours, une des collections les plus impressionnantes conservées aux Archives Nationales (plus de douze mille regiſtres de parchemin formant la série X. 1 A et dont les plus anciens remontent au milieu du XIIIᵉ siècle). A la date où elle fut écrite, le mardi 10 mai 1429, le greffier du Parlement était Clément de Fauquembergue, — scribe exaẛ et consciencieux qui avait pris l'habitude d'inscrire, en plus des affaires de juſtice, plaidoiries, procès, etc., qu'il avait pour mission d'enregiſtrer, les principales nouvelles du jour, si bien que la série des regiſtres tenus par lui forment une sorte de journal officiel pour son temps.

Dans la marge de son regiſtre, à côté de cette mention, le greffier a tracé à la plume un petit croquis auquel on ne saurait d'ailleurs accorder plus d'importance qu'à ces griffon-

nages dont nous remplissons aujourd'hui les marges de
notre annuaire du téléphone en attendant notre correspondant : il n'avait pas vu Jeanne et ne savait d'elle que ce qu'il
nous en dit; mais ce petit dessin n'en a pas moins eu souvent, à notre époque, les honneurs de la reproduction; et
il le mérite, car c'est la seule effigie tracée du vivant de
l'héroïne que nous possédions.

Elle est d'ailleurs, cette mention, chargée de sens dans sa
brièveté. Ceux que Clément de Fauquembergue appelle les
ennemis, ce sont les Français. S'il les appelle ainsi, lui, le
greffier du Parlement de Paris, installé au cœur de la Cité,
c'est parce que Paris, à l'époque, est depuis plus de dix ans
déjà aux mains de l'occupant anglais. Rappelons rapidement les dates qui jalonnent cette occupation : 1415,
Azincourt – l'armée française anéantie, sept mille tués
contre quatre à cinq cents du côté anglais, mille cinq cents
prisonniers dont l'un des plus illustres représentants de la
Maison de France après le roi lui-même, Charles, duc d'Orléans; 1418, l'entrée des Anglais à Paris avec la complicité
du duc de Bourgogne, Jean Sans Peur; le roi Charles VI
est fou, la reine, la trop célèbre Isabeau de Bavière, pactise
avec l'ennemi; Henri V de Lancastre, roi d'Angleterre,
fait figure non seulement de vainqueur, mais presque d'envoyé de Dieu, venu châtier les « mauvais vices » qui
règnent en France. « Dieu a voulu les punir », dira-t-il en
parlant des Français lorsqu'il rendra visite à Charles d'Orléans enfermé dans la Tour de Londres. Et de fait, surtout
depuis qu'en 1392 la folie du roi, bien qu'intermittente, a
livré le royaume aux divers membres de sa famille, ceux-ci
n'ont fait preuve que du pire égoïsme, profitant de son état
pour satisfaire leurs ambitions personnelles et assouvir les
rivalités et les haines qui ne tardent pas à s'élever entre
eux. L'avenir de la dynastie est mal assuré par une famille
qui donne des signes évidents de dégénérescence : trois dau-
phins, Charles, Louis et Jean, meurent successivement
entre 1401 et 1417; celui qui, dans la mention de Fauquembergue, porte le nom de dauphin, Charles, futur Charles VII,
né en 1403, sera seul survivant des six fils d'Isabeau. C'est
l'époque où, selon l'expression du temps, il y a « grande
pitié au royaume de France », livré au pillage, rançonné

par les gens d'armes, ravagé par les guerres et par les épidémies qui s'y sont succédées depuis près d'un siècle, – depuis la peste noire de 1348.

Et l'on en arrive ainsi à la date du traité de Troyes, 21 mai 1420, qui déshérite le dauphin Charles au profit du roi d'Angleterre, Henri V, lequel épousera, le 2 juin suivant, l'une des filles de Charles VI et d'Isabeau, Catherine, tandis qu'une autre, Michelle, sera donnée au duc de Bourgogne, Philippe le Bon, sous l'égide duquel s'installe ainsi en France ce qu'on appelle la « double monarchie », France et Angleterre réunies sous la couronne anglaise; désormais, les armes d'Angleterre porteront, à côté des léopards traditionnels, les fleurs de lys de France.

Or, deux ans plus tard, le 31 août 1422, Henri V meurt brusquement en pleine jeunesse, en pleine victoire. Quelques semaines encore et, le 21 octobre suivant, Charles VI, un vieillard à cinquante-trois ans, le suit dans la tombe. Restent en présence l'héritier en titre, un enfant de dix mois, le petit Henri VI, fils d'Henri V et de Catherine, – et celui qu'on continue à appeler le dauphin, futur Charles VII. Mais leurs forces sont loin de s'équilibrer, car l'oncle du roi d'Angleterre, Jean, duc de Bedford, exerce la régence, et la domination anglaise est solidement installée en Ile-de-France et en Normandie; si l'on joint le territoire que l'Anglais contrôle à celui qui relève du duc de Bourgogne son allié, c'est tout le Nord et l'Est de la France qui lui appartiennent, tandis que, par dérision, on appelle Charles le « roi de Bourges »; il s'est retranché au Sud de la Loire qui lui demeure fidèle, tandis qu'au-delà, seules quelques places résistent encore à la pression anglo-bourguignonne : le Mont Saint-Michel qui, pendant quarante ans, tiendra tête, isolé au milieu des eaux, contre l'ennemi, la ville de Tournai, la petite cité de Vaucouleurs et surtout la ville d'Orléans qui contrôle le principal pont sur la Loire.

C'est bien parce qu'Orléans représente comme le boulevard de l'invasion que les Anglais vont attacher tant d'importance à s'en rendre maîtres; ils enverront l'un de leurs plus fameux capitaines, Thomas Montague, comte de Salisbury, mettre le siège devant la ville le 12 octobre 1428, à la suite d'une campagne au cours de laquelle, s'étant assuré solidement la possession de la Normandie et de la Beauce, ils entendent se diriger vers ces régions au-delà de la Loire où le dauphin Charles sera par eux traqué. Orléans est une voie de passage indispensable; la prise d'Orléans sera donc l'événement décisif. Le tout se passe sur cet arrière-plan (trop facile à comprendre et à reconstituer par ceux qui ont vécu les années 1940 à 1945), d'une France divisée, déchirée, dans laquelle les uns ont pris parti pour l'occupant – on les appelle les Bourguignons, – les autres contre : les Armagnacs, ainsi appelés du nom de Bernard d'Armagnac, beau-père de Charles d'Orléans, qui, quelque temps, a dirigé la résistance; et leur surnom manifeste aussi l'appui que fournit à la dynastie légitime la France méridionale.

Le siège d'Orléans est mené avec lenteur par un occupant qui se sent sûr de lui. La ville, réduite à la famine, a envoyé des délégués pour traiter avec le duc de Bourgogne, quand la nouvelle éclate comme un coup de tonnerre : Orléans a été délivrée. Le dimanche 8 mai 1429, les Anglais ont levé le siège. Comment cela s'est-il produit ? Chacun attribue la victoire à cette « pucelle ayant bannière » dont parle le greffier Clément de Fauquembergue. Qui était-elle ? D'où venait-elle ? Quels furent sa vie et ses exploits ? A ces questions que les contemporains se sont posées comme nous – il leur importait beaucoup plus encore qu'à nous de connaître la vérité à ce sujet – les documents historiques vont répondre.

1. *Les origines et l'enfance.*

« Jurez de dire la vérité en ce qui vous sera demandé concernant la foi et que vous saurez.

JEANNE : De mon père, de ma mère, et de tout ce que j'ai fait depuis que je suis arrivée en France, je jurerai volontiers... »

Jeanne, à genoux, les deux mains sur le livre – un missel –, jure qu'elle dira la vérité sur ce qui lui sera demandé.

« Quels sont vos noms et surnoms ?

JEANNE : En mon pays, on m'appelait Jeannette, et, lorsque je suis venue en France, on m'a appelée Jeanne – quant à mon surnom, je n'en sais rien.

– Où êtes-vous née ?

JEANNE : Je suis née en la ville de Domremy qui fait un avec celle de Greux. C'est au lieu de Greux qu'est la principale église.

– Le nom de votre père et de votre mère ?

JEANNE : Mon père s'appelait Jacques d'Arc et ma mère Isabelle.

– Où avez-vous été baptisée ?

JEANNE : Dans l'église de Domremy.

– Quels furent vos parrains et marraines ?

JEANNE : Une de mes marraines s'appelait Agnès, une autre Jeanne, une autre Sibille; un de mes parrains s'appelait Jean Lingué, un autre Jean Barré; j'ai eu beaucoup d'autres parrains et marraines, comme je l'ai entendu dire de ma mère.

– Quel est le prêtre qui vous a baptisée ?

JEANNE : Maître Jean Minet, à ce que je crois.

– Vit-il encore ?

JEANNE : Oui, je crois.

– Quel âge avez-vous ?

JEANNE : A ce qu'il me semble, environ dix-neuf ans. Et c'est de ma mère que j'ai appris Pater Noster, Ave Maria, Credo. Personne ne m'a appris ma croyance si ce n'est ma mère. (C 38-41)

– Avez-vous appris quelque métier dans votre jeunesse ?

JEANNE : Oui, à coudre les toiles de lin et à filer; je ne crains femme de Rouen pour filer et coudre... Quand j'étais dans la maison de mon père je m'occupais aux travaux de la maison...

– Confessiez-vous chaque année vos péchés ?

JEANNE : Oui, et à mon curé; quand le curé était empêché, je me confessais à quelque autre prêtre avec sa permission. Une fois, ou deux ou trois, à ce que je crois, je me suis confessée à des religieux mendiants; c'était à la ville de Neufchâteau. Et je recevais le sacrement de l'Eucharistie à la fête de Pâques.

– Receviez-vous ce sacrement de l'Eucharistie à d'autres fêtes qu'à Pâques ?

JEANNE : Passez outre. » (C 46)

Ce témoignage donné par Jeanne elle-même est confirmé par les gens de Domremy qui l'ont connue dès sa petite enfance et dans sa jeunesse.

Jean Moreau, laboureur, de Greux, soixante-dix ans ou environ : « Jeannette, dont il s'agit, est née à Domremy et a été baptisée dans l'église de Saint-Remy, paroisse de ce lieu. Son père s'appelait Jacques d'Arc et sa mère Isabelette, de leur vivant laboureurs à Domremy; à ce que j'ai vu et su, c'étaient de bons et fidèles catholiques et de bons laboureurs, de bonne réputation et d'honnête conversation, selon l'état de laboureur; car plusieurs fois, j'ai conversé avec eux. J'ai été moi-même l'un des parrains de Jeanne; elle eut pour marraines la femme d'Étienne Royer et Béatrice veuve d'Estellin demeurant dans la ville de Domremy, et Jeannette, veuve de Tiercelin de Viteau, demeurant dans la ville de Neufchâteau. Jeannette, en son premier âge, était bien et convenablement élevée dans la foi et les bonnes mœurs, et telle que presque tous les habitants de Domremy l'aimaient; et Jeannette connaissait sa croyance, le Notre Père, l'Ave Maria, comme le savent les fillettes de son âge. « Jeannette était d'honnête conversation, comme peut l'être une fille de son état, car ses parents n'étaient pas bien riches; et dans sa jeunesse et jusqu'au moment où elle a quitté la maison de son père, elle allait à la charrue et gardait parfois les animaux aux champs, et faisait les ouvrages de femme, filer et tout le reste. Jeannette allait volontiers et souvent à l'église et à l'ermitage de Notre-Dame de Bermont, près de la ville de Domremy, quand ses parents croyaient qu'elle était à la charrue, aux champs ou ailleurs. Quand elle entendait sonner la messe et qu'elle était aux champs, elle s'en venait à la ville et à l'église pour entendre la messe, comme je l'ai vue faire. Je l'ai vue se confesser au temps pascal et autres fêtes solennelles; elle se confessait à messire Guillaume Front, alors curé de l'église paroissiale Saint-Remy de Domremy. » (R 67-68)

Simonin Musnier, laboureur, quarante-quatre ans environ, un camarade d'enfance : « J'ai été élevé avec Jeanne la Pucelle à côté de la maison de son père. Je sais qu'elle était bonne, simple, pieuse, craignant Dieu et ses saints; elle allait souvent et volontiers à l'église et aux lieux saints, soignait les malades et donnait l'aumône aux pauvres; cela je l'ai vu, car, quand j'étais enfant, j'ai été moi-même malade et Jeanne venait me consoler... » (R 76)

Mengette ou Marguerite, femme de Jean Joyart, quarante-six ans ou environ, son amie : « La maison de mon père était presque contiguë à celle de Jeannette et je connaissais Jeannette la Pucelle, car souvent je filais en sa compagnie et faisais avec elle les autres ouvrages de la maison, jour et nuit; elle était élevée dans la religion chrétienne et remplie de bonnes mœurs à ce qu'il semblait; elle allait volontiers et souvent à l'église et faisait aumône des biens de son père et était si bonne, simple et pieuse, que moi et les autres jeunes filles nous lui disions qu'elle était trop pieuse; elle travaillait volontiers et s'occupait à de multiples besognes : elle filait, faisait les travaux de la maison, allait aux moissons, et, quand c'était le moment, quelquefois, elle gardait à son tour les animaux en filant. Elle se confessait volontiers; je l'ai vue souvent à genoux devant le curé de la ville. » (R 78)

Hauviette, femme de Gérard de Sionne, quarante-cinq ans ou environ : « Depuis ma jeunesse, j'ai connu Jeanne la Pucelle qui est née à Domremy de Jacques d'Arc et Isabelette, époux, honnêtes laboureurs et vrais catholiques de bonne renommée. Je le sais parce que très souvent j'ai été en compagnie de Jeanne et qu'étant son amie, j'allais dans la maison de son père. Je ne me souviens cependant pas de ses parrains et marraines, si ce n'est par ce que j'en ai entendu dire, car Jeanne était plus âgée que moi de trois ou quatre ans à ce qu'on disait.

« Jeanne était bonne, simple et douce fille, elle allait souvent et volontiers à l'église et aux lieux saints et souvent elle avait honte de ce que les gens disaient qu'elle allait si dévotement à l'église. J'ai entendu dire au curé qui était là de son temps qu'elle se confessait souvent. Jeanne s'occupait comme le font les autres jeunes filles; elle faisait les travaux de la maison et filait, et quelquefois – je l'ai vue – elle gardait les troupeaux de son père. » (R 77)

Colin, fils de Jean Colin de Greux, laboureur, cinquante ans ou environ, son camarade : « Jeanne, à ce que j'ai vu, était bonne, simple, douce fille, de bonne conduite. Elle allait volontiers à l'église, comme je l'ai vu, car, presque chaque samedi après-midi, Jeanne, avec sa sœur et d'autres femmes, allait à l'ermitage de Notre-Dame de Bermont et portait des cierges; elle était très dévote envers Dieu et la bienheureuse Vierge, au point qu'à cause de sa piété, moi-même, qui étais jeune alors et d'autres jeunes gens, nous la taquinions. Elle travaillait volontiers, veillait à la nourriture des bêtes, elle s'occupait volontiers des animaux de la maison de son père, filait et faisait les travaux de la maison. J'ai entendu dire par messire Guillaume Front, autrefois curé de la paroisse, que Jeanne était bonne catholique, qu'il n'en avait jamais vu meilleure et n'avait meilleure en sa paroisse. » (R 75-76)

Durand Laxart ou Lassois, laboureur, de Burey, oncle par alliance de Jeanne : « Jeanne était de la parenté de Jeanne ma femme. J'ai bien connu Jacques d'Arc et Isabelette, parents de Jeanne la Pucelle, bons et fidèles catholiques et de bonne renommée et je crois que Jeanne est née dans la ville de Domremy et qu'elle a été baptisée aux fonts de Saint-Remy dans cette ville. Jeanne était de bonne conduite, dévote, patiente, elle allait volontiers à l'église, volontiers se confessait, et elle faisait aumône aux pauvres quand elle le pouvait, comme je l'ai vu, tant dans la ville de Domremy, qu'à Burey, dans ma maison, où Jeanne a demeuré l'espace de six semaines; volontiers, elle travaillait, filait, allait à la charrue, gardait les animaux, et faisait autres ouvrages convenables aux femmes. » (R 82)

Isabelette, femme de Gérardin d'Épinal, cinquante ans ou environ : « Volontiers, elle faisait l'aumône et faisait recueillir les pauvres et elle voulait coucher sous le manteau de la cheminée et que les pauvres couchent dans son lit; on ne la voyait pas traîner dans la rue, mais elle se tenait à l'église à prier. Elle ne dansait pas, si bien que souvent on en causait, nous, les autres jeunes gens et jeunes filles. Toujours elle travaillait, filait, cultivait la terre avec son père, faisait les travaux de la maison et parfois gardait les animaux; elle se confessait volontiers et souvent, comme je l'ai vu, car Jeannette la Pucelle était ma commère et avait tenu sur les fonts baptismaux Nicolas, mon fils. Et souvent, j'allais avec elle et je la voyais se confesser à l'église, à Messire Guillaume qui était alors curé. » (R 81)

Michel Lebuin, de Domremy, cultivateur à Burey, quarante-quatre ans ou environ : « Jeanne allait volontiers à l'église et fréquentait les lieux saints. Je le sais, car moi-même, à plusieurs reprises, quand j'étais jeune, je suis allé avec elle en pèlerinage à l'ermitage Notre-Dame de Bermont. Elle allait presque chaque samedi à cet ermitage avec sa sœur et y mettait des cierges. Elle donnait volontiers, pour l'amour de Dieu, tout ce qu'elle pouvait avoir. Elle s'occupait activement aux travaux des femmes et des autres jeunes filles, très bien et très convenablement; elle se confessait souvent; je le sais, car j'étais son camarade et je l'ai vue souvent se confesser. » (R 79)

Dominique Jacob, curé d'une paroisse voisine (Montiers-sur-Saulx, au diocèse de Toul), trente-cinq ans ou environ : « Jeannette était de Domremy et, à ce que je crois, elle fut baptisée en l'église de Saint-Remy en cette ville. Et furent ses parents Jacques d'Arc et Isabelette, époux, qui étaient bons catholiques et de bonne réputation; j'en ai toujours entendu parler comme tels... Jeanne était plus âgée que moi. Je l'ai vue et connue trois ou quatre ans avant qu'elle ne quitte la maison de son père et de sa mère; elle était élevée dans de bonnes mœurs et d'honnêtes habitudes et allait souvent à l'église et parfois, quand on sonnait complies à l'église de la ville, elle se mettait à genoux et, à ce qu'il me semblait, elle disait pieusement ses prières. » (R 73)

Étienne de Sionne, curé de Roncessey près Neufchâteau, cinquante-quatre ans ou environ : « J'ai souvent entendu dire par messire Guillaume Front, de son vivant curé de la ville de Domremy, que Jeannette dite la Pucelle était une bonne et simple fille, pieuse, bien élevée, craignant Dieu, tant qu'elle n'avait pas sa pareille dans la ville. Souvent elle lui confessait ses péchés et il disait que si Jeanne avait eu de l'argent à elle, elle l'aurait donné à son curé pour faire dire des messes. Ce curé me disait que chaque jour, quand il célébrait, elle était à la messe. » (R 73)

Perrin Drappier, marguillier de Domremy, soixante ans ou environ : « Jeannette la Pucelle, au temps de sa jeunesse, jusqu'à son départ de la maison de son père, était une fille bonne, chaste, simple, réservée, ne jurant Dieu ni les saints, craignant Dieu;

elle allait souvent à l'église et souvent se confessait. La cause que je sais cela, c'est que j'étais, en ce temps, marguillier de l'église de Domremy et souvent je voyais Jeanne venir à l'église, à la messe et aux complies. Et quand je ne sonnais pas complies, Jeanne m'attrapait et me grondait, disant que je n'avais pas bien fait, et même elle avait promis de me donner de la laine afin que je sois exact à sonner complies. Et Jeanne allait souvent avec sa sœur et d'autres gens à une église et ermitage qu'on appelle de Bermont fondés en l'honneur de la bienheureuse Vierge Marie. Elle faisait beaucoup d'aumônes; elle travaillait volontiers, filant et faisant les ouvrages nécessaires, et parfois, elle allait à la charrue et, à son tour, gardait les animaux. » (R 74-75)

Une enfance comme les autres avec, comme les autres aussi, quelques traits qui rappellent l'épouvantable arrière-plan des événements, ressentis jusque dans ce petit coin perdu aux confins de la Lorraine et du Barrois.

« Ceux de Domremy tenaient-ils le parti des Bourguignons ou le parti contraire ?

JEANNE : Je n'y connaissais qu'un seul Bourguignon et j'aurais voulu qu'il eût la tête coupée, – pourtant si cela avait plu à Dieu.

– Dans la ville de Maxey, étaient-ils Bourguignons ou ennemis des Bourguignons ?

JEANNE : Ils étaient Bourguignons...

– Avez-vous jamais été avec les petits enfants qui se battaient pour le parti qui est le vôtre ?

JEANNE : Non. Je n'en ai pas mémoire; mais j'ai bien vu que certains de ceux de la ville de Domremy avaient combattu contre ceux de Maxey d'où ils revenaient parfois bien blessés et saignants.

– Dans votre jeune âge, aviez-vous grand désir de poursuivre les Bourguignons ?

JEANNE : J'avais grande volonté et désir que mon roi eût son royaume...

– Conduisiez-vous les animaux aux champs ?

JEANNE : J'en ai répondu ailleurs. Quand j'ai été assez grande et que j'ai eu l'âge de raison, je ne gardais généralement pas les animaux, mais j'aidais bien à les conduire aux prés et aussi en un lieu fortifié qu'on appelait l'Isle, par crainte des gens d'armes; mais je ne me souviens pas si, dans mon jeune âge, je les gardais ou non. » (C 63-65)

Cela nous restitue l'atmosphère de cette France divisée, où leurs opinions dressent les êtres les uns contre les autres, où l'approche de gens d'armes est promptement signalée par les paysans qui, aussitôt, cherchent un abri pour leur bétail et pour eux-mêmes. A Domremy, le seul lieu fortifié est cette maison de l'Isle dont parle Jeanne. Refuge qui se révèle parfois insuffisant. En 1428, Antoine de Vergy, gouverneur de Champagne pour le roi d'Angleterre, reçut l'ordre d'aller assiéger la cité de Vaucouleurs, la seule, dans tout le bailliage de Chaumont, qui n'eût pas encore fait sa soumission; toutes les autres, tant Chaumont même que Nogent-le-Roi, Coiffy, Andelot, Montigny-le-Roi, s'étaient ralliées à la couronne anglaise.

« JEANNE : Par crainte des Bourguignons, j'ai quitté la maison de mon père et suis allée à la ville de Neuf-château, en Lorraine, chez une femme nommée La Rousse où j'ai demeuré pendant environ quinze jours. » (C 46)

Isabelette, femme de Gérardin d'Épinal : « Jeanne a été à Neufchâteau avec son père, sa mère, ses frères et sœurs, qui, à cause des gens de guerre, menèrent leurs animaux à Neufchâteau. Mais elle n'y demeura pas beaucoup et elle revint à Domremy avec son père, comme je l'ai vu; car elle n'aimait pas demeurer là-bas, mais disait qu'elle préférait demeurer à Domremy. » (R 82)

Dominique Jacob, curé de Montiers-sur-Saulx : « Tous les habitants de Domremy s'enfuirent, à cause des hommes d'armes, et vinrent à Neufchâteau, et parmi eux Jeannette vint aussi avec son père et sa mère et toujours en leur compagnie. » (R 74)

Hauviette : « Moi-même, j'ai été aussi à Neufchâteau à ce moment-là et j'ai vu Jeanne tout le temps. » (R 77)

Gérard Guillemette, laboureur, de Greux, quarante ans ou environ : « Moi qui parle, j'ai été à Neufchâteau avec Jeanne, son père et sa mère, et je l'ai vue toujours avec son père et sa mère, si ce n'est que pendant trois ou quatre jours, Jeannette, en présence de son père et de sa mère, aidait l'hôtesse chez laquelle ils étaient logés, appelée La Rousse, honnête femme de la ville. Je sais bien qu'ils ne demeurèrent à Neufchâteau que quatre ou cinq jours, jusqu'à ce que les soldats s'en soient allés. Puis elle est revenue à Domremy avec son père et sa mère. » (R 85)

Cependant, la dureté des temps n'empêchait pas que la jeunesse du pays ne prît quelquefois des distractions. « JEANNE : Assez proche de la ville de Domremy, il y a un arbre qu'on appelle l'Arbre des Dames, et d'autres l'appellent l'Arbre des Fées, auprès duquel est une fontaine; et j'ai entendu dire que les malades qui ont la fièvre boivent de l'eau de cette fontaine et ils demandent de cette eau pour recouvrer la santé. Je l'ai vu moi-même, mais je ne sais pas si cela les guérit ou non. C'est un grand arbre appelé fau (hêtre) d'où vient le beau mai; il appartenait à messire Pierre de Bourlemont, chevalier. Quelquefois j'allais m'y promener avec les autres filles et je faisais à cet arbre des guirlandes pour l'image de Notre-Dame de Domremy;... J'ai vu mettre de ces guirlandes aux branches de l'arbre par les jeunes filles et quelquefois moi-même j'en ai mis avec les autres; quelquefois nous les emportions, et quelquefois nous les laissions... Je ne sais pas si, depuis que j'ai eu l'âge de raison, j'ai dansé auprès de cet arbre; j'ai bien pu y danser avec les enfants, mais j'y ai plus chanté que dansé. » (C 65-66)

Gérardin d'Épinal, laboureur, soixante ans ou environ : « Cet arbre, on l'appelle l'Arbre des Dames. J'ai vu les seigneurs temporels et les dames de Domremy, une ou deux fois, au printemps, apporter du pain et du vin et aller manger sous cet arbre; il est alors beau comme les lys et immense. Ses feuilles et ses rameaux viennent jusqu'à terre. Les filles et les garçons de Domremy, au dimanche des Fontaines, ont coutume d'aller sous cet arbre; leurs mères leur font des pains et jeunes gens et jeunes filles s'en vont faire fontaine sous cet arbre. Ils y chantent et dansent et reviennent à la fontaine aux Rains, mangent de leur pain et boivent de son eau, comme je l'ai vu. Jeannette y allait avec les autres filles et faisait tout comme les autres. » (R 80)

Mengette : « Parfois nous mettions une nappe sous cet arbre et nous mangions ensemble et ensuite nous jouions et dansions comme les autres le font encore à présent. » (R 78)

Hauviette : « Cet arbre, depuis les temps anciens, on l'appelle l'Arbre des Dames et on disait autrefois que les dames qu'on appelle fées y allaient. Pourtant, je n'ai jamais entendu dire que quelqu'un en ait vu une. Les filles et les garçons de la ville ont coutume d'aller à cet arbre et à la fontaine aux Rains le dimanche de *Lætare Jerusalem,* qu'on appelle des Fontaines et ils emportent avec eux du pain. J'ai été avec Jeanne la Pucelle, car c'était ma compagne, et d'autres jeunes filles et jeunes gens à l'Arbre des Fées le dimanche des Fontaines. Là, nous mangions, nous dansions, nous jouions; j'ai vu porter des noix à l'arbre et aux fontaines. » (R 77)

Jeannette, veuve de Tiercelin : « L'arbre qu'on appelle l'Arbre des Dames, on dit qu'autrefois, un seigneur, messire Pierre Granier, chevalier, seigneur de Bourlemont, avec une dame qu'on appelait fée, se visitaient sous cet arbre et parlaient ensemble; cela je l'ai entendu lire en un roman... Et jeunes filles et jeunes gens de la ville y vont chaque année au dimanche de *Lætare* qu'on appelle des Fontaines pour se promener. Et là ils mangent, ils dansent et s'en vont boire à la fontaine aux Rains. » (R 72)

Cela suffit à évoquer les histoires qu'on se raconte durant les veillées d'hiver et les ébats de la jeunesse, danses et pique-niques sous l'arbre plusieurs fois centenaire. Jeannette était en tout « comme les autres » et comme toutes les autres elle a eu son histoire d'amour.

« Qu'est-ce qui vous a poussée à faire citer un certain homme à la cité de Toul pour cause de mariage ?

JEANNE : Je ne l'ai pas fait citer, c'est lui qui m'a fait citer. Et là, j'ai juré devant le juge de dire la vérité et, finalement, il a bien dit que je n'avais fait aucune promesse à cet homme. »

Une promesse de mariage est, au Moyen Age, considérée déjà comme un engagement. Jeanne a donc eu un prétendant qui, éconduit, a tenté de se venger en la faisant citer devant le tribunal de l'officialité de Toul, qui l'a débouté – d'ailleurs, pour la consternation de son père et de sa mère qui auraient préféré la voir mariée.

« Quel songe votre père disait-il avoir eu à votre sujet avant que vous soyez partie de sa maison ?

JEANNE : Quand j'étais encore dans la maison de mon père et ma mère, il m'a été dit plusieurs fois par ma mère que mon père lui avait dit qu'il avait rêvé que moi, Jeanne, sa fille, je m'en irais avec des gens d'armes. Et en avaient grand souci mon père et ma mère et ils me gardaient bien et me tenaient en grande sujétion; et moi je leur obéissais en toutes choses, sauf dans ce procès que j'ai eu dans la cité de Toul pour cause de mariage. Et j'ai entendu dire par ma mère que mon père disait à mes frères : « Vraiment, si je savais que cette chose dût arriver que je crains au sujet de ma fille, j'aimerais mieux que vous la noyiez. Et si vous ne le faisiez pas, je la noierais moi-même. »

Mais pourquoi, de la part de Jeanne, ce refus du mariage ?

« JEANNE : La première fois que j'ai entendu la voix, j'ai promis de conserver ma virginité aussi longtemps qu'il plairait à Dieu, et c'était à l'âge de treize ans ou environ. » (C 123-127)

Car, dans cette enfance « comme les autres », quelque chose s'était passé, dont Jeanne n'avait dit mot à quiconque.

COMMENTAIRE

Il peut paraître superflu à première vue de discuter de la naissance et des origines de Jeanne d'Arc après lecture de ces textes qui les établissent si clairement. Or la valeur historique de ces textes ne fait pas de doute pour l'historien : ils émanent de témoins oculaires et présentent ce signe d'authenticité d'être à la fois concordants sur le point à établir et suffisamment différents les uns des autres pour qu'on n'ait pas à craindre de se trouver devant des documents « truqués » (recopiés les uns sur les autres, par exemple). Ils sont tirés du procès de condamnation (C) et du procès de réhabilitation (R) dont nous verrons plus loin (chapitres 7 et 9) comment ils furent composés et sous quelle forme ils subsistent aujourd'hui.

Notons que toutes les déclarations rapportées, celles de Jeanne elle-même et celles des témoins de son enfance, ont été faites sous la foi du serment et enregistrées comme telles par les greffiers des deux procès. Jeanne refuse de jurer et fait les réserves les plus expresses quant aux déclarations qui regardent ses voix ou la personne du roi, mais en ce qui concerne son père et sa mère et le lieu de sa naissance, elle n'oppose pas la moindre difficulté et jure aussitôt de dire la vérité. Remarquons aussi, en passant, les expressions dont elle se sert (voir chapitre suivant) lorsqu'il est question de son départ de Domremy : l'idée d'être « fille de roi » est pour elle aussi fantastique que celle d'avoir « cent pères et cent mères ».

Pourtant l'hypothèse d'une « Jeanne d'Arc bâtarde d'Orléans » a été répétée assez souvent pour qu'on doive l'examiner.

Qui l'a émise ? Elle apparaît pour la première fois dans un article d'un nommé Pierre Caze, sous-préfet de Bergerac, lequel n'était pas historien, mais se piquait d'être dramaturge (en quoi il se faisait d'ailleurs illusion); il l'expose en 1805 dans les *Observations* qui accompagnaient une tragédie de sa composition éditée à Libourne et intitulée *la Mort de Jeanne d'Arc ou la Pucelle d'Orléans*. En 1819, il la reprend en deux volumes : *La Vérité sur Jeanne d'Arc ou éclaircissements sur son origine.*

Depuis on a vu périodiquement paraître ouvrages ou articles reprenant cette hypothèse qu'en 1895 l'érudit Lefèvre-Pontalis qualifiait déjà de « vieil essai de mystification » (*le Moyen-Age,* mai et juin 1895). Il est à remarquer que tous les écrivains qui ont successivement exposé cette thèse de la bâtardise de Jeanne n'ont fait que reprendre les mêmes arguments et s'appuyer sur la même documentation que l'ouvrage initial de P. Caze; aucun document nouveau n'a été découvert, en cent cinquante ans, qui puisse l'étayer.

Tous ceux qui ont été présentés comme « nouveaux » se sont révélés, à l'analyse, être des documents déjà bien connus des historiens et étudiés par eux.

Selon cette hypothèse, Jeanne aurait été la fille d'Isabeau de Bavière et de Louis, duc d'Orléans, frère du roi Charles VI.

Comme Louis d'Orléans a été assassiné dans la nuit du 23 novembre 1407, il faut nécessairement que l'enfant en question ait été conçu avant cette date. Or, les documents contemporains (*Chronique du Religieux de Saint-Denis* entre autres) établissent qu'Isabeau de Bavière donna naissance le 10 novembre 1407 à un fils mort au bout de quelques heures, qui fut hâtivement baptisé du nom de Philippe. Comme, pour des raisons non plus historiques, mais gynécologiques, il est impossible de supposer qu'Isabeau ait été de nouveau enceinte entre le 10 et le 23 novembre, on est obligé de supposer que cet enfant aurait été une fille à laquelle on aurait substitué un enfant mort-né. Fruit des amours coupables d'Isabeau et de Louis, cette fille aurait été cachée et confiée un peu plus tard à des paysans du village de Domremy où on l'aurait amenée dans la nuit de l'Épiphanie : cela expliquerait, selon les tenants de cette hypothèse, que les coqs du village, éveillés par le bruit de la suite royale, aient chanté en pleine nuit, comme le raconte la lettre de Perceval de Boulainvilliers (voir chapitre 4).

Pourquoi cet enlèvement et cette substitution ? Justement parce que cet enfant était de naissance illégitime.

La liaison de la reine Isabeau de Bavière avec son beau-frère Louis d'Orléans n'a jamais été formellement attestée, mais elle est possible; certains historiens la considèrent comme probable dès la date de 1404.

Ce qui, en revanche, est impossible au regard de tout historien tant soit peu au courant des mœurs, des usages juridiques et familiaux, et de la mentalité du Moyen Age, c'est l'idée de cacher la naissance d'un bâtard. Cette hypothèse manifeste à elle seule une ignorance radicale de l'époque : les bâtards en effet sont, au Moyen Age, admis dans la famille et avoués sans la moindre gêne; mentalité qui persiste du reste jusqu'à une époque assez récente : rappelons seulement les bâtards de Louis XIV. C'est au XVIIIᵉ siècle, et surtout au XIXᵉ, que la distinction s'accuse entre enfants légitimes et enfants naturels et que l'on tente de dissimuler ceux-ci; les raisons de cette évolution des mœurs sont trop nombreuses pour être énumérées : influence croissante du droit romain, souci plus vif de respectabilité, crainte de disperser les héritages – en un mot tout ce qui caractérise la civilisation bourgeoise.

Croire que l'on ait pu, à l'époque de Jeanne d'Arc, chercher à dissimuler une naissance illégitime, c'est simplement commettre un anachronisme. Les bâtards, répétons-le, sont élevés dans la famille; quand il s'agit d'une famille noble, ils en portent le blason, auquel, pour que nul n'en ignore, ils ajoutent ce que les héraldistes appellent une brisure : la « barre de bâtardise ». Les exemples abondent. A commencer par Dunois qu'à l'époque même de Jeanne chacun appelle : le bâtard d'Orléans; c'est ainsi que lui-même signait ses lettres (*le bastard d'Orléans*); il était fils de Louis d'Orléans et de Yolande d'Enghien. Quelques années plus tard, les comptes royaux portent régulièrement mention des honoraires versés à « la nourrice de la bâtarde de Monseigneur le Comte du Maine »; il s'agit d'une fille de Charles du Maine, frère de la reine Marie et beau-frère de Charles VII. Deux des chroniqueurs du temps, Enguerrand de Monstrelet et Jean de Wavrin, sont des bâtards. Philippe le Bon, duc de Bourgogne (marié trois fois pourtant!), a eu seize bâtards dont l'un, Antoine, était appelé *le grand bâtard* et portait son surnom sans le moindre complexe, – comme nous dirions aujourd'hui.

Pour tout historien du Moyen Age l'hypothèse se présente donc dès l'abord comme une invraisemblance : c'est transposer dans le passé des mœurs et une mentalité postérieures.

D'autre part, il est inadmissible du point de vue de la méthode historique – car l'Histoire, ne l'oublions pas, est une science exacte régie par des méthodes scientifiques – d'accepter une supposition que n'étaye aucun document. Il convient donc d'examiner l'un après l'autre les documents qui pourraient étayer celle-ci.

Les dates de naissance des divers enfants de Charles VI et d'Isabeau de Bavière sont établies principalement d'après la *Chronique du Religieux de Saint-Denis* qui présente pour l'historien toutes les garanties d'authenticité. Or, celle-ci dit formellement que l'enfant né le 10 novembre 1407 était du sexe masculin et fut baptisé Philippe.

L'ouvrage d'un historien du XVIIIe siècle, l'abbé Villaret – historien suspect du fait seul qu'il n'indique pas les sources où il puise – indique aussi pour cet enfant le nom de Philippe dans l'édition parue du vivant de l'auteur en 1764; mais dans deux rééditions postérieures, datées de 1770 et 1783, cet enfant devient une fille appelée Jeanne. Il est évident que pour l'historien d'aujourd'hui le témoignage contemporain l'emporte sur l'œuvre d'un écrivain du XVIIIe siècle dont les éditions posthumes ont pu comporter des erreurs.

Faute de s'appuyer sur quelque document – car en fait aucun autre n'a été produit – les tenants de l'hypothèse ont recours à diverses indications dont nous examinerons la valeur au fur et à mesure qu'elles se présenteront dans les textes. En ce qui concerne ceux déjà cités, ils s'étonnent, par exemple, du fait que Jeanne ne savait pas exactement son âge (car, remarquons-le, pour être « bâtarde d'Orléans », Jeanne aurait dû naître en 1407 et avoir par conséquent vingt-cinq ans lors du procès).

Or, ce qui paraîtrait surprenant à l'historien du Moyen Age, c'est que Jeanne eût été sûre de son âge. Car personne à l'époque ne se préoccupe beaucoup de savoir son âge; ces notions qui ont pris une telle importance dans le monde moderne : date et lieu de naissance, état civil, établis sur carte d'identité, passeport, etc., sont complètement étrangères au monde médiéval. A l'époque de Jeanne d'Arc, les historiographes et chroniqueurs commencent à noter les dates de naissance des rois et des très hauts seigneurs; on commence aussi, çà et là, à tenir des registres paroissiaux sur lesquels on consigne les baptêmes, les mariages, les décès. Mais c'est chose rare, et très rares sont dans nos archives semblables registres, qui ne commencent à devenir nombreux que dans le cours du xvie et surtout du xviie siècle.

Veux-t-on un exemple de ces incertitudes ? En 1415, un nommé Jean Fusoris, – bien connu des historiens du Moyen Age, car il fut en son temps un célèbre technicien, constructeur d'instruments d'astronomie – est arrêté parce que suspect de trahison lors de l'invasion anglaise; interrogé à deux reprises au cours de la même année, il déclare une fois qu'il a « cinquante ans ou environ », une autre fois qu'il a « soixante ans ou environ » (L. Mirot, *Le procès de maître Jean Fusoris* dans *Mémoires de la Société de l'Histoire de Paris*, XXVII, 1900, p. 173 et 230).

Aussi la formule habituelle, dans les enquêtes et procès, lorsque les témoins sont interrogés sur leur âge, consiste-t-elle à répondre : X âge *ou environ, vel circiter, vel circa, vel eocirca.* Dans notre traduction du Procès de Réhabilitation, nous avions supprimé cette formule, comme nous avions supprimé toutes les formules de procédure et toute répétition; nous l'avons restituée ici, telle qu'on la trouve dans les manuscrits originaux et dans leur édition en latin due à Quicherat.

C'est d'ailleurs pour parer à ce manque d'exactitude que tous les enfants ont alors plusieurs parrains et marraines, qui pourront du moins attester qu'ils ont été baptisés : On se fonde sur des témoignages oraux, sans en attendre la précision que nous sommes habitués à attendre aujourd'hui de témoignages écrits.

Nous ne savons donc pas exactement l'âge de Jeanne,

sinon par ce qu'elle nous dit elle-même et par ce qu'attestent tous les témoins du procès de réhabilitation, disant qu'à l'époque du procès de condamnation, elle avait : dix-neuf ans ou environ, vingt ans ou environ.

Une seule voix discordante : celle d'Hauviette, l'amie de Jeanne; elle déclare, au moment où on l'interroge lors du procès de réhabilitation, le 28 janvier 1456, avoir « quarante-cinq ans ou environ » ce qui placerait sa naissance en l'an 1411; or, elle dit au cours de sa déposition : « Jeanne était plus âgée que moi de trois ou quatre ans, à ce que l'on disait »; cela reporterait la naissance de Jeanne aux dates de 1408 ou 1407, chose indispensable si l'on veut qu'elle ait été « bâtarde d'Orléans ». Mais il y a eu cent quinze témoins interrogés au procès de réhabilitation et le seul témoignage d'Hauviette ne suffit pas à contrebalancer celui de Jeanne elle-même et des cent quatorze autres témoins, – d'autant plus que l'âge inscrit par le greffier a fort bien pu être mal entendu ou mal inscrit, sans que personne à l'époque n'y ait accordé grande importance. Il faut noter enfin qu'Hauviette n'est aucunement affirmative : *à ce que l'on disait* ; sa remarque ne serait-elle pas inspirée par le désir bien féminin de se rajeunir ? De toute façon, il est évident que la question d'âge ne suffit pas à prouver la supposition de bâtardise.

L'expérience nous enseigne qu'il y a une certaine différence entre une jeune fille de dix-neuf – vingt ans et une jeune fille de vingt-cinq ans. Si l'ensemble des témoins et Jeanne elle-même s'accordent sur l'âge de dix-neuf – vingt ans disons que, faute d'exactitude absolue, nous avons là une présomption très forte pour placer sa naissance en l'an 1412 « ou environ ». Cela concorde d'ailleurs avec le reste des dépositions, puisque Jeanne déclare qu'elle avait environ treize ans lorsqu'elle eut pour la première fois ses révélations, et que celles-ci persistèrent pendant quatre ou cinq ans.

2. *La vocation et le départ.*

« JEANNE : Quand j'eus l'âge de treize ans, j'ai eu une voix de Dieu pour m'aider à me gouverner. Et la première fois j'eus grand peur. Et vint cette voix environ l'heure de midi, au temps de l'été, dans le jardin de mon père; je n'avais pas jeûné la veille. J'ai entendu la voix du côté droit, vers l'église; et rarement je l'entends sans clarté. Cette clarté vient du même côté où la voix est ouïe. Il y a communément une grande clarté. Quand je suis venue en France, souvent j'entendais cette voix... La voix m'était envoyée de par Dieu et, après que j'aie entendu trois fois cette voix, j'ai connu que c'était la voix d'un ange. Cette voix m'a toujours bien gardée et je l'ai toujours bien comprise.

– Quelle sorte d'aide dites-vous que cette voix vous ait apportée pour le salut de votre âme ?

JEANNE : Elle m'a appris à me bien diriger, à fréquenter l'église. Elle m'a dit qu'il fallait que moi, Jeanne, je vienne en France... Cette voix me disait, deux ou trois fois la semaine, qu'il fallait que moi, Jeanne, je m'en aille et que je vienne en France et que mon père ne sache rien de mon départ. La voix me disait que j'irais en France et je ne pouvais durer où j'étais. La voix me disait que je lèverais le siège mis devant la cité d'Orléans. La voix m'a dit aussi que je m'en aille à Robert de Baudricourt dans la forteresse de Vaucouleurs, le capitaine du dit lieu, qu'il me donnerait des gens pour aller avec moi. Et moi, je lui ai répondu que j'étais une pauvre fille qui ne savait pas chevaucher ni conduire la guerre. (C 47-48)

– Avez-vous quelque autre signe que ces voix sont de bons esprits ?

JEANNE : Saint Michel me l'a assuré avant que les voix ne viennent.

– Comment avez-vous su que c'était saint Michel ?

JEANNE : Je l'ai su à-son parler et par le langage des anges, et je crois fermement que c'étaient des anges.

– Comment saviez-vous que c'étaient des anges ?

JEANNE : Je l'ai cru assez vite et j'ai eu volonté de le croire. Saint Michel, quand il est venu à moi, m'a dit que sainte Catherine et sainte Marguerite viendraient à moi et que j'agisse par leurs conseils, qu'elles étaient ordonnées à me conduire et à me conseiller en ce que j'avais à faire et que je croie à ce qu'elles me diraient et que c'était par l'ordre de Dieu.

– Si le Diable se mettait sous la forme ou la figure d'un bon ange, comment sauriez-vous que c'est un bon ou un mauvais ange ?

JEANNE : Je saurais bien si c'était saint Michel ou quelque autre chose qui se soit mis à sa ressemblance. La première fois j'ai eu grand doute si c'était saint Michel qui venait à moi, et cette première fois, j'eus grand peur; et je l'ai vu ensuite plusieurs fois avant de savoir que c'était saint Michel.

– Comment avez-vous plutôt reconnu saint Michel cette fois où vous l'avez cru que la première fois où il vous est apparu ?

JEANNE : La première fois, j'étais enfant et j'ai eu peur, et ensuite, saint Michel m'a enseigné et m'a montré et m'a démontré que je devais croire fermement que c'était lui.

– Quelles doctrines vous a-t-il enseignées ?

JEANNE : Avant toutes choses, il me disait d'être une bonne enfant et que Dieu m'aiderait. Et, entre autres choses, il m'a dit de venir au secours du roi de France... Et l'ange me disait la pitié qui était au royaume de France. (C 162-163)

– De ces visions que vous dites avoir eues, en avez-vous dit quelques mots à votre curé ou à quelque autre homme d'église ?

JEANNE : Non, mais au seul Robert de Baudricourt et à mon roi. Mes voix ne m'ont pas obligée à tenir cela caché, mais je craignais beaucoup de le révéler par crainte des Bourguignons, pour qu'ils n'empêchent mon voyage et surtout, je craignais beaucoup mon père, qu'il ne m'empêche de faire mon voyage.

– Croyiez-vous bien agir en vous éloignant sans la permission de votre père et de votre mère puisqu'on doit honorer son père et sa mère ?

JEANNE : En toutes autres choses, j'ai bien obéi à mon père et à ma mère, sauf en ce départ, mais ensuite, je leur en ai écrit et eux m'ont donné leur pardon.

– Quand vous avez quitté votre père et votre mère, avez-vous cru pécher ?

JEANNE : Puisque Dieu le commandait, il fallait que cela fût. Puisque Dieu le commandait, eussé-je eu cent pères et cent mères, eussé-je été fille de roi, je serais partie.

– Avez-vous demandé à vos voix si vous pouviez dire à votre père et à votre mère votre départ ?

JEANNE : Pour ce qui est de mon père et de ma mère, mes voix auraient été satisfaites que je le leur dise, n'eût été la peine que cela leur aurait fait si je leur avais annoncé mon départ. Quant à moi, je ne le leur aurais dit pour quoi que ce soit. Les voix s'en rapportaient à moi de le dire à mon père et à ma mère ou de le taire... Et à bien peu qu'ils ne perdirent le sens quand je partis pour m'en aller à la ville de Vaucouleurs. » (C 124-125, 127)

C'est donc en secret que Jeanne quitte Domremy. Tout au plus a-t-elle fait à certains des allusions qu'ils ne pouvaient comprendre.

Hauviette : « Je n'ai pas su quand Jeannette s'en est allée et à cause de cela j'ai beaucoup pleuré, car je l'aimais beaucoup pour sa gentillesse et j'étais sa compagne. » (R 77)

Mengette : « En s'en allant, elle m'a dit adieu, puis

elle s'est éloignée et m'a recommandée à Dieu et s'en est allée à Vaucouleurs. » (R 78)

Gérardin d'Épinal : « Je ne sais rien (de son départ), sauf que, quand elle voulut s'en aller, elle me dit : « Compère, si vous n'étiez Bourguignon, je vous dirais quelque chose. » Moi, je croyais qu'il s'agissait de quelque compagnon qu'elle voulait épouser. » (R 81)

Michel Lebuin : « Je ne sais rien, sauf qu'une fois Jeanne elle-même m'a dit, à la veille de la Saint Jean-Baptiste, qu'il y avait une pucelle, entre Coussey et Vaucouleurs, qui, avant un an, ferait sacrer le roi de France. Et l'année qui vint, le roi fut sacré à Reims; et je ne sais rien d'autre. » (R 80)

Comment s'y prit Jeanne pour quitter Domremy sans donner l'éveil à ses parents ?

« JEANNE : J'allai chez mon oncle et je lui dis que je voulais demeurer chez lui pendant quelque temps et j'y demeurai environ huit jours. Et je dis alors à mon oncle qu'il fallait que j'aille à la ville de Vaucouleurs et mon oncle m'y conduisit. Et quand je vins à cette ville de Vaucouleurs, je reconnus Robert de Baudricourt alors que jamais avant je ne l'avais vu et par ma voix je connus ce Robert, car la voix me dit que c'était lui. Et je dis à ce même Robert qu'il fallait que je vienne en France. Ce Robert, par deux fois, refusa et me repoussa. » (C 48-49)

Isabelette, femme de Gérardin d'Épinal : « J'ai entendu dire à Durand Laxart qui la conduisit au seigneur Robert de Baudricourt qu'elle lui avait dit qu'elle dirait à son père qu'elle irait assister sa femme pour ses couches afin qu'il la conduise au seigneur Robert. » (R 82)

Durand Laxart : « Je suis allé moi-même chercher Jeanne à la maison de son père et l'ai emmenée chez moi. Et elle me disait qu'elle voulait aller en France auprès du dauphin pour le faire couronner, disant :

« N'a-t-il pas été dit que la France serait perdue par une femme et qu'elle devait ensuite être restaurée par une vierge ? » Et elle m'a dit aussi que j'aille auprès de Robert de Baudricourt pour qu'il la fasse conduire au lieu où était le seigneur dauphin. Ce Robert m'a dit, à plusieurs reprises, que je la ramène à la maison de son père après l'avoir bien giflée. »

Gérard Guillemette : « Quand Jeannette a quitté la maison de son père, je l'ai vue passer devant sa maison avec son oncle appelé Durand Laxart. Alors, Jeannette dit à son père : « Adieu, je vais à Vaucouleurs ». Puis, j'ai entendu dire que Jeannette s'en allait en France. »

L'un de ceux qui allaient être ses compagnons pendant le « voyage » de Vaucouleurs à Chinon, se rappelait cette première entrevue.

Bertrand de Poulengy, écuyer du roi de France, soixante-trois ans ou environ : « Jeanne était de Domremy, à ce qu'on disait, et son père était Jacques d'Arc de la même ville. J'ignore le nom de sa mère, mais j'ai été plusieurs fois dans leur maison et je sais que c'étaient de bons laboureurs... Jeanne la Pucelle est venue à Vaucouleurs à l'époque de l'Ascension de Notre-Seigneur, à ce qu'il me semble, et là, je l'ai vue parler à Robert de Baudricourt qui était alors capitaine de la ville. Elle lui disait qu'elle était venue vers lui, Robert, de la part de son Seigneur pour mander au dauphin qu'il se tienne bien et qu'il ne fasse guerre à ses ennemis, car le Seigneur lui donnerait du secours avant la mi-carême. Jeanne disait que le royaume n'appartenait pas au dauphin, mais à son Seigneur et que le Seigneur voulait que le dauphin soit fait roi et qu'il lui remette son royaume en commande, disant que, malgré les ennemis du dauphin, il serait fait roi et qu'elle-même le conduirait pour le faire sacrer. Robert lui demanda qui était son Seigneur. Elle répondit : « Le Roi du Ciel. » Cela fait, elle revint à la maison de son père avec son oncle appelé Durand Laxart, de Burey-le-Petit. Et ensuite, vers le début du carême,

Jeanne revint à Vaucouleurs, demandant une compagnie pour aller vers le seigneur dauphin. Ce que voyant, moi-même et Jean de Metz nous proposâmes ensemble de la conduire au roi, alors dauphin. » (R 98)

Les indications chronologiques ainsi données par Bertrand de Poulengy permettent de situer au mois de mai 1428 la première tentative de Jeanne; cela se passait donc un mois ou environ avant l'attaque du sire de Vergy contre Vaucouleurs. La seconde a lieu au début de l'année 1429; le carême commençait très tôt cette année-là puisque le mercredi des Cendres tombait le 9 février. Ce second séjour, on va le voir, est plus long que le précédent et nous en connaissons davantage les détails, Robert de Baudricourt refusant d'abord d'accéder à la demande de Jeanne, puis se laissant finalement convaincre.

« Jeanne : Robert, par deux fois, refusa et me repoussa, et la troisième fois il me reçut et il me donna des hommes. La voix m'avait dit que cela se passerait ainsi. »

Durand Laxart : « Quand la Pucelle vit que Robert ne voulait pas la faire conduire au lieu où était le dauphin, elle me tendit elle-même mon manteau et me dit qu'elle voulait se retirer. Et, me retirant, je la conduisis à Saint-Nicolas, et lorsqu'elle y fut, elle alla avec un sauf-conduit au seigneur Charles, duc de Lorraine, et quand le seigneur Charles la vit, il parla avec elle et lui donna quatre francs qu'elle m'a montrés. Puis Jeanne revint à Vaucouleurs et les habitants de la ville de Vaucouleurs lui achetèrent des vêtements d'homme, des chausses, des houseaux, et tout ce qui lui était nécessaire. Et moi-même et Jacques Alain de Vaucouleurs lui achetâmes un cheval pour le prix de douze francs à nos propres frais. Pourtant, par la suite, le seigneur Robert de Baudricourt nous les fit rembourser. Et cela fait, Jean de Metz, Bertrand de Poulengy, Colet de Vienne et Richard Larcher, avec les

deux valets de Jean de Metz et de Bertrand, conduisirent Jeanne au lieu où était le dauphin. » (R 83)

C'est ainsi que Durand Laxart, dans son langage de
paysan peu loquace mais précis, résume les événements. D'autres témoins donnent davantage de détails.

Jean de Novellompont ou de Metz, écuyer, anobli
par Charles VII en 1448, cinquante-sept ans ou environ : « Quand Jeanne la Pucelle fut parvenue aux lieu
et ville de Vaucouleurs, au diocèse de Toul, je l'ai vue,
vêtue de pauvres vêtements, des vêtements de femme,
rouges; elle logeait dans la maison d'un certain Henri
Le Royer de Vaucouleurs. Je lui ai parlé, disant :
« Ma mie, que faites-vous ici ? Ne faut-il pas que le
roi soit jeté hors du royaume et que nous soyons
Anglais ? » Et la Pucelle me répondit : « Je suis venue
ici à chambre de roi (dans une place royale) pour
parler à Robert de Baudricourt pour qu'il veuille me
conduire ou me faire conduire au roi, mais il ne fait
pas attention à moi ni à mes paroles. Et pourtant, avant
que ce soit la mi-carême, il faut que je sois auprès
du roi, dussé-je m'y user les pieds jusqu'aux genoux.
Il n'y a, en effet, personne au monde, ni roi, ni duc,
ni fille du roi d'Écosse, ou autre qui puisse recouvrer
le royaume de France. Et il n'aura secours si ce n'est
de moi. Bien que j'eusse bien préféré rester à filer auprès
de ma pauvre mère, car ce n'est pas mon état, mais il
faut que j'aille et que je fasse cela, car mon Seigneur
veut que j'agisse ainsi. » Je lui ai demandé qui était
son Seigneur. Et elle me dit que c'était Dieu. Et
alors, moi, Jean, qui témoigne ici, j'ai promis à la
Pucelle, mettant ma main dans la sienne en geste de
foi, que, Dieu aidant, je la conduirais vers le roi. Et
je lui ai demandé quand elle voulait s'en aller. Elle
me dit : « Plutôt aujourd'hui que demain et demain
que plus tard. » Alors, je lui ai demandé si elle voulait
s'en aller avec ces vêtements. Elle me répondit qu'elle
préférerait avoir des vêtements d'homme. Alors, je lui
ai donné vêtements et chausses de mes serviteurs pour
qu'elle puisse les revêtir. Et cela fait, des habitants de

Vaucouleurs lui ont fait faire des vêtements d'homme
et des chaussures et tout ce qui lui était nécessaire et
ils lui remirent un cheval qui coûtait seize francs environ. Lorsqu'elle fut habillée et qu'elle eut un cheval,
avec un sauf-conduit du seigneur Charles, duc de Lorraine, la Pucelle alla parler à ce seigneur et je suis allé
avec elle jusqu'en la cité de Toul. Et, lorsqu'elle
revint à Vaucouleurs, environ le dimanche des Bures
(premier dimanche de carême, c'est-à-dire le 13 février 1429) – il y aura vingt-sept ans au prochain
dimanche des Bures, à ce qu'il me semble – moi-même
et Bertrand de Poulengy et deux de ses serviteurs et
Colet de Vienne, messager du roi, et un certain Richard,
archer, nous conduisîmes la Pucelle vers le roi qui
était à Chinon, à mes frais et à ceux de Bertrand. »
(R 91-92)

C'est ainsi que Jeanne a gagné à sa cause non seulement les deux écuyers qui dirigèrent l'escorte, mais
tout un groupe d'habitants de Vaucouleurs, à commencer par le couple Le Royer chez qui elle demeurait.
Catherine Le Royer de Vaucouleurs : « Au moment
où Jeanne voulut quitter le pays, elle a été dans ma
maison l'espace de trois semaines... Et c'est alors
qu'elle a fait parler au seigneur Robert de Baudricourt
pour qu'il la conduise au lieu où était le dauphin.
Mais le seigneur Robert ne voulut pas... Et quand
Jeanne vit que Robert ne voulait pas la conduire, elle
dit – je l'ai entendu – qu'il lui fallait aller au lieu où
était le dauphin : « N'avez-vous pas entendu dire qu'il
a été prophétisé que la France serait perdue par une
femme et restaurée par une vierge des marches de
Lorraine ? » Je me souvins d'avoir entendu cela, et
j'en fus stupéfaite. Jeannette désirait ardemment cela
et le temps lui durait comme à une femme enceinte
d'enfant de ce qu'on la conduise vers le dauphin. Et
après cela, j'ai cru à ses paroles et avec moi beaucoup
d'autres, si bien que Jacques Alain et Durand Laxart
voulurent la conduire et ils la conduisirent jusqu'à

Saint-Nicolas, mais revinrent ensuite à Vaucouleurs, car Jeanne dit que ce n'était pas ainsi qu'il lui convenait de s'éloigner. Lorsqu'ils revinrent, certains habitants de la ville lui firent faire une tunique, des chausses, des houseaux, des éperons, une épée et autres choses semblables, et lui achetèrent un cheval, et Jean de Metz, Bertrand de Poulengy, Colet de Vienne avec trois autres, la conduisirent au lieu où était le dauphin. Je les ai vus monter à cheval pour s'en aller. »

Henri Le Royer, son époux : « Jeanne disait qu'il lui fallait aller vers le noble dauphin, car son Seigneur, le Roi du Ciel, voulait qu'elle y aille et qu'elle était ainsi introduite de par le Roi du Ciel; que, dût-elle y aller sur les genoux, elle irait. Jeanne vint dans ma maison. Elle était vêtue d'un vêtement de femme, rouge. Ensuite, elle fut vêtue d'une veste, de chausses et d'autres vêtements d'homme, et chevaucha sur un cheval jusqu'au lieu où était le dauphin... Je les ai vus s'en aller tous ensemble. Quand elle voulut s'en aller, on lui demandait comment elle ferait, quand il y avait tant d'hommes d'armes de partout. Elle répondait qu'elle ne craignait pas les hommes d'armes, car sa voie était libre, et s'il y avait des hommes d'armes sur son chemin, elle avait Dieu, son Seigneur, qui lui fraierait la voie pour aller vers le seigneur dauphin, et qu'elle était née pour cela. » (R 94-96)

A l'époque de la réhabilitation, plusieurs témoins se souvenaient de Jeanne telle qu'ils l'avaient vue à Vaucouleurs vingt-sept ans plus tôt.

Jean le Fumeux, curé d'Ugny, chanoine de Vaucouleurs, trente-huit ans ou environ : « Jeanne vint à Vaucouleurs et disait qu'elle voulait aller vers le dauphin. Moi, à ce moment-là, j'étais jeune et j'étais marguillier de la chapelle Notre-Dame de Vaucouleurs. J'ai vu souvent Jeanne la Pucelle venir à cette église très pieusement. Elle y entendait la messe le matin et y restait longtemps à prier. Je l'ai vue sous la voûte de cette église se tenir agenouillée devant la Sainte

Vierge, tantôt le visage baissé et tantôt le visage droit.
Je crois que c'était une bonne et sainte fille. » (R 86)

Geoffroy Dufay, un chevalier de la suite de Baudricourt, cinquante ans ou environ : « J'ai entendu
souvent parler la Pucelle. Elle disait qu'elle voulait
aller en France. J'ai vu que Jean de Metz, Bertrand de
Poulengy et Julien, qui était écuyer, conduisirent la
Pucelle au roi. Je n'ai pas vu celle-ci à ce moment-là,
mais ce sont eux qui me disaient qu'elle irait avec eux. »

Albert d'Ourches, autre compagnon de Baudricourt,
soixante ans ou environ : « J'ai vu Jeanne à Vaucouleurs
quand elle voulait qu'on la conduise au roi. J'ai entendu
la Pucelle dire à plusieurs reprises qu'elle voulait aller
vers le roi et qu'elle voudrait bien qu'on l'y conduise
pour le plus grand profit du dauphin. Cette pucelle,
à ce qu'il me semblait, était remplie de bonnes mœurs.
J'aurais bien aimé avoir une fille aussi bien. Je l'ai vue
ensuite en compagnie des soldats. J'ai vu la Pucelle se
confesser à frère Richard devant Senlis et recevoir le
Corps du Christ, avec les ducs de Clermont et d'Alençon pendant deux jours. Et je crois qu'elle était parfaitement bonne chrétienne... Comme je l'ai dit plus
haut, elle demandait qu'on la conduise vers le roi.
Cette pucelle parlait très bien. Elle y fut ensuite conduite
par Bertrand de Poulengy, Jean de Metz et leurs serviteurs. » (R 96-97)

Nobles aussi bien que petites gens ont dû beaucoup
parler d'elle à Vaucouleurs à l'époque. La renommée
de la petite paysanne, qui voulait aller au secours du
roi et que certaines prophéties circulant dans la région
et un peu partout dans le royaume annonçaient en
effet, sera parvenue jusqu'aux oreilles du duc Charles
de Lorraine qui aura voulu la voir. Le vieux duc
était alors malade et c'est comme une thaumaturge dont
il espérait un miracle qu'il a fait venir Jeanne, plutôt
que comme l'instrument d'une victoire et d'un sacre
dont il se souciait assez peu.

« JEANNE : Le duc de Lorraine demanda que je fusse

conduite à lui. J'y allai et je lui dis que je voulais aller en France et le duc m'interrogea sur le rétablissement de sa santé et je lui dis que de cela je ne savais rien; je lui ai assez peu parlé de mon voyage, mais j'ai dit au duc qu'il me donne son fils et des gens pour me conduire en France et que je prierais Dieu pour sa santé; j'allai vers lui par un sauf-conduit et je revins ensuite à la ville de Vaucouleurs. » (C 49)

Un autre témoin, Marguerite la Touroulde, veuve du conseiller du roi, Régnier de Bouligny, chez qui Jeanne demeura quelque temps au retour du sacre, à Bourges, avait reçu ses confidences et dit quelques mots de l'entrevue : « J'ai entendu dire par Jeanne que le duc de Lorraine, qui était malade, voulut la voir. Et Jeanne était allée lui parler et lui avait dit qu'il se conduisait mal et que jamais il ne guérirait s'il ne s'amendait et elle l'exhorta à reprendre avec lui sa bonne épouse. » (R 120)

En effet, le duc Charles de Lorraine avait, depuis assez longtemps, délaissé « sa bonne épouse », Margue-rite de Bavière, pour une fille nommée Alison Dumay dont il avait eu cinq bâtards; son fils, dont parle Jeanne, était en réalité son gendre, René d'Anjou, époux de sa fille Isabelle et futur héritier de la Lorraine dont il prendra possession après la mort du duc (25 jan-vier 1431).

C'est à son retour de Nancy (Nancy est à cin-quante kilomètres environ de Vaucouleurs, ce qui fait une journée de cheval) que Jeanne trouve l'atmosphère quelque peu changée en sa faveur, et Baudricourt lui-même, peut-être sur les instances de Jean de Metz que, nous l'avons vu, Jeanne a su gagner à sa cause par son ardente plaidoirie, disposé à l'aider. Mais il prend une précaution au préalable : il va faire exorciser Jeanne.

Catherine Le Royer : « J'ai vu entrer Robert de Baudricourt, alors capitaine de la ville de Vaucou-leurs, et messire Jean Fournier dans ma maison. J'ai entendu dire à Jeanne que celui-ci, prêtre, avait apporté une étole et qu'il l'avait conjurée devant le capitaine, disant que s'il y avait mauvaise chose en elle, qu'elle s'éloigne d'eux, et s'il y avait bonne chose qu'elle vienne auprès d'eux. Et Jeanne s'approcha de ce prêtre et se mit à genoux; et elle disait que ce prêtre n'avait pas bien fait puisqu'il l'avait entendue en confession. » (R 94)

Et c'est alors le départ.

Jeanne, à son départ de la cité de Vaucouleurs : « J'étais en habits d'homme, tenant en main une épée que m'avait donnée Robert de Baudricourt et sans autres armes, avec un chevalier, un écuyer et quatre serviteurs; je parvins à la ville de Saint-Urbain et là j'ai passé la nuit dans l'abbaye.

« Robert de Baudricourt fit jurer par ceux qui me conduisaient qu'ils me conduiraient bien et sûrement et Robert me dit : « Va » lorsque je m'éloignai, « Va et qu'il arrive ce qu'il pourra advenir. » En ce chemin, j'ai passé par la ville d'Auxerre et là j'ai entendu la messe dans la grande église. Souvent alors, j'avais mes voix. » (C 49-50)

Étonnante équipée que celle où s'engageaient Jean de Metz et Bertrand de Poulengy. Ils ont raconté plus tard, notamment à Marguerite la Touroulde, les sentiments quelque peu contradictoires qui les agitaient alors au sujet de Jeanne.

Marguerite la Touroulde : « J'ai entendu par la suite parler ceux qui la menèrent au roi et leur ai entendu dire que, tout d'abord, ils la croyaient présomptueuse et c'était leur intention de la mettre à l'épreuve. Mais lorsqu'ils se furent mis en route pour la conduire, ils furent prêts à faire tout ce qui plaisait à Jeanne et ils avaient autant envie de la présenter au roi qu'elle-même et ils n'auraient pu résister à la volonté de Jeanne. Ils disaient qu'au début ils voulurent la requérir charnellement. Mais au moment où ils voulaient lui en parler, ils en avaient tellement honte qu'ils n'osaient pas lui en parler ni lui en dire mot. » (R 119)

Et eux-mêmes, appelés à témoigner au procès de réhabilitation, attestaient l'étonnante influence que cette fille avait prise sur eux au cours d'une chevauchée qui constituait déjà une épreuve presque décisive – pour ses compagnons en tout cas : l'épreuve de la vie quotidienne et celle de la chasteté.

Bertrand de Poulengy : « Au sortir du pays, le premier jour, nous avions peur à cause des soldats bourguignons et anglais qui régnaient par les chemins et nous fîmes route pendant une nuit. Jeanne la Pucelle me disait, ainsi qu'à Jean de Metz et à ceux qui cheminaient avec nous, qu'il serait bon que nous puissions entendre la messe, mais à cause des guerres dans le pays nous ne le pûmes, afin de passer inaperçus. Chaque nuit, elle couchait avec Jean de Metz et moi, gardant sur elle son surcot et ses chausses liées et serrées. J'étais jeune alors et pourtant je n'avais pas désir ni mouvement charnel de toucher femme, et je n'eusse pas osé requérir Jeanne, à cause de tant de bonté que je voyais en elle. Nous fûmes onze jours en chemin pour aller jusque vers le roi, alors dauphin. Mais sur le chemin, nous eûmes bien des anxiétés. Mais Jeanne nous disait toujours de ne pas craindre et que, une fois parvenus à la ville de Chinon, le noble dauphin nous ferait bon visage. Elle ne jurait jamais et j'étais moi-même très stimulé par ses voix, car il me semblait qu'elle était envoyée de Dieu, et je ne vis jamais en elle aucun mal, mais toujours elle était si vertueuse fille qu'elle semblait une sainte. Et ainsi tous ensemble, sans grandes difficultés, nous cheminâmes jusqu'au lieu de Chinon où était le roi, alors dauphin. » (R 99)

Jean de Novellompont ou de Metz : « En nous éloignant de la ville de Vaucouleurs, par crainte des Anglais et des Bourguignons qui étaient partout sur notre chemin, en allant vers le roi, nous allions parfois de nuit. Et nous demeurâmes en chemin l'espace de onze jours, chevauchant jusqu'à la ville de Chinon; et, faisant chemin avec elle, je lui demandais si elle ferait ce qu'elle disait, et la Pucelle nous disait toujours de ne pas avoir peur et qu'elle avait mandement de faire cela, car ses frères du Paradis lui disaient ce qu'elle avait à faire, qu'il y avait déjà quatre ou cinq ans que ses frères du Paradis et son Seigneur, à savoir Dieu, lui avaient dit qu'il fallait qu'elle aille à la guerre pour recouvrer le royaume de France. En chemin, Bertrand et moi, nous couchions chaque nuit tous les deux avec elle, et la Pucelle couchait à côté de moi, gardant son pourpoint et ses chausses; et moi, je la craignais tellement que jamais je n'aurais osé la requérir, et je dis par serment que jamais je n'eus envers elle désir ni mouvement charnel... Sur son chemin, elle eût bien volontiers entendu la messe, car elle nous disait souvent : « Si nous pouvions ouïr messe, nous ferions bien. » Mais, à ma connaissance, nous n'entendîmes messe sur notre chemin que deux fois. J'avais grande confiance dans les dits de la Pucelle et j'étais enflammé de ses dits et d'un amour pour elle, divin, à ce que je crois. Je crois qu'elle était envoyée de Dieu; jamais elle ne jurait, elle entendait volontiers la messe et se signait du signe de la Croix. Et ainsi, nous la conduisîmes au roi, jusqu'au lieu de Chinon, le plus secrètement que nous pûmes. »

COMMENTAIRE

Une question de date se pose à propos du séjour de Jeanne à Vaucouleurs et de son départ. On plaçait traditionnellement ce départ entre le 20 et le 25 février 1429 et l'arrivée à Chinon au 6 mars. L'érudit Pierre Boissonnade a rectifié ces dates et ses conclusions sont aujourd'hui acceptées par la plupart des historiens (voir son article : *Une étape capitale de la mission de Jeanne d'Arc,* paru dans la *Revue des questions historiques,* 3e série, t. XVII, 1930, p. 12-67).

Il se fonde principalement sur le *Journal du greffier de La Rochelle* (publié par Quicherat dans la *Revue historique,* t. IV, 1877, p. 327-344). Ce greffier a rédigé en septembre 1429 sa chronique d'après les notes qu'il avait prises au jour le jour. Il a pu être bien informé, car La Rochelle est à l'époque le seul port dont dispose le roi de France ; la place est donc en relations continuelles avec les autres villes demeurées fidèles à Charles VII, d'autant plus qu'elle est le port d'embarquement des troupes écossaises dont les contingents viennent de temps à autre renforcer ceux du roi. Son exposé est très exact ; or il écrit : « Le 23 février vint devers le roi notre seigneur qui était à Chinon une pucelle de l'âge de seize à dix-sept ans. »

La déposition de Jean de Metz indique comme date de départ, nous l'avons vu : « environ le dimanche des Bures », c'est-à-dire le premier dimanche de carême, qui tomba en 1429 le 12 février. Les deux dates concorderaient parfaitement puisque, toujours selon cette déposition, le voyage dura onze jours. Enfin Jeanne elle-même déclare : « Avant qu'il soit la mi-carême il faut que je sois auprès du roi » ; or la mi-carême se place cette année-là le jeudi 1er mars.

D'autres témoignages encore, entre autres le *Journal du siège d'Orléans,* indiquent le mois de février.

On peut donc penser que Jeanne et son escorte auront quitté Vaucouleurs le 12 et seront arrivées à Chinon le 23. En ce cas, c'est au soir du 25 février que Jeanne aurait été reçue par le roi lui-même dans la grande salle du château de Chinon.

Ainsi exposée, la chronologie laisse la place aux interrogatoires de Poitiers qui aux dires des témoins durèrent six semaines, ce qui mènerait son séjour dans cette ville du 1er mars au 10 avril environ. Jeanne a ensuite regagné Chinon où elle n'a fait qu'un court séjour. Elle a séjourné à Tours où son équipement a été préparé, entre le 12 et le 21 avril, et de là, le 22 avril, elle gagne à Blois le quartier général de l'armée royale.

Diverses questions, d'importances diverses aussi, ont été soulevées à propos des faits relatés dans ce chapitre.

On s'est étonné de ce que Jeanne ait pu être « assez bien

informée » pour parler du projet de mariage entre le dauphin et la fille du roi d'Écosse.

En fait ce projet ne se présente nullement comme un secret d'État! L'année précédente, au mois d'avril 1428, Charles VII avait envoyé une ambassade au roi d'Écosse Jacques Ier Stuart, ambassade où figurait entre autres le fameux poète Alain Chartier, demander la main de Marguerite d'Écosse pour son fils, le petit dauphin Louis; la promesse lui en avait été donnée et faisait partie du traité d'alliance alors conclu entre France et Écosse. Ce traité ne faisait du reste que renouveler les nombreux traités d'alliance conclus avec ce pays traditionnellement ami, selon une politique qui remontait à plus d'un siècle et qu'on s'était empressé de raffermir à la reprise des hostilités avec l'Angleterre. Des bataillons écossais ont toujours combattu aux côtés des armées du « roi de Bourges »; lors de la première offensive décidée par Charles VII en tant que roi (en 1423, contre Cravant), c'est l'écossais John Stuart qui commande; le roi devait lui octroyer en reconnaissance les armes de France dont il écartela son blason.

Nul doute que ce projet de mariage ait été aussitôt communiqué aux bonnes villes auxquelles Charles VII faisait ponctuellement part de tous les événements diplomatiques et militaires; Jeanne était au courant comme tout le monde.

On a voulu également – il s'agit toujours de faire admettre l'hypothèse de la bâtardise – faire jouer un rôle exorbitant aux deux gentilshommes qui ont accepté d'escorter Jeanne : Jean de Metz et Bertrand de Poulengy. Ceux-ci auraient connu Jeanne avant son arrivée à Vaucouleurs, l'auraient instruite de sa mission, du rôle qu'on attendait d'elle, etc.

Sur quoi se fondent ces suppositions ? Uniquement sur la déclaration de Bertrand de Poulengy que nous avons rapportée : « J'ai été *souvent* dans leur maison » (des parents de Jeanne) (exactement *pluries*, plusieurs fois).

Laissons au lecteur le soin de juger ce qu'il y a d'abusif dans une pareille interprétation. Bertrand en effet ne dit nulle part qu'il y soit allé *avant* d'avoir vu Jeanne à Vaucouleurs; en revanche, il est bien normal qu'après son étonnante chevauchée avec Jeanne, revenu dans son pays, il soit allé *plusieurs fois* rendre visite à ses parents.

Quant à Jean de Metz ou de Novellompont, il ressort assez nettement de sa déposition que, le jour où il s'adresse à Jeanne sur un ton ironique, c'est la première fois qu'il la voit.

Enfin on a vu en Colet de Vienne, autre membre de l'escorte, un messager envoyé tout exprès par le roi pour aller chercher Jeanne, le moment étant venu de manifester au monde qu'il avait une sœur bâtarde dont il attendait merveille (pourquoi, on se le demande...).

Or sur ce Colet de Vienne nous n'avons absolument aucun texte autre que celui des dépositions rapportées ci-dessus. Et pour cause, car c'est un messager royal entre beaucoup d'autres, *nuntius regis,* ayant pour office de porter les lettres et dépêches adressées par le roi à ses capitaines et aux bonnes villes, et dont la fonction n'est guère supérieure à celle de n'importe quel procureur ou sergent royal; sa présence à Vaucouleurs est fort naturelle, puisque le capitaine de cette ville est demeuré fidèle au roi de France et que, en dépit des difficultés du temps, les messagers n'ont jamais cessé de circuler soit jusqu'à Vaucouleurs, soit même jusqu'à Tournai demeurée fidèle elle aussi (Voir à ce sujet l'article de Charles Samaran, *Pour la défense de Jeanne d'Arc,* paru dans l'*Annuaire-Bulletin de la Société de l'Histoire de France,* t. LXXXV, 1953, p. 50-63).

Autre hypothèse encore : Jean de Metz et Bertrand de Poulengy auraient fait partie « de l'entourage de la reine de Sicile ». Il ne s'agit plus ici de bâtardise, mais, faute de faire de Jeanne une bâtarde, on veut faire d'elle « l'instrument » de quelqu'un. Dès son époque, remarquons-le, un chroniqueur bourguignon, pour jeter le discrédit sur Jeanne, en fait l'instrument de Baudricourt (Jean de Wavrin; voir Q,IV,407). Il s'agit à présent (l'hypothèse est assez **récente**) d'en faire un instrument de la reine de Sicile, Yolande d'Aragon, devenue Yolande d'Anjou par son mariage avec Louis d'Anjou, et belle-mère de Charles VII qui a épousé sa fille Marie d'Anjou; on l'appelle pour les besoins de la cause Yolande de Bar (nom qu'elle n'a pas porté mais qui avait été celui de sa mère avant qu'elle n'épousât le roi d'Aragon). Yolande avait revendiqué le duché de Bar comme héritage maternel et avait réussi en 1419 à faire épouser par son fils René (le futur roi René) l'héritière de Lorraine Isabelle, fille du duc Charles (celui-là même qui fit venir Jeanne auprès de lui, espérant d'elle quelque miracle qui lui eût rendu la santé); le mariage fut célébré en 1420.

Que Jeanne ait été originaire de ces régions de Lorraine-Barrois a pu en effet la rendre sympathique à Yolande d'Aragon – qui elle-même, précisons-le, ne s'est jamais rendue en Lorraine. Mais présenter Jean de Metz et Bertrand de Poulengy comme étant « de l'entourage de la reine de Sicile », c'est émettre une assertion qu'aucun document ne justifie. Jean de Metz est originaire de Novellompont, dans le pays Messin qui précisément ne fait pas partie du duché de Lorraine; on sait que Metz et sa région étaient indépendantes et relevaient de l'Empire. Simple gentilhomme de l'entourage de Baudricourt, c'est très tardivement qu'il sera anobli par Charles VII, – en 1448 donc près de vingt ans après la chevauchée qui eût dû cependant attirer sur lui l'attention du roi (voir la lettre d'anoblissement dans Q,v,363). Quant à Bertrand de Poulengy qui, au procès de réhabilitation, est toujours simple écuyer, rien d'autre ne le signale dans l'histoire.

L'Histoire, redisons-le, ne se fait pas à l'aide de suppositions, mais de documents. Aucun document n'établit une action directe ou indirecte ni de Charles VII, ni de Yolande d'Aragon pour « faire venir » Jeanne à Chinon. Quant à Baudricourt, nous ne possédons concernant son action personnelle que les documents que nous avons cités, lesquels le montrent renvoyant Jeanne deux fois avant de se laisser convaincre par elle – comme tout le monde.

Pour convaincre son entourage elle n'a pas craint de rappeler les prophéties qui circulaient alors; on disait couramment que le royaume perdu par une femme (en laquelle on ne manquait pas de voir la funeste Isabeau de Bavière) serait sauvé par une vierge; on invoquait certaine prophétie de Merlin parlant d'une vierge qui chevaucherait sur le dos du Sagittaire, etc. Dans toutes les époques de trouble on a ainsi invoqué des dires prophétiques; inutile de remonter très loin pour cela; il suffira de rappeler certaine « prophétie de sainte Odile » dont tout le monde a entendu parler entre 1940 et 1945... Que Jeanne s'en soit servie pour convaincre son entourage, cela prouve seulement qu'elle était habile et savait « faire flèche de tout bois » pour convaincre; il est remarquable que devant Jean de Metz, ou devant le roi, son langage soit tout autre.

Enfin une dernière question : on s'est demandé comment elle « savait monter à cheval ». La question tombe d'elle-même lorsqu'on a pu voir, comme nous l'avons vu encore à notre époque, les filles de fermes lorraines juchées sur les gros chevaux de cette région d'élevage pour conduire les bêtes à l'abreuvoir. En une époque où le cheval est le seul moyen de locomotion, il est évident que Jeanne avait dû dès son enfance enfourcher ceux de son père. Lorsqu'elle proteste à l'appel de ses voix qu'elle ne sait pas monter à cheval, remarquons bien qu'elle emploie le terme traduit en latin par *equitare,* qui signifie monter un cheval de guerre, – ce qui est en effet tout autre chose que de savoir se tenir à cheval. Cela, elle l'ignorait, mais il ne paraît pas tellement étonnant qu'elle l'ait appris par la suite; et de toute façon cela paraît moins compliqué que d'avoir délivré Orléans!

3. Jeanne devant le " Dauphin ".

« La dite Jeanne dit ensuite qu'elle arriva à celui qu'elle appelle son roi sans empêchement », – ainsi s'exprime le procès de condamnation.

« JEANNE : Quand je suis arrivée à la ville de Sainte-Catherine de Fierbois, alors j'ai envoyé (écrit) à mon roi; puis je suis allée à la ville de Château-Chinon où est mon roi (le texte du procès reprend chaque fois la formule : « celui qu'elle appelle son roi »). J'y arrivai vers l'heure de midi et me logeai en une hôtellerie; et après le repas j'allai vers mon roi qui était au château. Quand j'entrai dans la chambre de mon roi, je le reconnus parmi les autres par le conseil de la voix qui me le révéla. Je dis à mon roi que je voulais aller faire guerre contre les Anglais.

– Quand la voix vous montra celui que vous dites le roi, y avait-il quelque lumière en ce lieu ?

JEANNE : Passez outre.

– Avez-vous vu quelque ange au-dessus de votre roi ?

JEANNE : Épargnez-moi cela et passez outre. Avant que mon roi ne m'ait mise en œuvre, lui-même a eu beaucoup d'apparitions et de belles révélations.

– Quelles révélations et apparitions eut votre roi ?

JEANNE : Je ne vous le dirai pas. Je ne vous en répondrai pas, mais envoyez à mon roi et il vous le dira. La voix m'avait promis que, aussitôt que je serais venue vers le roi, lui-même me recevrait. » (C 51-52)

Pour apprécier exactement la valeur du témoignage de Jeanne au procès de condamnation en ce qui concerne ses révélations et, généralement, ses actes touchant le roi de France, il faut, au préalable, se reporter à la première séance du procès, lorsque l'évêque Cauchon essaye d'obtenir d'elle qu'elle jure de dire la vérité.

« Jurez de dire vérité sur tout ce qui vous sera demandé concernant la matière de foi et que vous saurez.

JEANNE : De mon père, de ma mère et de tout ce que j'ai fait quand je suis venue en France, je jurerai volontiers, mais des révélations qui m'ont été faites de par Dieu, jamais je n'ai rien dit ni révélé à quiconque, si ce n'est au seul Charles, mon roi, et je ne les révélerai quand on devrait me couper la tête; j'ai ordre par mes visions et mon conseil secret de ne les révéler à personne. »

Elle revient d'ailleurs à plusieurs reprises sur cette interdiction.

« JEANNE : Je vous dirai volontiers ce que j'aurai eu permission de Dieu de révéler; mais en ce qui touche les révélations touchant le roi de France, je ne le dirai sans la permission de mes voix. » (C 70)

Et encore :

« JEANNE : Il y a des révélations qui vont au roi de France et non à ceux qui m'interrogent. » (C 72)

Il est bien évident que c'est précisément sur ce point que les juges de Rouen, conduisant un procès qui, par-delà Jeanne elle-même, tendait à déconsidérer le roi de France, auraient voulu avoir des précisions. Nous verrons plus loin, dans le détail des interrogatoires du procès, comment Jeanne se déroba alors à leurs questions. Il suffit pour l'instant de constater qu'en ce qui concerne ses rapports avec le roi et la façon dont elle fut reçue par lui, les témoignages du procès de condamnation ne sauraient être décisifs.

« Y avait-il un ange au-dessus de la tête du roi quand vous l'avez vu la première fois ?

JEANNE : Par Sainte Marie! s'il y était, je n'en sais rien et ne l'ai pas vu.

– Y avait-il là de la lumière ?

JEANNE : Il y avait là plus de trois cents chevaliers

et quelque cinquante torches, sans compter la lumière spirituelle. Et rarement j'ai eu révélation qu'il n'y eût lumière.

— Comment le roi ajouta-t-il foi à vos dires ?

JEANNE : Lui-même avait de bons intersignes, et par le clergé.

— Quelles révélations eut votre roi ?

JEANNE : Vous n'aurez pas cela de moi pour cette année. J'ai été interrogée l'espace de trois semaines par le clergé dans la ville de Chinon et de Poitiers. Et le roi a eu un signe de mes faits avant qu'il veuille me croire, et les clercs de mon parti ont été de cette opinion qu'il leur semblait qu'en mon fait il n'y avait rien que de bon.

— Avez-vous été à Sainte-Catherine de Fierbois ?

JEANNE : Oui. Là j'ai entendu trois messes en un jour, et ensuite je suis allée à la ville de Chinon. J'ai envoyé des lettres à mon roi dans lesquelles il était contenu que je les envoyais pour savoir si je pourrais entrer dans la ville où était mon roi et que j'avais parcouru quelque cent-cinquante lieues pour venir vers lui et lui porter secours, et que je savais beaucoup de choses bonnes le concernant, et je crois que dans les mêmes lettres il était contenu que je connaîtrais bien le roi parmi tous autres. » (C 76)

Des témoins oculaires de la scène de Chinon ont raconté au procès de réhabilitation leurs souvenirs.

Raoul de Gaucourt, grand maître de l'hôtel du roi, quatre-vingt-cinq ans ou environ : « J'étais présent aux château et ville de Chinon quand la Pucelle est arrivée et je l'ai vue quand elle s'est présentée devant la majesté royale, avec grande humilité et simplicité, la pauvre petite bergerette, et j'ai entendu les mots suivants qu'elle a dits au roi : « Très noble Seigneur Dauphin, je suis venue et suis envoyée de par Dieu pour apporter du secours à vous et à votre royaume. » Le roi l'ayant vue et entendue, pour être mieux informé de son fait, ordonna qu'elle fût mise en la garde de Guillaume Bellier, maître de sa maison, bailli de Troyes, et son lieutenant à Chinon, dont l'épouse était femme de grande dévotion et de très excellente renommée. » (R 11)

Simon Charles, président de la Chambre des comptes : « L'année où Jeanne alla trouver le roi, j'avais été envoyé par lui en ambassade à Venise et je revins vers le mois de mars. A ce moment-là, j'ai entendu dire par Jean de Metz, qui avait escorté Jeanne, qu'elle était auprès du roi. Je sais que, quand Jeanne arriva à Chinon, il y eut une délibération au conseil pour savoir si le roi l'entendrait ou non. Tout d'abord, on lui fit demander pourquoi elle était venue et ce qu'elle demandait. Elle ne voulait rien dire sans avoir parlé au roi et fut pourtant contrainte de par le roi à dire la raison de sa mission. Elle dit qu'elle en avait deux pour lesquelles elle était mandée de par le roi des Cieux : l'une de lever le siège d'Orléans, l'autre de conduire le roi à Reims pour son couronnement et son sacre. Ce qu'entendu, certains des conseillers du roi disaient que le roi ne devait nullement prêter foi à Jeanne, et les autres que, du moment qu'elle disait qu'elle était envoyée de Dieu et qu'elle avait quelque chose à dire au roi, le roi devait tout au moins l'entendre.

« Cependant, le roi voulut qu'elle fût d'abord examinée par des clercs et hommes d'Église, ce qui fut fait. Et enfin, bien qu'avec difficultés, il fut décidé que le roi l'écouterait. Lorsqu'elle entra au château de Chinon pour venir en sa présence, le roi, sur le conseil des principaux courtisans, hésita à lui parler jusqu'au moment où il lui fut rapporté que Robert de Baudricourt lui avait écrit qu'il lui avait envoyé une femme et qu'elle avait été conduite à travers le territoire des ennemis du roi et que, d'une façon quasi miraculeuse, elle avait traversé beaucoup de fleuves à gué pour arriver auprès du roi. A cause de cela, le roi fut poussé à l'entendre et une audience fut accordée à Jeanne. Quand le roi sut qu'elle allait venir, il se retira à part, en dehors des autres; Jeanne, cependant, le reconnut bien et lui fit révérence et lui parla un long moment. Après l'avoir entendue, le roi paraissait radieux. Ensuite, ne voulant encore rien faire sans avoir conseil des gens d'Église, il envoya Jeanne à Poitiers pour qu'elle fût examinée par les clercs de l'Université de Poitiers. Lorsqu'il sut qu'on l'avait examinée et qu'il lui fut rapporté qu'on n'avait rien trouvé que de bien en elle, le roi lui fit faire des armes et lui confia des gens de guerre et elle eut le commandement sur le fait de la guerre. » (R 102-104)

Louis de Coutes, page de Jeanne : « L'année où Jeanne vint auprès du roi dans la ville de Chinon, j'avais quatorze ou quinze ans et servais et demeurais auprès du seigneur de Gaucourt qui était capitaine du lieu de Chinon. A ce moment-là, Jeanne arriva au lieu de Chinon avec deux hommes et elle fut conduite auprès du roi. J'ai vu souvent Jeanne aller auprès du roi et en revenir. Un logement lui fut assigné dans une tour du château du Couldray, et j'ai demeuré dans cette tour avec Jeanne. Et tout le temps qu'elle fut là, j'ai été continuellement avec elle pendant le jour. La nuit, elle avait des femmes avec elle. Et je me souviens bien qu'au moment où elle fut dans cette tour du Couldray, plusieurs fois, des hommes de haut rang venaient converser avec Jeanne. Ce qu'ils faisaient ou disaient, je ne le sais, car toujours, quand je voyais ces hommes arriver, je m'en allais et je ne sais pas qui ils étaient. A ce moment, quand j'étais avec Jeanne, dans cette tour, j'ai vu souvent Jeanne genoux ployés et en train de prier à ce qu'il me semblait. Cependant, je n'ai jamais pu entendre ce qu'elle disait, bien qu'elle pleurât quelquefois. Puis, Jeanne fut conduite à la ville de Poitiers, puis revint à la ville de Tours, dans la maison d'une personne nommée Lapau. »

Jean, duc d'Alençon – prince de sang royal, il avait, en 1429, vingt-cinq ans et revenait de cinq années de captivité, ayant été fait prisonnier à la bataille de Verneuil en 1424. Il avait été relâché contre une très lourde rançon. Son arrière-grand-père, mort à Crécy, était le petit-fils du roi de France, Philippe le Hardi : « Quand Jeanne vint trouver le roi, celui-ci était dans la ville de Chinon et moi, dans la ville de Saint-Florent

(Saint-Florent-les-Saumur). Je me promenais et chassais aux cailles quand un messager vint me dire qu'était arrivée auprès du roi une pucelle qui affirmait qu'elle était envoyée de par Dieu pour chasser les Anglais et lever le siège mis par les Anglais devant Orléans. C'est pourquoi le lendemain, j'allai vers le roi, qui était en la ville de Chinon, et je trouvai Jeanne parlant avec le roi. Au moment où j'approchais, Jeanne demanda qui j'étais et le roi répondit que j'étais le duc d'Alençon. Alors, Jeanne dit : « Vous, soyez le très bienvenu. Plus ils seront ensemble du sang royal de France, mieux sera. » Et le lendemain, Jeanne vint à la messe du roi et quand elle vit le roi elle s'inclina et le roi conduisit Jeanne dans une chambre, et j'étais avec lui et le seigneur de la Trémoïlle que le roi retint, disant aux autres qu'ils se retirent. Alors, Jeanne fit au roi plusieurs requêtes, entre autres, qu'il donnât son royaume au Roi des Cieux et que le Roi des Cieux, après cette donation, lui ferait comme Il avait fait à ses prédécesseurs, et le remettrait dans son premier état; et beaucoup d'autres choses dont je ne me souviens pas furent dites jusqu'au repas. Et après le repas, le roi alla se promener dans les prés et là Jeanne courut une lance et moi, voyant Jeanne se comporter ainsi, porter la lance, et courir la lance, je lui donnai un cheval. Ensuite, le roi conclut que Jeanne serait examinée par des gens d'Église. Et y furent députés l'évêque de Castres, confesseur du roi (Gérard Machet), l'évêque de Senlis (Simon Bonnet, évêque de Senlis en 1456), ceux de Maguelonne et de Poitiers (Hugues de Combarel), maître Pierre de Versailles, par la suite évêque de Meaux, et maître Jean Morin et plusieurs autres dont je ne me rappelle pas les noms. Ceux-ci interrogèrent Jeanne en ma présence : pourquoi elle était venue et qui l'avait fait venir vers le roi; elle répondit qu'elle était venue de par le Roi du Ciel et qu'elle avait des voix et un conseil qui lui disaient ce qu'elle avait à faire, mais de cela je ne me souviens plus. Mais ensuite, Jeanne, qui prenait son repas avec moi, me dit qu'elle avait été très examinée, mais qu'elle en savait et en pouvait plus qu'elle n'en avait dit à ceux qui l'interrogeaient. Le roi, une fois entendu le rapport de ceux qui avaient été délégués à l'examiner, voulut que Jeanne aille à la ville de Poitiers et que là elle soit examinée de nouveau. Mais moi je ne fus pas présent à cet examen fait à Poitiers. Je sais seulement que, par la suite, en conseil du roi, il fut rapporté que ceux qui l'avaient examinée avaient dit qu'ils n'avaient rien trouvé en elle de contraire à la foi catholique et que, vu la nécessité, le roi pouvait bien s'aider d'elle. » (R 146-148)

Jean d'Aulon, chevalier, conseiller du roi et sénéchal de Beaucaire : « Il y a vingt-huit ans environ, le roi, notre sire, étant dans la ville de Poitiers, il me fut dit que la Pucelle, qui était partie de Lorraine, avait été amenée au dit seigneur par deux gentilshommes se disant être à messire Robert de Baudricourt, chevalier, l'un nommé Bertrand et l'autre Jean de Metz. Et pour la voir, j'allai au lieu de Poitiers.

« Après la présentation, parla la Pucelle au roi, notre sire, secrètement et lui dit certaines choses secrètes, lesquelles je ne sais; hors que, peu de temps après, ce seigneur envoya quérir quelques-uns des gens de son conseil, parmi lesquels j'étais, auxquels il dit que la Pucelle lui avait dit qu'elle était envoyée par Dieu pour l'aider à recouvrer son royaume qui pour lors, pour la plus grande partie, était occupé par les Anglais, ses ennemis anciens.

« Après ces paroles déclarées par le roi aux gens de son conseil, il fut décidé d'interroger la Pucelle, qui pour lors était de l'âge de seize ans ou environ, sur certains points touchant la foi. Pour ce faire, le roi fit venir certains maîtres en théologie, juristes et autres gens experts qui l'examinèrent et l'interrogèrent sur ces points bien et diligemment. J'étais présent au conseil quand ces maîtres firent leur rapport de ce qu'ils avaient trouvé de la Pucelle et fut par l'un d'eux dit publiquement qu'ils ne voyaient, savaient ni connaissaient, en cette pucelle, autre chose hors seulement tout ce qui peut être en bonne chrétienne et vraie catholique et que pour telle la tenaient et c'était leur avis qu'elle était très bonne personne. » (R 155-156)

Ainsi, l'ordre des faits, sinon leur chronologie exacte (nous verrons dans le commentaire de ce chapitre comment elle peut être établie), peut être facilement reconstitué d'après ces témoignages qui concordent. Passant à Sainte-Catherine de Fierbois, Jeanne dépêche l'un des membres de son escorte pour s'annoncer au roi et lui demander audience. Elle-même, arrivée à Chinon, demande à être reçue par le roi qui hésite et, finalement, l'admet. L'entrevue a lieu un soir (« Il était haute heure », dit Jeanne dans son interrogatoire, C 135) dans la grande salle du château dont ne demeurent, de nos jours, qu'un pan de mur et une cheminée suspendue dans le vide. La scène de Jeanne reconnaissant le roi et allant droit vers lui a eu, dans les esprits et dans l'anecdote historique, un développement qu'elle ne méritait peut-être pas.

On la trouve déjà développée ainsi dans la *Chronique* de Jean Chartier : « Lors, Jeanne, venue devant le roi, fit les inclinaisons et révérences accoutumées de faire au roi, comme si elle eût été nourrie à la cour, et, la salutation faite, dit en adressant la parole au roi : « Dieu vous donne vie, gentil roi », alors qu'elle ne le connaissait pas et ne l'avait jamais vu. Et il y avait plusieurs seigneurs, pompeusement vêtus et richement et plus que n'était le roi. Pourquoi il répondit à la dite Jeanne : « Ce ne suis-je pas le roi, Jeanne. » Et en lui montrant l'un des seigneurs, dit : « Voilà le roi. » A quoi elle répondit : « En nom Dieu, gentil prince, c'êtes vous et non autre. »

Celui qui a donné le plus de détails sur l'entrevue n'était pas présent à la scène, mais se trouve incontestablement bien informé : c'est Jean Pasquerel, un ermite de Saint-Augustin, originaire du couvent de Bayeux, qui, par la suite, fut le confesseur de Jeanne et l'accompagna dans toutes ses campagnes jusqu'au moment où elle fut prise à Compiègne : « Le comte de

Vendôme conduisit Jeanne auprès du roi et l'introduisit dans la chambre du roi. Lorsqu'il la vit, il demanda à Jeanne son nom et elle répondit : « Gentil dauphin, j'ai nom Jeanne la Pucelle, et vous mande le Roi des Cieux par moi que vous serez sacré et couronné en la ville de Reims et vous serez lieutenant du Roi des Cieux qui est roi de France. » Et, après d'autres questions posées par le roi, Jeanne lui dit de nouveau : « Je te dis de la part de Messire que tu es vrai héritier de France et fils de roi, et Il m'a envoyé à toi pour te conduire à Reims, pour que tu reçoives ton couronnement et ta consécration, si tu le veux. » Cela entendu, le roi dit aux assistants que Jeanne lui avait dit certains secrets que personne ne savait et ne pouvait savoir si ce n'est Dieu; c'est pourquoi il avait grande confiance en elle. Tout cela, je l'ai entendu de la bouche de Jeanne, car je n'y ai pas été présent. » (R 176)

Quel était ce secret ? Nous n'en saurons probablement sur ce point jamais plus que les juges de Rouen eux-mêmes. Le seul témoignage qui existe à ce sujet se trouve contenu dans une chronique très tardive et passablement anecdotique, celle de Pierre Sala qui, après avoir été successivement le serviteur de Louis XI et de Charles VIII, écrivit à Lyon dans sa vieillesse un ouvrage intitulé *Hardiesse des grands rois et empereurs.* Il déclare tenir directement de Guillaume Gouffier, seigneur de Boissy, qui avait été le chambellan et l'intime de Charles VII, le trait suivant : « Il me conta, entre autres choses, le secret qui avait été entre le roi et la Pucelle; et il le pouvait bien savoir, car il avait été, en sa jeunesse, très aimé de ce roi, tant qu'il ne voulut jamais souffrir coucher nul gentilhomme en son lit hors lui. En cette grande privauté que je vous dis, lui conta le roi les paroles que la Pucelle lui avait dites... Du temps de la grande adversité de ce roi Charles VII, il se trouvait si bas qu'il ne savait plus que faire... Le roi, étant en cette extrémité, entra un matin en son oratoire tout seul et là, il fit une humble

requête et prière à Notre-Seigneur dedans son cœur,
sans prononciation de paroles, où il lui requérait dévotement que si ainsi était qu'il fût vrai héritier descendu
de la noble Maison de France et que le royaume lui
dût justement appartenir, qu'il lui plût de le garder
et défendre, ou, au pis, lui donner grâce d'échapper
sans mort ou prison, et qu'il pût se sauver en Espagne
ou en Écosse qui étaient de toute ancienneté frères
d'armes et alliés des rois de France, et pour ce avait-il
là choisi son dernier refuge. Peu de temps après, il
advint que... la Pucelle lui fut amenée, laquelle avait eu,
en gardant ses brebis aux champs, inspiration divine
pour venir réconforter le bon roi. Elle ne faillit pas,
car elle se fit mener et conduire par ses propres parents
jusque devant le roi et là elle fit son message au signe
dessusdit que le roi connut être vrai. Et dès lors, il
se conseilla par elle et bien lui en prit. »

Ce qui paraît certain, c'est que le roi, ayant consenti
à recevoir Jeanne, fut par elle convaincu qu'il se
trouvait devant un cas extraordinaire et méritant examen. Disons d'ailleurs que, pour cet anxieux, tourmenté
par les doutes que sa propre mère avait émis touchant
sa légitimité, le simple fait que cette fille, qui se disait
envoyée par le Roi du Ciel et de si loin était parvenue
jusqu'à lui, se soit présentée en lui disant : « Tu es
vrai héritier de France et fils de roi », avait dû avoir
quelque chose de réconfortant et de quasi miraculeux.

Toujours est-il que, quelques jours plus tard, il
décide de conduire Jeanne à Poitiers où se trouvent
la plupart des maîtres de l'Université « repliés » – celle
de Paris a été, par les Anglais, peuplée de créatures à
leur solde et nous verrons quelle influence cela a eu
sur l'histoire de Jeanne elle-même; ce sont les profes-
seurs, prélats, théologiens, demeurés fidèles à la cause
française dont sera formée, en 1432, l'Université de
Poitiers. François Garivel, conseiller du roi sur le fait
des aides : « Je me souviens qu'au moment de l'arrivée
de Jeanne la Pucelle, le roi l'envoya à Poitiers et elle

fut logée dans la maison de feu maître Jean Rabateau, alors avocat du roi au Parlement. Furent députés en cette cité de Poitiers, par ordre du roi, de solennels docteurs et maîtres, à savoir, maître Pierre de Versailles, alors abbé de Talmont, plus tard évêque de Meaux, Jean Lambert, Guillaume Aimeri, de l'ordre des frères prêcheurs, Pierre Seguin, de l'ordre des frères carmes, docteur en Sainte Écriture, Mathieu Mesnage, Guillaume Lemaire, bachelier en théologie, avec plusieurs autres conseillers du roi, licenciés en droit civil et droit canon, qui, à plusieurs reprises, l'espace de trois semaines environ, examinèrent Jeanne. »

Jeanne, à plusieurs reprises, lors du procès de condamnation, renvoyait elle-même ses interrogateurs au « livre de Poitiers ».

« JEANNE : Cela est en écrit à Poitiers.
– Les maîtres qui vous examinèrent là-bas, les uns par un mois, les autres par trois semaines, vous interrogèrent-ils sur le changement de votre habit ?
JEANNE : Je ne m'en souviens pas. » (C 93)

A l'époque de la réhabilitation, survivait l'un des juges de Poitiers qui l'examinèrent : il s'agit de frère Seguin Seguin, de l'ordre des frères prêcheurs, professeur en théologie et qui était alors doyen de la Faculté de Poitiers (soixante-dix ans ou environ).

« J'ai vu Jeanne pour la première fois à Poitiers. Le conseil du roi s'était réuni là dans la maison d'une certaine La Macée et, parmi eux, était le seigneur archevêque de Reims, alors chancelier de France (Regnault de Chartres). On avait mandé, en dehors de moi, maître Jean Lombard, professeur en théologie de l'Université de Paris, Guillaume Lemaire, chanoine de Poitiers, bachelier en théologie, Guillaume Aimeri, professeur en théologie de l'ordre des frères prêcheurs, frère Pierre Turelure, maître Jacques Madelon et plusieurs autres dont je ne me souviens plus. On nous dit que nous étions mandés de par le roi d'interroger Jeanne et de rapporter au Conseil du roi ce qu'il nous semblait d'elle, et on nous envoya à la maison de maître Jean Rabateau, à Poitiers, où Jeanne était logée pour l'examiner. Quand nous arrivâmes, nous posâmes à Jeanne plusieurs questions et, entre autres questions, maître Jean Lombard lui demanda pourquoi elle était venue et que le roi voudrait bien savoir ce qui l'avait poussée à venir vers lui. Et elle répondit de grande façon que, quand elle gardait les animaux, une voix s'était manifestée à elle qui lui dit que Dieu avait grande pitié du peuple de France et qu'il fallait qu'elle, Jeanne, vînt en France. En entendant cela, elle avait commencé à pleurer; alors, la voix lui dit qu'elle aille à Vaucouleurs et que là elle trouverait un capitaine qui la conduirait sûrement en France et auprès du roi, et qu'elle n'ait doute; et elle avait fait ainsi et était venue auprès du roi sans aucun empêchement.

« Maître Guillaume Aimeri l'interrogea : « Tu as dit que la voix t'a dit que Dieu veut délivrer le peuple de France des calamités dans lesquelles il est. S'il veut le délivrer, il n'est pas nécessaire d'avoir des gens d'armes. Et alors Jeanne répondit : « En nom Dieu, les gens d'armes batailleront et Dieu donnera victoire. » De cette réponse, maître Guillaume se tint content.

« Je lui demandai quel langage parlait sa voix. Elle me répondit : « Meilleur que le vôtre »; moi, je parlais limousin. Et de nouveau, je lui demandai si elle croyait en Dieu; elle me répondit : « Oui, mieux que vous. » Et alors, je dis à Jeanne que Dieu ne voulait pas que l'on croie en elle s'il n'apparaissait quelque chose par quoi il semblât qu'on devait croire en elle, et qu'on n'allait pas conseiller au roi, sur sa simple assertion, de lui confier des gens d'armes pour qu'ils soient mis en péril, à moins qu'elle ne dise autre chose. Elle répondit : « En nom Dieu, je ne suis pas venue à Poitiers pour faire signes; mais conduisez-moi à Orléans, je vous montrerai les signes pour lesquels j'ai été envoyée », ajoutant que des gens lui fussent donnés en telle quantité qu'il lui semblerait bon et qu'elle irait à Orléans. Alors, elle me dit, à moi et aux autres présents, quatre choses qui étaient alors à venir et qui ensuite arrivèrent.

D'abord, elle dit que les Anglais seraient défaits et que le siège qui était mis devant la ville d'Orléans serait levé et que la ville d'Orléans serait libérée des Anglais, mais qu'auparavant elle leur enverrait des sommations. Elle dit ensuite que le roi serait sacré à Reims. Troisièmement, que la ville de Paris reviendrait dans l'obéissance du roi; et que le duc d'Orléans reviendrait d'Angleterre. Tout cela, je l'ai vu s'accomplir.

« Nous rapportâmes tout cela au conseil du roi et fûmes d'opinion que, étant donnés l'imminente nécessité et le péril dans lequel était la ville d'Orléans, le roi pouvait bien s'aider d'elle et l'envoyer à Orléans.

« Nous nous enquîmes, moi et les autres désignés, de la vie et des mœurs de Jeanne et nous trouvâmes qu'elle était bonne chrétienne et vivait de façon catholique et qu'on ne la trouvait jamais oisive. Et pour mieux connaître son comportement, des femmes lui furent envoyées qui rapportèrent au conseil ses faits et gestes. Je crois que Jeanne a été envoyée de Dieu attendu que le roi et les peuples en son obéissance n'avaient aucun espoir, mais que tous croyaient battre en retraite. » (R 107-109)

Que le cas ait été en effet désespéré, c'est ce que nous attestent tous les écrits du temps. Dans l'entourage même de Jeanne, une femme, bien placée puisque son mari était préposé aux finances royales, Marguerite la Touroulde, dont nous avons déjà cité le témoignage, traduit cette impression : « Lorsque Jeanne vint vers le roi à Chinon, déclare-t-elle, j'étais à Bourges où était la reine. A ce moment-là, il y avait dans son royaume et dans les parties obéissant au roi telle calamité et telle pénurie d'argent que c'était pitié et même tous ceux qui obéissaient au roi étaient presque au désespoir. Je le sais parce que mon mari était à ce moment-là receveur général et, tant de l'argent du roi que du sien, il n'avait alors quatre écus. Et la cité d'Orléans était assiégée par les Anglais et il n'y avait aucun moyen de lui venir en aide. Et c'est parmi cette calamité qu'est venue Jeanne et, je le crois fermement, elle est venue de Dieu et a été envoyée pour relever le roi et les peuples demeurés dans son obéissance, car, à ce moment-là, il n'y avait espoir si ce n'est de Dieu. » (R 118)

L'impression qui se dégage des textes, c'est qu'on se trouvait en tel point qu'à l'avis général Jeanne pouvait bien être mise à l'épreuve : les choses en iraient peut-être mieux, mais ne pouvaient aller plus mal.

Jean Barbin, avocat au Parlement : « Finalement, il fut conclu par les clercs, après les interrogations et les examens par eux faits, qu'il n'y avait en elle rien de mal ni rien de contraire à la foi catholique et qu'étant donnée la nécessité dans laquelle étaient le roi et le royaume, puisque le roi et les habitants qui lui étaient fidèles étaient alors au désespoir et ne pouvaient espérer d'aide d'aucune sorte si elle ne leur venait de Dieu, que le roi pouvait bien s'aider d'elle. » (R 109-110)

Jeanne, cependant, supportait impatiemment tous ces retards.

Jean Pasquerel : « Je lui ai entendu dire qu'elle n'était pas contente de tous ces interrogatoires et qu'ils l'empêchaient d'accomplir l'œuvre pour laquelle elle était envoyée et qu'il était besoin et temps d'agir. » (R 176)

Son premier soin, lorsque enfin permission lui est donnée d'agir, est d'envoyer aux Anglais une lettre de sommation.

Gobert Thibault, écuyer du roi : « J'étais à Chinon quand Jeanne vint trouver le roi qui résidait alors à Chinon, mais je n'ai pas eu grande connaissance d'elle à cet endroit. Je l'ai connue davantage par la suite, car, comme le roi voulait aller à Poitiers, Jeanne y fut conduite... Elle était logée dans la maison d'un nommé Rabateau et c'est dans cette maison que Pierre de Versailles et Jean Érault, en ma présence, parlèrent à Jeanne. Comme nous y arrivions, Jeanne vint au-

devant de nous et elle me frappa sur l'épaule en me
disant qu'elle aimerait bien avoir beaucoup d'hommes
de ma sorte. Alors, Pierre de Versailles dit à Jeanne
qu'ils étaient envoyés à elle de par le roi. Elle répondit :
« Je crois bien que vous êtes envoyés pour m'interroger »,
disant : « Moi, je ne sais ni A ni B. » Alors, nous lui
demandâmes pourquoi elle venait. Elle répondit : « Je
viens de par le Roi des Cieux pour lever le siège
d'Orléans et conduire le roi à Reims pour son couronnement et son sacre. » Elle nous demanda si nous
avions du papier et de l'encre, disant à maître
Jean Érault : « Écrivez ce que je vous dirai : « Vous
Suffort, Classidas et La Poule, je vous somme, de par
le Roi des Cieux, que vous vous en alliez en Angleterre. » Et cette fois-là, Versailles et Érault ne firent
rien d'autre dont je me souvienne et Jeanne demeura à
Poitiers aussi longtemps que le fit le roi. »

Le « livre de Poitiers », procès-verbal où avaient été
consignées par écrit les questions posées à Jeanne et ses
réponses, ne nous a malheureusement pas été conservé;
ce serait, si on le retrouvait, une source de tout premier
ordre, car il nous montrerait ce que le procès de
condamnation nous cache; on y verrait Jeanne répondre
en toute liberté à des personnages qui l'interrogent en
toute bonne foi, alors que le procès de condamnation
montre une prisonnière interrogée par des gens qui
veulent sa perte, et menés par un juge dont elle sait
fort bien qu'il est « son ennemi capital », comme elle
le lui dira, puisque, en toutes circonstances, il s'est
révélé l'agent de l'Angleterre.

Nous ne possédons, en tout et pour tout, de ce procès
de Poitiers, que quelques lignes : les conclusions remises
par les docteurs au roi et consignées au procès de réhabilitation; il y est dit : « Qu'en elle on ne trouve point
de mal, mais seulement bien, humilité, virginité, dévotion, honnêteté, simplicité. » Toujours est-il que ces
conclusions ont convaincu le roi qu'on pouvait bien la
laisser agir et courir l'épreuve dont elle a déclaré que

ce serait le signe de sa mission : tenter de délivrer Orléans. Un autre examen, pourtant, avait eu lieu, qui était comme la contre-épreuve du premier : cette fille qui se faisait appeler Jeanne la Pucelle, était-elle vierge ou non ? Si elle ne l'était pas, il y avait chez elle une imposture flagrante; si elle l'était, ce pouvait être la preuve que, comme elle le déclarait, elle avait bien « voué sa virginité à Dieu », la virginité étant le signe de l'être qui se consacre à Dieu sans partage.

Jean Pasquerel : « J'ai entendu dire que Jeanne, lorsqu'elle vint vers le roi, fut examinée par des femmes pour savoir ce qu'il en était d'elle, si elle était un homme ou une femme et si elle était corrompue ou vierge. Elle fut trouvée femme et vierge et pucelle. Celles qui la visitèrent furent, à ce que j'ouïs dire, la dame de Gaucourt (Jeanne de Preuilly) et la dame de Trêves (Jeanne de Mortemer). » (R 175)

L'une et l'autre de ces dames font partie de la suite de Yolande d'Aragon, reine de Sicile, belle-mère du roi, et l'un des personnages foncièrement dévoués à sa cause. C'est sous son influence, croit-on, que Charles VII, lui-même indécis et timoré, avait décidé de prendre, quelques années auparavant, le titre de roi de France.

Jean d'Aulon : « Le rapport fait au roi par les maîtres, cette pucelle fut remise entre les mains de la reine de Sicile, mère de la reine, notre souveraine dame, et à certaines dames étant avec elle, par lesquelles cette pucelle fut vue, visitée, et secrètement regardée et examinée dans les secrètes parties de son corps. Mais après qu'elles eurent vu et regardé tout ce qui était à regarder en ce cas, la dame dit et relata au roi qu'elle et ses dames trouvaient certainement que c'était une vraie et entière pucelle en laquelle n'apparaissait aucune corruption ou violence. J'étais présent quand la dame fit son rapport.

« Après avoir entendu ces choses, le roi, considérant la grande bonté qui était en cette pucelle et ce qu'elle lui avait dit, que de par Dieu elle lui était envoyée, conclut en son conseil que, dorénavant, il s'aiderait d'elle pour la guerre, attendu que pour ce faire elle lui était envoyée. Il fut donc délibéré qu'elle serait envoyée dans la cité d'Orléans qui était alors assiégée par les Anglais. Pour ce lui furent donnés des gens pour le service de sa personne et d'autres pour sa conduite. Pour la garde et conduite d'elle, je fus ordonné par le roi, notre seigneur. (Jean d'Aulon, en effet, devait être l'intendant de Jeanne et partager son sort au long des guerres jusqu'à la prison inclusivement.)

« Pour la sûreté de son corps, le seigneur roi fit faire à la Pucelle harnais tout propre pour son corps et, ce fait, lui ordonna certaine quantité de gens d'armes pour la mener et conduire sûrement, elle et ceux de sa compagnie, au lieu d'Orléans. » (R 156-157)

Jeanne est alors conduite à Tours où, tandis qu'un effort est fait par le roi pour réunir une nouvelle armée, on lui confectionne son armure et son étendard. C'est dans cette ville de Tours que Jean Pasquerel devait la connaître.

Jean Pasquerel : « La première fois que j'ai entendu parler de Jeanne et entendu dire comment elle était venue auprès du roi, je me trouvais au Puy. Et dans cette ville étaient la mère de Jeanne et quelques-uns de ceux qui avaient amené Jeanne auprès du roi (il y avait, en cette année 1429, le fameux pèlerinage du Puy qui a lieu chaque année lorsque le Vendredi Saint tombe le 25 mars, jour de l'Annonciation). Et comme ils me connaissaient un peu, ils me dirent qu'il fallait que je vienne avec eux auprès de Jeanne et qu'ils ne me laisseraient pas aller qu'ils ne m'eussent conduit à elle. Et je vins avec eux jusqu'à la ville de Chinon et par-delà jusqu'à la ville de Tours dans le couvent de laquelle j'étais lecteur.

« Dans cette ville de Tours, Jeanne était logée dans la maison de Jean Dupuy, bourgeois de Tours. J'ai trouvé Jeanne dans sa maison et ceux qui m'avaient amené lui parlèrent, disant : « Jeanne, nous vous avons amené ce bon père, si vous le connaissiez bien vous l'aimeriez beaucoup. » Jeanne répondit qu'elle en était bien contente et que déjà elle avait entendu parler de moi et que le lendemain elle voulait se confesser à moi. Le lendemain, je l'entendis en confession et je chantai la messe devant elle, et depuis cette heure, je l'ai toujours suivie et suis demeuré avec elle jusqu'à la ville de Compiègne où elle fut prise...

« Jeanne fit faire son étendard sur lequel était peinte l'image de Notre Sauveur assis au jugement dans les nuées du ciel et il y avait un ange peint tenant dans ses mains une fleur de lys que l'image bénissait. J'étais à Tours, là où était peint cet étendard...

« Quand Jeanne sortit de Tours pour venir à Orléans, elle me demanda de ne pas la quitter, mais de demeurer toujours avec elle comme son confesseur, ce que je lui ai promis. Nous avons été à Blois, environ deux ou trois jours, en attendant les vivres que l'on faisait charger là sur les bateaux et c'est là qu'elle m'a dit de faire faire une bannière pour rassembler les prêtres, et sur cette bannière, de faire peindre l'image de Notre-Seigneur crucifié, ce que j'ai fait. Cette bannière faite, Jeanne, deux fois par jour, le matin et le soir, faisait rassembler tous les prêtres, et une fois réunis, ils chantaient des antiennes et des hymnes à sainte Marie et Jeanne était avec eux, et elle ne voulait pas qu'aux prêtres se mêlent les soldats s'ils ne s'étaient confessés. Et elle exhortait tous les soldats à se confesser pour venir à cette réunion. Et à la réunion même, tous les prêtres étaient prêts à entendre ceux qui voulaient se confesser. Quand Jeanne sortit de Blois pour aller à Orléans, elle fit se rassembler tous les prêtres autour de cette bannière et les prêtres précédaient l'armée. Ils sortirent du côté de la Sologne ainsi rassemblés, chantant le *Veni Creator Spiritus* et beaucoup d'autres antiennes et campèrent cette nuit dans les champs et de même le jour suivant. »

Cette bannière est différente de l'étendard que Jeanne porte pour se rendre au combat comme « enseigne », remis à un porte-fanion qui la précède; c'est l'habitude de l'époque, en un temps, où, désormais, on est entièrement bardé de fer lorsqu'on se rend à l'assaut, d'avoir ainsi un signe distinctif autour duquel peuvent se rassembler les gens de la « bataille », c'est-à-dire de la compagnie d'un capitaine. On trouve, sur le livre de comptes de maître Hémon Raguier, le trésorier du roi, la mention suivante : « Et à Hauves Poulnoir, peintre, demeurant à Tours, pour avoir peint et fourni étoffe pour un grand étendard et un petit pour la Pucelle, 25 livres tournois. »

Elle a non seulement un intendant, Jean d'Aulon, mais deux pages, un nommé Raymond, qui devait être tué lors de l'assaut devant Paris, et Louis de Coutes. Enfin elle a deux hérauts nommés Ambleville et Guyenne. Autrement dit, elle est équipée et traitée à l'égal des autres capitaines.

« C'est à Tours, déclare Louis de Coutes, qu'il m'a été dit et ordonné que je sois le page de Jeanne avec un nommé Raymond. Depuis cette heure-là, j'ai toujours été avec Jeanne et je suis toujours allé avec elle, la servant dans mon office de page tant à Blois qu'à Orléans, jusqu'à ce que nous soyons arrivés devant Paris. Au moment où elle était à Tours, une armure lui fut donnée et Jeanne reçut alors son état du roi. Et de Tours, elle alla à la ville de Blois, en compagnie d'hommes d'armes du roi, et cette compagnie, dès ce moment-là, avait une grande confiance en Jeanne, et Jeanne se tint avec ses soldats dans la ville de Blois pendant quelque temps, je ne me souviens plus combien, et alors, il fut décidé de se retirer de Blois et d'aller à Orléans par le côté de la Sologne. Et Jeanne se retira avec sa troupe d'hommes d'armes, exhortant toujours les soldats qu'ils aient grande confiance en Dieu et qu'ils confessent leurs péchés. Et en sa compagnie, j'ai vu souvent Jeanne recevoir le sacrement de l'Eucharistie. » (R 169)

Certains détails de son équipement nous sont connus. Ainsi, toujours dans les comptes d'Hémon Raguier, à la date du 10 mai 1429, se trouve la mention d'un versement : « Au maître armurier, pour un harnois complet pour la Pucelle, 100 livres tournois. »

En dehors de l'armure, il y a l'épée elle-même dont on sait qu'elle l'avait fait prendre dans l'église de Sainte-Catherine de Fierbois.

« JEANNE : Quand j'étais à Tours ou à Chinon, j'ai fait chercher une épée qui était dans l'église de Sainte-Catherine de Fierbois, derrière l'autel et aussitôt on la trouva toute couverte de rouille.

– Comment saviez-vous que cette épée était là ?

JEANNE : Cette épée était dans la terre toute rouillée et il y avait dessus cinq croix et je l'ai su par mes voix et je n'avais jamais vu l'homme qui alla chercher cette épée. J'ai écrit aux prélats de l'endroit qu'il leur plaise que j'aie cette épée et ils me l'ont envoyée. Elle n'était pas très profond sous terre derrière l'autel à ce qu'il me semble, mais je ne sais exactement si elle était devant ou derrière l'autel. Je crois que j'ai écrit alors que cette épée était derrière l'autel. Après que cette épée a été trouvée, les prélats de l'endroit l'ont fait frotter et aussitôt la rouille en est tombée sans difficulté. Il y eut un marchand d'armes de Tours qui alla la chercher et les prélats de ce lieu m'ont donné un fourreau et ceux de Tours aussi, avec eux, m'ont fait faire deux fourreaux : un de velours rouge et l'autre de drap d'or, et moi j'en ai fait faire un autre de cuir bien fort. Mais quand j'ai été prise, ce n'est pas cette épée que j'avais. J'ai toujours porté cette épée jusqu'à ce que je me sois retirée de Saint-Denis après l'assaut contre Paris. (C 76-77)

– Aviez-vous, quand vous êtes allée à Orléans, un étendard et de quelle couleur ?

JEANNE : J'avais un étendard dont le champ était semé de fleurs de lys et il y avait le monde figuré et deux anges sur les côtés et il était de couleur blanche de toile de boucassin. Et là il y avait écrit les noms de Jésus et de Marie, à ce qu'il me semble, et ils étaient brodés de soie...

– Qu'aimiez-vous mieux, de votre étendard ou de votre épée ?

JEANNE : J'aimais mieux, voire quarante fois, mon étendard que mon épée.
– Qui vous a fait faire cette peinture sur l'étendard ?
JEANNE : Je vous l'ai assez dit que je n'ai rien fait que sur le commandement de Dieu. Je portais cet étendard quand on allait à l'assaut contre l'ennemi pour éviter de tuer personne. Je n'ai jamais tué personne. » (C 78)

Cette fille à laquelle désormais ceux de sa compagnie, donnée à elle par le roi, devaient obéir comme à n'importe quel autre capitaine de guerre, quelle impression faisait-elle aux soldats ? Certains d'entre eux nous l'ont dit.

Thibaud d'Armagnac ou de Termes, chevalier, bailli de Chartres : « En dehors du fait de la guerre, elle était simple et ignorante. Mais dans la conduite et la disposition des armées et sur le fait de guerre, pour ranger l'armée en bataille et exciter les soldats, elle se conduisait comme si elle avait été le capitaine le plus avisé du monde, qui eût été toute sa vie instruit dans la guerre. » (R 116)

Louis de Coutes : « Autant que j'en ai pu avoir connaissance, Jeanne était bonne et honnête femme, vivant de façon catholique. Elle entendait la messe très volontiers et jamais ne manquait d'aller l'entendre si cela lui était possible. Elle était très courroucée quand elle entendait blasphémer le nom de Dieu ou qu'elle entendait quelqu'un jurer. Plusieurs fois, j'ai entendu, quand le seigneur duc d'Alençon jurait ou disait quelque blasphème, qu'elle le réprimandait, et généralement personne dans l'armée n'aurait osé devant elle jurer ou blasphémer de peur d'être par elle réprimandé. Elle ne voulait pas que dans l'armée il y eût des femmes. Une fois, près de la ville de Château-Thierry, comme elle avait vu la maîtresse d'un des soldats, un chevalier, elle la poursuivit le glaive nu. Elle ne frappa cependant pas cette femme, mais l'avertit doucement et charitablement de ne plus se trouver dans la compagnie des soldats, autrement elle lui ferait quelque chose qui ne lui plairait pas. » (R 176)

Son témoignage est confirmé par le duc d'Alençon lui-même : « Jeanne était chaste et elle détestait ces femmes qui suivent les soldats. Je l'ai vue une fois à Saint-Denis, en revenant du couronnement du roi, poursuivre glaive tiré une fille qui était avec les soldats de telle sorte qu'en la poursuivant elle rompit son épée. Elle se courrouçait très fort quand elle entendait des soldats jurer et les grondait beaucoup, et moi surtout, qui jurais de temps à autre. Aussi, quand je la voyais, je refrénais mes jurons. Parfois dans l'armée, j'ai couché avec Jeanne et les soldats à « la paillade » et parfois j'ai vu Jeanne se préparer pour la nuit et parfois je regardais ses seins qui étaient beaux et pourtant je n'en ai jamais eu désir charnel...

« Jeanne, dans ces faits, en dehors du fait de la guerre, était simple et jeune, mais sur le fait de la guerre, elle était très experte, tant dans le port de la lance que pour rassembler l'armée en ordre de bataille et pour préparer l'artillerie. Et de cela tous s'émerveillaient, qu'elle puisse agir de façon si prudente et avisée sur le fait de la guerre, comme l'eût fait un capitaine qui aurait pratiqué vingt ou trente années, surtout dans la préparation de l'artillerie, car c'est en cela qu'elle se comportait fort bien. » (R 153-154)

Simon Beaucroix, écuyer : « Jeanne était bonne catholique, craignant Dieu... Je me souviens très bien qu'au moment où j'étais avec elle, jamais je n'eus volonté de mal faire. Jeanne couchait toujours avec des jeunes filles, elle n'aimait pas coucher avec des vieilles femmes. Elle détestait les jurons et les blasphèmes, elle apostrophait ceux qui juraient et blasphémaient. Dans l'armée, elle n'aurait jamais voulu que ceux de sa compagnie pillent quelque chose. Jamais elle ne voulait manger des vivres quand elle savait qu'ils avaient été pillés. Une fois, un Écossais lui a donné à entendre qu'elle avait mangé d'un veau qui avait été pillé. Elle fut très en colère et voulut pour cela frapper l'Écossais.

« Elle ne voulait jamais que les femmes de mauvaise

vie aillent dans l'armée avec les soldats. C'est pourquoi aucune n'aurait osé se trouver en la société de Jeanne. Quand elle en trouvait, elle les obligeait à s'en aller, à moins que les soldats ne veuillent les prendre pour épouses. Je crois qu'elle était vraie catholique, craignant Dieu et gardant ses préceptes, obéissant selon son pouvoir aux commandements de l'Église. Elle montrait de la pitié non seulement envers les Français, mais aussi envers les ennemis. Je le sais car pendant longtemps j'ai été avec elle et très souvent je l'aidais à s'armer. » (R 115-116)

Cette pitié manifestée aussi bien envers les ennemis, nous en avons un autre témoignage donné par son page, Louis de Coutes : « Jeanne était pieuse et elle avait grand pitié de tels massacres. Une fois, tandis qu'un Français emmenait quelques Anglais prisonniers, celui qui les conduisait frappa l'un des Anglais à la tête tant qu'il le laissa pour mort. Jeanne, voyant cela, descendit de cheval, elle fit se confesser l'Anglais, lui soutenant la tête et le consolant de tout son pouvoir. » (R 172)

Mais c'est surtout la pureté de Jeanne qui aura frappé ses hommes d'armes.

Gobert Thibault : « Jeanne était bonne chrétienne. Elle entendait volontiers chaque jour la messe et recevait souvent le sacrement de l'Eucharistie. Elle s'irritait beaucoup quand elle entendait jurer et cela était un bon signe, à ce que disait le seigneur confesseur du roi, qui s'informait avec beaucoup de soin de ses faits et de sa vie.

« Dans l'armée, elle était toujours avec les soldats, et j'ai entendu dire par plusieurs des familiers de Jeanne que jamais ils n'avaient eu désir d'elle, c'est-à-dire que parfois ils en avaient volonté charnelle, cependant jamais n'osèrent s'y laisser aller et ils croyaient qu'il n'était pas possible de la vouloir. Et souvent, quand ils parlaient entre eux du péché de la chair et disaient des paroles qui pouvaient exciter à la volupté, quand ils la voyaient et s'approchaient d'elle, ils n'en pouvaient plus parler, et soudain s'arrêtaient leurs transports charnels. J'ai interrogé à ce sujet plusieurs de ceux qui parfois couchèrent la nuit en compagnie de Jeanne et ils me répondaient comme je l'ai dit, ajoutant qu'ils n'avaient jamais ressenti désir charnel au moment où ils la voyaient. »

Terminons, pour résumer ces impressions, sur le témoignage de Marguerite la Touroulde, précieux parce qu'il s'agit d'un témoignage de femme qui a vécu dans l'intimité de Jeanne et l'aura connue sous ses divers aspects.

Marguerite la Touroulde : « Je n'ai vu Jeanne qu'au moment où le roi revint de Reims où il avait été sacré. Il vint à la ville de Bourges où était la reine et moi avec elle... Jeanne fut alors conduite à Bourges et, par commandement du seigneur d'Albret, elle fut logée chez moi... Elle fut dans ma maison l'espace de trois semaines couchant, buvant et mangeant, et presque chaque jour, je couchais avec Jeanne et je n'ai rien vu en elle ou aperçu quoi que ce soit de trouble, mais elle se conduisit et se conduisait comme une femme honnête et catholique, car elle se confessait très souvent, entendait volontiers la messe, et souvent me demanda d'aller à matines. Et à son instance, j'y allai et la conduisis plusieurs fois.

« Parfois nous parlions ensemble et on disait à Jeanne qu'elle ne devait sans doute pas avoir peur d'aller à l'assaut parce qu'elle savait bien qu'elle ne serait pas tuée. Elle répondait qu'elle n'avait pas plus de sûreté qu'aucun autre combattant. Et parfois, Jeanne racontait comment elle avait été examinée par des clercs et qu'elle leur avait répondu : « Il y a ès (dans les) livres de Notre Seigneur plus que ès (dans les) vôtres »... Jeanne était très simple et ignorante et ne savait absolument rien, à ce qu'il me semble, si ce n'est sur le fait de guerre. Je me souviens que plusieurs femmes venaient chez moi quand Jeanne y demeurait et apportaient des patenôtres (chapelets) et autres objets de piété pour qu'elle les touchât, ce qui la faisait rire et elle me disait : « Touchez-les vous-même, ils seront aussi bons de votre toucher que du mien. » Elle était large dans ses aumônes et très volontiers donnait aux indigents et aux pauvres, disant qu'elle avait été envoyée pour la consolation des pauvres et des indigents.

« Et plusieurs fois je l'ai vue au bain et aux étuves, et autant que j'ai pu le voir, je crois qu'elle était vierge, et en tout ce que je sais, elle était toute innocence, si ce n'est dans les armes, car je l'ai vue qui chevauchait à cheval et portait la lance, comme l'eût fait le meilleur soldat, et de cela s'émerveillaient les gens d'armes. » (R 119-120)

COMMENTAIRE

Poitiers a bien été, suivant l'expression de Boissonnade, une « étape capitale de la mission de Jeanne d'Arc ». Lorsqu'elle y arrive elle n'est encore qu'une fille étrange dont on se demande s'il faut prendre les propos au sérieux. Le roi a été visiblement ébranlé par une révélation qu'elle lui a faite, mais ne sait encore si elle ne lui a pas été faite par une sorcière, une possédée, ou tout simplement une illuminée.

En quoi a consisté le « signe royal » ? Nous avons donné à ce sujet tout ce que nous possédons en fait de documents et l'on ne peut en tirer d'autres conclusions que notre ignorance, aussi complète à ce sujet que celle des docteurs de Rouen. Certains ont voulu qu'il y ait eu signe matériel : On a rappelé les propos légendaires qui circulaient au Moyen Age sur une croix vermeille ou une fleur de lys que les rois auraient eue sur l'épaule droite en naissant. On peut se reporter à ce sujet à l'étude d'Antoine Thomas, *Le signe royal et le secret de Jeanne d'Arc (Revue historique,* CIII, p. 278).

En fait, dans l'état actuel de la documentation, toutes les hypothèses sont permises, à condition d'être bien présentées comme des hypothèses et non comme des certitudes.

Après Poitiers, Jeanne a permission d'agir; elle n'est pas

réellement « chef de guerre », comme le dit la lettre de sommation adressée par elle aux Anglais (voir chapitre suivant); elle-même a contesté cette épithète qui probablement a été ajoutée par le clerc auquel elle dictait; procédé très courant à l'époque : on dicte sa lettre à un clerc qui la « met en forme » en y ajoutant parfois de son cru. La conduite des opérations a été confiée au bâtard d'Orléans, futur comte de Dunois, en ce qui concerne la ville d'Orléans, fief de son demi-frère Charles alors prisonnier; pour la campagne de Loire ce sera le duc d'Alençon qui dirigera l'ensemble de l'expédition. Mais Jeanne n'en est pas moins traitée comme un capitaine à l'égal des autres capitaines : un La Hire, un Xaintrailles, etc. elle possède sa maison militaire et sa « bataille » : les gens d'armes lui sont attachés.

L'examen de Poitiers a été étudié en détail par Boissonnade (article cité plus haut). Il a comporté une enquête théologique : Jeanne a été interrogée pendant trois semaines chez maître Jean Rabateau, conseiller au Parlement de Poitiers, qui demeurait « en l'hôtel de la Rose » (sur l'emplacement de la rue de la cathédrale). Pendant ce temps on dépêchait deux frères mendiants à Domremy pour y enquêter sur les origines et la moralité de Jeanne (déposition de Jean Barbin). Jeanne est ensuite soumise elle-même à l'examen de virginité sous le contrôle de Yolande de Sicile, la belle-mère du roi. C'est la seule occasion, remarquons-le, où nous voyons celle-ci intervenir directement en ce qui concerne Jeanne; en dehors de cela elle finance, en partie du moins, l'expédition sur Orléans; mais ce n'était ni la première ni la dernière fois qu'elle agissait ainsi, ayant pris énergiquement le parti de son gendre et joué auprès de lui le rôle maternel que n'avait su ni voulu jouer Isabeau de Bavière. Impossible d'en inférer, comme certains l'ont fait, que Jeanne aurait été un « instrument » de la reine de Sicile. Ou alors il faudrait dire qu'elle a été également « l'instrument » du régent Bedford, puisque, lors du second examen de virginité qui aura lieu à Rouen, le contrôle en est confié à Anne de Bourgogne, duchesse de Bedford. Tout ce que l'on peut dire, c'est que, dans l'un comme dans l'autre cas, on a fait choix de la personne la mieux placée pour inspirer toute confiance.

Le procès de Poitiers a été conduit comme le seront les deux autres, ceux de condamnation et de réhabilitation; on a procédé à des interrogatoires qui ont été consignés par des greffiers. On a certainement aussi consulté, autant que faire se pouvait, des théologiens; et c'est sans doute ce qui nous a valu les deux traités de Jean Gerson[1] (ex-chancelier de l'Université de Paris, il avait quitté celle-ci lors de l'invasion anglaise et s'était réfugié à Lyon) et de Jacques Gelu, archevêque d'Embrun et fidèle partisan de la cause française. D'autre part, les conclusions formulées, le conseil du roi a délibéré et adopté pour finir ces conclusions des théologiens.

Qu'est devenu le *Livre de Poitiers* ? Dans le procès de réhabilitation ne se trouve rapporté que le texte des conclusions formulées par les docteurs (Q,III,391-392). On a supposé que Regnault de Chartres, archevêque de Reims, qui présidait à Poitiers la commission de prélats et théologiens, l'avait détruit en 1431. Ce qui est fort possible étant donné le caractère du personnage, type même de l'opportuniste : Il aura pu craindre d'avoir protégé une hérétique.

Mais rien ne s'oppose à ce qu'une copie tout au moins en ait été faite. Suffisamment de documents, liasses et registres, restent encore non identifiés ou mal étudiés dans nos archives pour qu'on puisse espérer retrouver quelque jour ce texte – et ce serait à coup sûr la plus grande découverte historique du temps. On peut même s'étonner que des recherches méthodiques n'aient jamais été entreprises sur un sujet aussi captivant.

Le bruit a couru en revanche depuis quelques années que ce procès de Poitiers existerait dans une « armoire secrète du Vatican ». Disons tout de suite que les armoires secrètes du Vatican devraient avoir des dimensions monstrueuses pour contenir tous les documents qu'on leur attribue sur toutes sortes de sujets; mais là n'est pas la question. Selon les dires

---

1. Sur le traité de Jean GERSON, voir l'étude de WAYMAN (Dorothy G.), *The chancellor and Jeanne d'Arc,* paru dans les *Franciscan Studies,* publiées par la S. Bonaventure University, New York, vol. 17, 1957, n° 2-3.

auxquels nous faisons allusion, le texte du procès de Poitiers y serait maintenu caché « par ordre de l'Église », parce que justement il contiendrait la preuve de la « bâtardise » de Jeanne d'Arc.

L'histoire n'a que faire de semblables allégations. Si réellement il s'agit d'une armoire « secrète », qui donc aura pu voir le document ? Si quelqu'un l'a vu, que n'a-t-il relevé une cote, une référence, un indice quelconque permettant de faire croire à son existence ? Un document sans cote, que personne ne peut consulter, dont l'existence est invérifiable, n'existe pas pour l'historien. Il est évidemment trop facile de « prouver » une allégation imaginaire en déclarant qu'on la fonde sur un document « secret »...

Il resterait donc à prouver :

1. Que le procès de Poitiers existe bien à l'heure actuelle (où et sous quelle forme ?)

2. Qu'il contient bien la preuve de la « bâtardise » de Jeanne d'Arc.

Et l'on ne voit guère pourquoi « l'Église » tiendrait tellement à le maintenir caché. L'Église n'a jamais fait preuve d'un grand acharnement en ce qui concerne la sainteté de Jeanne d'Arc; on pourrait plutôt lui faire le reproche contraire : Comment a-t-elle attendu cinq cents ans pour la canoniser ? Si, moins de quarante ans après cette canonisation, était intervenu un fait nouveau mettant en cause la sainteté de l'héroïne, on peut présumer que cela n'aurait pas grande importance pour elle : elle n'a pas hésité à débaptiser sainte Philomène parce que les recherches archéologiques ont prouvé qu'il y avait eu erreur sur son identité.

Plus encore, où a-t-on vu qu'un bâtard ne puisse pas être un saint ? Et précisément le dernier saint canonisé par l'Église (6 mai 1962), saint Martin de Porrès, béatifié il y a un siècle, en 1837, était un bâtard né d'une noire et d'un chevalier espagnol. La bâtardise n'est pas un obstacle à la perfection, du moins aux yeux de l'Église.

Ajoutons un mot qui donne quelque idée des méthodes – dont le moins qu'on puisse dire est qu'elles sont incompatibles avec la méthode historique – employées par les tenants de l'hypothèse de la bâtardise. Jeanne déclare au procès que l'épée qu'elle a fait chercher dans l'église Sainte-Catherine de

Fierbois était marquée de cinq croix. A la question de Cauchon : A quoi servaient les cinq croix qui étaient sur l'épée (il cherche à confondre Jeanne en prouvant qu'elle s'est servie de croix dans son action militaire, comme de signes magiques), Jeanne répond : je n'en sais rien. Sur quoi, l'amateur d'hypothèses trouve cette question et cette réponse « singulières »; pour lui il avait dû y avoir : cinq fleurs de lys, ce qui prouverait que Jeanne était de naissance royale; après quoi on aurait gratté les termes « fleurs de lys » et remplacé par « croix » pour que le secret soit conservé... Toute réfutation paraît ici inutile : Il faut se résigner à ce que les textes soient des textes et les légendes des légendes.

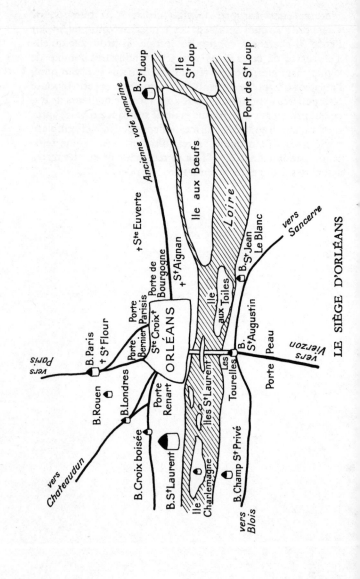

LE SIÈGE D'ORLÉANS

vers Paris

B. Paris
+ St Flour

B. Rouen

B. Londres

B. Croix boisée

vers
Chateaudun

B. St Laurent

Porte
Bernier Parisis

Porte
Renart

Porte de Bourgogne

Porte
Ste Croix †

ORLÉANS

+ Ste Euverte

Ancienne voie romaine

B. St Loup

Ile St Loup

Ile aux Bœufs

Loire

Port de St Loup

+ St Aignan

vers
Sancerre

B. St Jean
Le Blanc

Ile
aux Toiles

B. St Augustin

Porte Peau

vers Vierzon

Les
Tourelles

Iles St Laurent

Ile
Charlemagne

B. Champ St Privé

vers
Blois

4. Orléans.

« Jhesus-Maria, roi d'Angleterre, et vous, duc de Bedford, qui vous dites régent du royaume de France, vous, Guillaume de la Poule, comte de Suffort (William Pole, comte de Suffolk), Jean, sire de Talbot, et vous, Thomas, sire de Scales, qui vous dites lieutenants du duc de Bedford, faites raison au Roi du Ciel. Rendez à la Pucelle, qui eſt ici envoyée de par Dieu, le Roi du Ciel, les clés de toutes les bonnes villes que vous avez prises et violées en France. Elle eſt ici venue de par Dieu pour réclamer le sang royal (l'héritier légitime). Elle eſt toute prête de faire paix, si vous lui voulez faire raison, pourvu que France vous rendiez, et payiez pour l'avoir tenue. Et entre vous, archers, compagnons de guerre, hommes d'armes et autres qui êtes devant la ville d'Orléans, allez-vous-en dans votre pays, de par Dieu; et si ainsi ne faites, attendez des nouvelles de la Pucelle qui vous ira voir brièvement, à vos bien grands dommages. Roi d'Angleterre, si ainsi ne le faites, je suis chef de guerre et en quelque lieu que j'atteindrai vos gens en France, je les ferai en aller, veuillent ou ne veuillent (qu'ils le veuillent ou non). Et s'ils ne veulent obéir, je les ferai tous occire; je suis ici envoyée de par Dieu, le Roi du Ciel, corps pour corps, pour vous bouter hors de toute France. Et s'ils veulent obéir, je les prendrai à merci (en pardon). Et n'ayez point d'autre opinion, car vous ne tiendrez point le royaume de France de Dieu, le Roi du Ciel, Fils de sainte Marie, mais le tiendra le roi Charles, vrai héritier, car Dieu, le Roi du Ciel, le veut et cela lui eſt révélé par la Pucelle qui entrera à Paris à bonne compagnie. Si vous ne voulez croire les nouvelles de par Dieu et la Pucelle, en quelque lieu que nous vous trouverons, nous frapperons dedans et y ferons si grand *hahay* qu'il y a mille ans qu'en France n'en fut si grand, si vous ne faites raison. Et croyez fermement que le Roi du Ciel enverra plus de forces à la Pucelle que vous ne lui sauriez mener de tous assauts à elle et à ses bonnes gens d'armes; et aux horions verra-t-on qui aura meilleur droit du Dieu du Ciel. Vous, duc de Bedford, la Pucelle vous prie et vous requiert que vous ne fassiez plus rien détruire. Si vous lui faites raison, encore pourrez-vous venir en sa compagnie là où les Français feront le plus beau fait d'armes qui jamais fut fait pour la chrétienté. Et faites réponse si vous voulez faire paix en la cité d'Orléans. Et si vous ne le faites, vous vous en souviendrez brièvement, à vos bien grands dommages. Écrit ce mardi de la semaine sainte. » (Mardi 22 mars 1429) (C 221-222).

C'est en ces termes qu'est rédigée la lettre de sommation adressée par Jeanne aux Anglais dès l'instant où on lui donne permission d'agir, lors de l'examen de Poitiers. Par ce texte, vraisemblablement, les ennemis apprirent son existence. Jusqu'alors n'avaient circulé sur elle que de vagues rumeurs que l'on devait d'ailleurs recueillir avec empressement partout où l'on tenait pour le roi de France, mais que les Anglais, sûrs d'eux-mêmes, avaient dû tourner en dérision comme simples racontars de bonnes femmes : jusqu'au moment où Orléans aura été délivrée, nous le verrons par les textes qui suivent, Jeanne est par eux traitée comme une aventurière que l'on couvre d'injures; après quoi, dans la stupeur que cause sa victoire inattendue, elle n'est plus, pour eux, qu'une sorcière et magicienne.

Orléans représente le fait d'armes essentiel et, pour Jeanne, le signe même de sa mission, ainsi qu'elle l'a expressément annoncé (voir au chapitre précédent la déposition de Seguin Seguin). Il est donc nécessaire de revenir un peu en arrière pour connaître les événements qui s'étaient déroulés dans cette ville avant l'arrivée de Jeanne.

« Le comte de Salebris (Jean de Salisbury), qui était bien grand seigneur et le plus renommé en faits d'armes de tous les Anglais et qui, pour Henri, roi d'Angleterre, dont il était parent et comme son lieutenant et chef de son armée en son royaume, avait été présent en plusieurs batailles et diverses rencontres et conquêtes contre les Français, où il s'était toujours vaillamment maintenu, croyant prendre par force la cité d'Orléans qui tenait le parti du roi, son souverain et seigneur, Charles, septième de ce nom, l'avait assiégée le mardi douzième jour d'octobre 1428 avec grande force et armée qu'il fit loger du côté de la Sologne et près de l'un des bourgs qu'on appelle le Portereau. En cette armée étaient avec lui messire Guillaume de La Poule, comte de Suffort, et messire Jean de La Poule, son frère (John Pole), le seigneur de Scales... Classidas, fort renommé (William Glasdale)... et plusieurs autres seigneurs et gens de guerre tant anglais comme autres faux français tenant leur parti. Mais les gens de guerre qui y étaient en garnison avaient ce même jour, avant la venue des Anglais, du conseil et aide des citoyens d'Orléans, fait abattre l'église et couvent des Augustins d'Orléans et toutes les maisons qui étaient au Portereau afin que leurs ennemis n'y pussent être logés ni y faire fortification contre la cité. »

Le *Journal du Siège d'Orléans,* auquel nous empruntons ces détails (page 96 de l'édition Quicherat), a été rédigé, pour toute la partie qui nous intéresse (celle qui concerne l'investissement et la délivrance de la ville), sur des notes consignées au jour le jour dont certaines peuvent être contrôlées d'après des documents encore existants aux Archives de la ville. Il donne le détail des événements qui s'y sont déroulés à partir de ce mardi 12 octobre 1428.

« Le dimanche suivant (17 octobre), jetèrent les Anglais dedans la cité six vingts et quatre (124) pierres de bombardes et gros canons, dont il y avait telle pierre qui pesait 116 livres. Parmi les autres, ils avaient installé, près de Saint-Jean-le-Blanc... un gros canon qu'ils nommaient Passe-volant. Celui-ci jetait des pierres pesant 80 livres qui firent grands dommages aux maisons et édifices d'Orléans bien qu'il ne tuât ni ne blessât si ce n'est une femme, nommée Belle, demeurant près de la poterne Chesneau (porte basse dans les remparts donnant sur la rive de la Loire).

« Cette même semaine, rompirent aussi et abattirent les canons des Anglais douze moulins qui étaient sur la rivière de Loire entre la cité et la Tour Neuve (à la pointe Est de la ville sur le bord de la Loire). Aussi, ceux d'Orléans firent faire dans la ville onze moulins à chevaux qui bien les réconfortaient. Et ce pendant, les canons et engins des Anglais firent, contre les Français dedans Orléans, plusieurs sorties et escarmouches entre les Tourelles du pont et Saint-Jean-le-Blanc depuis ce dimanche jusqu'au jeudi vingt-et-unième jour du même mois.

« A ce jour de jeudi, les Anglais assaillirent un boulevard (rempart) qui était fait de fagots et de terre, devant les Tourelles, dont l'assaut dura quatre heures sans cesser, car ils commencèrent dès dix heures le matin et ne le laissèrent jusqu'à deux heures après midi. Là furent faits plusieurs beaux faits d'armes tant de part que d'autre... Les femmes d'Orléans y firent grand secours, car elles ne cessaient de porter très diligemment, à ceux qui défendaient le boulevard, plusieurs choses nécessaires comme eau, huile et graisse bouillantes, chaux, cendres et chausse-trapes. En fin d'assaut, il y eut plusieurs blessés de part et d'autre, mais surtout des Anglais dont il en mourut plus de douze vingts (240). Il advint que, pendant l'assaut, chevauchait par Orléans le seigneur de Gaucourt dont il était gouverneur, mais en passant devant Saint-Pierre-au-Pont, il tomba de son cheval par aventure, tellement qu'il se cassa le bras. Il fut incontinent mené aux étuves pour l'appareiller (le soigner).

« Le vendredi suivant, vingt-deuxième jour du mois

d'octobre, sonna la cloche du beffroi, car les Français croyaient que les Anglais assaillaient le boulevard des Tourelles du bout du pont par la mine dont ils l'avaient miné; mais ils ne s'y portèrent pas pour cette heure (pour cette fois)... Le samedi suivant, vingt-troisième jour de ce mois, brûlèrent et abattirent ceux d'Orléans le boulevard des Tourelles et l'abandonnèrent parce qu'il était tout miné et n'était plus tenable aux dires des gens de guerre.

« Le dimanche suivant, vingt-quatrième jour d'octobre, les Anglais assaillirent et prirent les Tourelles du bout du pont parce qu'elles étaient toutes démolies et brisées par les canons et la grosse artillerie qu'ils avaient jetés contre, Ainsi il n'y eut point de défense parce qu'on n'osait plus s'y tenir. » (J.S.O., 97-100)

Ces renseignements montrent comment les Anglais, avec un sens stratégique très sûr, avaient, dès le début du siège, coupé la ville même d'Orléans de son unique communication avec ce qu'en d'autres temps nous aurions appelé la « zone libre » : ce pont, défendu par la fortification des Tourelles, emportée le 24 octobre, est en effet le pont sur la Loire par lequel Orléans tient à la rive gauche, demeurée, on l'a vu, au pouvoir du roi de France. Les deux fortifications nommées précédemment, celles de Saint-Jean-le-Blanc et des Augustins, se trouvent aussi sur la rive gauche de la Loire en bordure du fleuve et ont été immédiatement occupées. S'étant rendus maîtres de ce point d'importance capitale, les Anglais poursuivront avec lenteur le siège d'une ville destinée à tomber un jour ou l'autre entre leurs mains. En effet, les mois précédents ont marqué une avance brillante à travers tout le territoire puisque au mois d'août le même Salisbury s'est assuré tout le pays entre Dreux et Chartres, puis les places de Toury, Le Puiset, Janville, Meung et Beaugency.

Ce même jour du 24 octobre est à vrai dire marqué d'une perte sensible pour l'armée anglaise.

« Ce jour de dimanche au soir, le comte de Salisbury, ayant avec lui le capitaine Glasdale et plusieurs autres, voulut aller dans les Tourelles après qu'elles eurent été prises, pour mieux regarder l'assiette d'Orléans (la situation). Mais, tandis qu'il y fut, regardant la ville par les fenêtres des Tourelles, il fut atteint d'un canon qu'on disait avoir été tiré d'une tour appelée la Tour Notre-Dame (située à l'ouest de la ville)... Le coup de ce canon le frappa en la tête tellement qu'il lui abattit la moitié de la joue et creva un des yeux. Ce qui fut un très grand bien pour ce royaume, car il était chef de l'armée, le plus craint et renommé en armes de tous les Anglais... Le lundi suivant, vingt-cinquième jour d'octobre, arrivèrent dans Orléans pour la réconforter, secourir et aider, plusieurs nobles seigneurs, chevaliers, capitaines et écuyers fort renommés en guerre dont ils étaient les principaux. Jean, bâtard d'Orléans, le seigneur de Sainte-Sévère, maréchal de France, le seigneur du Bueil, messire Jacques de Chabannes, sénéchal de Bourbonnais... et un vaillant capitaine gascon, appelé Étienne de Vignolles, dit La Hire, qui était de fort grand renom, et les vaillantes gens de guerre étant en sa compagnie.

« Le mercredi suivant, vingt-septième jour d'octobre, trépassa de nuit le comte de Salisbury, en la ville de Meung-sur-Loire où il avait été porté du siège après qu'il eut reçu le coup de canon dont il mourut. De sa mort furent fort ébahis et dolents les Anglais tenant le siège et ils en firent grand deuil, bien qu'ils le fissent le plus secrètement qu'ils pouvaient de peur que ceux d'Orléans ne s'en aperçussent... La mort de ce comte fit grand dommage aux Anglais et, au contraire, grand profit aux Français. Plusieurs dirent depuis que le comte de Salisbury prit telle fin par divin jugement de Dieu et ils le croient tant parce qu'il avait manqué à sa promesse au duc d'Orléans, prisonnier en Angleterre, auquel il avait promis qu'il ne ferait dommage à aucune de ses terres, – que parce qu'il n'épargnait ni monastères ni églises qu'il ne les pillât et fît piller dès qu'il y pouvait entrer... Spécialement fut par lui pillée l'église Notre-Dame de Cléry et son bourg. » (J.S.O., 100-102)

Cette perte pourtant, allait être rapidement compensée.

« Le premier jour de décembre suivant, arrivèrent aux Tourelles du pont plusieurs seigneurs anglais dont parmi les autres étaient de plus grand renom, messire Jean Talbot, premier baron d'Angleterre, et le seigneur de Scales, accompagnés de trois cents combattants qui amenèrent vivres, canons, bombardes et autres équipements de guerre dont ils jetèrent contre les murs et dans Orléans depuis continuellement et plus fort qu'avant n'avaient fait du vivant du comte de Salisbury, car ils jetaient de telles pierres qui pesaient huit vingt quatre (164) livres, qui firent plusieurs maux et dommages contre la cité en plusieurs maisons et beaux édifices. » (J.S.O., 103)

Le siège allait se poursuivre pendant plusieurs mois sans beaucoup d'événements notables : à l'époque on comptait surtout, pour réduire les habitants, sur la famine et l'épuisement. Le rédacteur du *Journal du Siège* nous a conservé pourtant quelques notations qui valent d'être rapportées, car elles nous replacent dans l'atmosphère du temps.

Ainsi les exploits de maître Jean, le « couleuvrier » natif de Lorraine, « que l'on disait être le meilleur maître qui fut alors en ce métier. Et bien il le montra, car il avait une grosse couleuvrine dont il jetait souvent... tellement qu'il tuait et blessait beaucoup d'Anglais. Et pour les moquer, il se laissait parfois tomber à terre, feignant d'être mort ou blessé, et se faisait porter à la ville. Mais il retournait aussitôt à l'escarmouche et faisait tant que les Anglais le savaient être vivant à leur grand dommage et déplaisir. » (J.S.O., 105)

Ou encore, c'est l'épisode des trêves de Noël : « Le jour de Noël furent données et octroyées trêves d'une part et d'autre depuis neuf heures du matin jusqu'à trois heures après midi. Et durant ce temps, Glasdale et autres seigneurs du pays d'Angleterre requirent au bâtard d'Orléans et au seigneur de Sainte-Sévère, maréchal de France, qu'ils eussent une note de hauts ménétriers, trompettes et clairons, ce qui leur fut accordé. Et ils jouèrent les instruments assez longuement, faisant grande mélodie. Mais sitôt que les trêves furent rompues, reprit chacun garde de soi. » (J.S.O., 105)

Et les jours qui passent n'amènent plus que mauvaises nouvelles aux habitants qui voient diminuer leurs réserves de vivres et qui commencent à sentir la famine. Aussi toute arrivée de ravitaillement est-elle notée par le *Journal du Siège*.

« Le 3 janvier arrivèrent devant Orléans cent cinquante-quatre pourceaux gros et gras et quatre cents moutons et passèrent ces bestiaux au port de Saint-Loup dont le peuple fut fort joyeux, car ils vinrent au besoin (en un moment où l'on en avait besoin). » (J.S.O., 108)

Les sorties que l'on tente ne réussissent pas.

« Le samedi quinzième jour de janvier, environ huit heures de nuit, sortirent hors de la cité le bâtard d'Orléans, le seigneur de Sainte-Sévère et messire Jacques de Chabannes, accompagnés de plusieurs chevaliers, écuyers, capitaines et citoyens d'Orléans, et croyaient charger sur une partie de l'armée à Saint-Laurent (îlot fortifié sur la Loire devant Orléans). Mais les Anglais s'en aperçurent et crièrent alarme dans leurs troupes, par quoi ils s'armèrent, tellement qu'il y eut grosse et forte escarmouche. Enfin les Français se retirèrent car les Anglais sortirent à toute puissance. » (J.S.O., 110)

Et surtout, c'est, le 12 février 1429, le désastreuse « journée des harengs » : les Anglais amènent dans leur camp un convoi de vivres composé surtout de barils de harengs salés puisqu'on se trouve en carême, à la veille des « Brandons », premier dimanche de carême, et que le hareng est à l'époque un véritable aliment de base. Le bâtard d'Orléans, le connétable John Stuart et d'autres chevaliers auxquels se sont joints le comte de Clermont et ses troupes, décident de tenter un assaut contre le convoi.

« Plusieurs chevaliers et écuyers du pays d'Angleterre et de France, accompagnés de quinze cents combattants, tant anglais, picards, normands, qu'autres gens de divers pays, amenaient environ trois cents chariots et charrettes, chargés de vivres, et de plusieurs équipements de guerre comme canons, arcs, trousses, traits et autres choses, les menant aux autres Anglais tenant le siège d'Orléans. Mais quand ils surent par leurs espions la contenance des Français et connurent que leur intention était de les assaillir, ils s'enclorent et firent un parc avec leurs charrois et des pieux aigus en manière de barrières... et se mirent en belle ordonnance de bataille, attendant là vivre ou mourir; car d'échapper, ils n'avaient guère d'espérance, considérant leur petit nombre contre la multitude des Français qui, tous assemblés d'un commun accord, conclurent que nul ne descendrait des chevaux sinon les archers et gens de traits... »

Cependant, les capitaines français et le connétable d'Écosse, qui a joint ses armes aux leurs, ne parviennent pas à se mettre d'accord sur la stratégie à suivre; la bataille ne s'engage que d'une façon indécise dans l'attente où l'on est du comte de Clermont, lequel multiplie les messages pour demander de ne rien engager avant qu'il ait pu amener ses renforts.

« Tellement que, entre deux et trois heures après midi, les archers français approchèrent de leurs adversaires dont quelques-uns étaient déjà sortis de leur parc (retranchement), qu'ils contraignirent à reculer très hâtivement... Ceux qui purent échapper rentrèrent dedans leur fortification avec les autres. Aussi, quand le connétable d'Écosse vit qu'ils se tenaient ainsi serrés et rangés, sans montrer volonté de sortir, fut trop désireux de les vouloir assaillir, si bien qu'il enfreignit l'ordre qui avait été fait à tous que nul ne descendît (de cheval), car il se mit à l'assaut sans attendre les autres et, à son exemple, pour l'aider, descendit aussi le bâtard d'Orléans... et plusieurs autres chevaliers et écuyers avec environ quatre cents combattants... Mais peu leur valut, car, quand les Anglais virent que la grande bataille (les forces principales), qui était assez loin, venait lâchement et ne se joignait pas avec le connétable, ils sortirent hâtivement de leur parc et frappèrent dans les Français qui étaient à pied et les mirent en désarroi et en fuite... Outre cela, les Anglais, non rassasiés de la tuerie qu'ils avaient faite sur la place devant leur parc, se répandirent hâtivement dans les champs, chassant les gens de pied, tellement qu'on voyait bien douze de leurs étendards loin l'un de l'autre en divers lieux... Aussi, La Hire, Poton (Poton de Xaintrailles) et plusieurs autres vaillants hommes qui s'en allaient ainsi honteusement se rassemblèrent à environ soixante ou quatre-vingts combattants et frappèrent sur les Anglais ainsi épars, tellement qu'ils en tuèrent plusieurs. Et certes, si tous les autres Français étaient ainsi retournés, qu'ils le firent, l'honneur et le profit de la journée leur fût demeuré... De cette bataille échappa entre autres le bâtard d'Orléans, bien que, dès le commencement, il eût été blessé d'un trait au pied : deux de ses archers le tirèrent à grand-peine hors de la presse, le mirent à cheval et ainsi le sauvèrent. Le comte de Clermont qui, ce jour, avait été fait chevalier, et toute sa grande armée, ne firent jamais semblant de secourir leurs compagnons, tant parce qu'ils étaient descendus à pied contre l'accord de tous, que parce qu'ils les voyaient presque tous tuer devant eux. Mais, lorsqu'ils aperçurent que les Anglais en étaient maîtres, ils se mirent en chemin vers Orléans ; en quoi ils ne firent pas honnêtement, mais honteusement. » (J.S.O., 120-124)

Cette peu glorieuse journée sera aussi la dernière tentative faite pour délivrer la ville avant l'arrivée de Jeanne. Le comte de Clermont ne tarde pas à retirer ses troupes (le 18 février). Après quoi, ne demeurent plus, pour défendre Orléans, que Jean, le bâtard, celui qui plus tard devait porter le titre de comte de Dunois, et le maréchal de Sainte-Sévère, avec leurs gens. C'est alors que, se sentant abandonnés, les habitants d'Orléans envoient une ambassade auprès du duc de Bourgogne le suppliant, au nom de son parent, Charles, duc d'Orléans, retenu prisonnier en Angleterre, de faire quelque chose pour eux. Philippe le Bon demandera au régent Bedford, d'après les chroniqueurs, que la place d'Orléans lui soit donnée en garde et soit neutralisée; ce que Bedford refusa, disant, toujours selon l'expression des chroniqueurs : « Qu'il serait bien fâché d'avoir battu les buissons pour que d'autres eussent les oisillons. » Philippe le Bon, mécontent, retira alors ses troupes de la compagnie assiégeant Orléans.

Le siège n'en continua pas moins et le *Journal* ne mentionne plus que l'arrivée de renforts insignifiants : « Le vendredi 4 mars, douze chevaux chargés de blé, harengs et autres vivres. Le dimanche 6, sept chevaux chargés de harengs et autres vivres. Le mardi suivant, neuf chevaux chargés de vivres », etc., montrant par là même à quelle extrémité en sont réduits les habitants. En fait, l'investissement est alors complet et une seule issue est restée libre : la porte de Bourgogne ouvrant sur l'ancienne voie romaine, sur la rive droite de la Loire, donc, en direction de la zone contrôlée par les Anglais.

Par la suite, ils seront nombreux, les habitants d'Orléans, à témoigner de leur angoisse en ces jours interminables : trente-six d'entre eux devaient déposer en un seul jour (16 mars 1456) lors du procès de réhabilitation, et leurs dépositions se résument ainsi : « Les habitants et citoyens se trouvaient pressés en telle nécessité par les ennemis qui assiégeaient qu'ils ne savaient à qui recourir pour avoir remède, si ce n'est à Dieu. » (R 139)

C'est alors que parvient, à ces mêmes habitants, la nouvelle qu'une jeune fille s'est rendue auprès du roi de France, qui se dit envoyée par le Roi du Ciel pour lui recouvrer son royaume. Il faut évidemment, pour bien mesurer l'effet produit, se remettre dans la mentalité générale du temps : tout le monde alors – ou disons : à peu près tout le monde, car qui saura jamais mesurer les adhésions individuelles à la foi générale ? – croit en Dieu, et en un Dieu maître des événements, pouvant, par conséquent, intervenir à son gré pour faire arriver l'inattendu; autrement dit, tout le monde croit au miracle. Aussi bien, dans l'état de désorganisation où se trouve le royaume et d'abandon où se trouvent entre tous, les habitants d'Orléans, ne peut-il y avoir espoir qu'en un miracle.

Le bâtard d'Orléans – c'est pourtant lui le brillant capitaine qui, deux années auparavant, a réussi à faire lever le siège de Montargis –, bien que son honneur de guerrier soit en l'occurrence engagé puisqu'il a la charge de défendre la ville, déclarera tout le premier au cours de sa déposition que les faits et gestes de Jeanne en l'occurrence lui ont paru « d'inspiration divine ». Du reste, dès qu'il a entendu parler d'elle, il a envoyé chercher des informations à son sujet.

Jean, bâtard d'Orléans : « J'étais à Orléans, alors assiégée par les Anglais, quand circulèrent certaines rumeurs selon lesquelles avait passé dans la ville de Gien une jeune fille dite la Pucelle, assurant qu'elle se rendait auprès du noble dauphin pour lever le siège d'Orléans et pour conduire le dauphin à Reims pour qu'il fût sacré. Comme j'avais la garde de la cité, étant lieutenant général sur le fait de la guerre, pour plus amples informations sur le fait de cette pucelle, j'ai envoyé auprès du roi le sire de Villars, sénéchal de Beaucaire, et Jamet du Tillay, qui fut, par la suite, bailli de Vermandois. Au retour de leur mission auprès du roi, ils m'ont raconté et ont dit en public, en présence de tout le peuple d'Orléans, qui désirait beaucoup savoir la vérité sur la venue de cette pucelle, qu'eux-mêmes avaient vu la dite pucelle arriver auprès du roi dans la ville de Chinon. Ils disaient aussi que le roi, au premier abord, ne voulut pas la recevoir, mais qu'elle demeura l'espace de deux jours, attendant qu'on lui permît d'approcher de la présence royale. Bien qu'elle ait dit et répété qu'elle venait pour lever le siège d'Orléans et pour conduire le noble dauphin à Reims afin qu'il fût consacré, et qu'elle réclamât instamment une compagnie d'hommes, des chevaux et des armes.

« Passé l'espace de trois semaines ou un mois, temps

pendant lequel le roi avait ordonné que la Pucelle fût examinée par des clercs, des prélats et des docteurs en théologie sur ses faits et ses dits afin de savoir s'il pouvait la recevoir en toute sécurité, le roi fit rassembler une multitude d'hommes d'armes pour faire entrer des vivres dans la cité d'Orléans. Mais, ayant recueilli l'opinion des prélats et docteurs – à savoir qu'il n'y avait rien de mal en cette pucelle –, il l'envoya, en compagnie du seigneur archevêque de Reims, alors chancelier de France (Regnault de Chartres), et du seigneur de Gaucourt, à présent grand maître de l'hôtel du roi, à la ville de Blois dans laquelle étaient venus ceux qui conduisaient le convoi de vivres, à savoir les seigneurs de Rais et de Boussac, maréchal de France, avec lequel étaient les seigneurs de Culant, amiral de France, La Hire, et le seigneur Ambroise de Loré, devenu depuis prévôt de Paris, qui tous ensemble, avec les soldats escortant le convoi de vivres et Jeanne la Pucelle, vinrent du côté de la Sologne en armée rangée jusqu'à la rivière de Loire tout droit et jusqu'à l'église dite de Saint-Loup dans laquelle étaient de nombreuses forces anglaises. » (R 127-129)

C'est à Blois, en effet, que s'opère la concentration de l'armée que le « dauphin », sur l'exhortation de Jeanne, a décidé de réunir. Le duc d'Alençon raconte comment il avait été chargé de la préparation matérielle de l'expédition.

Jean d'Alençon : « Le roi m'envoya auprès de la reine de Sicile (Yolande d'Aragon, belle-mère de Charles VII) pour préparer les vivres à conduire à Orléans pour y emmener l'armée. Et là, j'ai trouvé le seigneur Ambroise de Loré et un seigneur Louis dont je ne me rappelle plus l'autre nom qui avaient préparé les vivres. Mais il y avait besoin d'argent, et pour avoir de l'argent pour ces vivres, je revins auprès du roi et lui notifiai que les vivres étaient prêts et qu'il n'y avait plus qu'à donner l'argent pour les vivres et pour les soldats. Alors le roi envoya quelqu'un pour délibérer de l'argent nécessaire pour terminer tout cela, tant que les soldats et les vivres furent prêts à aller à Orléans pour tenter de lever le siège si cela était possible. » (R 148)

C'est ce que confirme celui dont Charles VII devait faire son chroniqueur officiel, le moine de Saint-Denis, Jean Chartier. « Furent chargés en la ville de Blois plusieurs chars et charrettes de blé et l'on prit grand force (grande quantité) de bœufs, moutons, vaches, pourceaux et autres vivres, et Jeanne la Pucelle prit son chemin ainsi que les capitaines droit vers Orléans du côté de la Sologne. Et couchèrent une nuit dehors et le lendemain arriva Jeanne la Pucelle et les capitaines avec les vivres devant la ville d'Orléans. » (Q,IV,54)

Pour bien comprendre l'ordre de marche adopté, il est nécessaire de se reporter aux positions stratégiques anglaises devant Orléans (carte, p. 78). Comme ils ont surtout fortifié les alentours du pont et ont entouré d'une série de bastilles fortifiées l'ouest de la ville, seule demeurait libre, on l'a vu, la porte de Bourgogne ouvrant sur l'est. Aussi les capitaines ont-ils fait un détour de manière à arriver sur Orléans de ce côté est, le moins exposé. Mais cela ne pouvait guère satisfaire Jeanne, impatiente de combattre.

Le bâtard d'Orléans : « Comme l'armée du roi et les gens d'armes qui conduisaient le convoi ne me semblaient pas, non plus qu'aux autres seigneurs capitaines, suffisants pour résister et pour conduire le convoi de vivres dans la cité, d'autant plus que l'on avait besoin de bateaux et de radeaux qu'on aurait pu difficilement avoir pour aller chercher ces vivres, car il fallait remonter le courant de l'eau et le vent était absolument contraire, alors Jeanne me dit les paroles qui suivent : « Êtes-vous le bâtard d'Orléans ? » Je répondis : « Oui, je le suis et je me réjouis de votre arrivée. » Alors, elle me dit : « Est-ce vous qui avez donné le conseil que je vienne ici, de ce côté du fleuve, et que je n'aille pas tout droit là où sont Talbot et les Anglais ? » Je répondis que moi-même et d'autres, des plus sages, avaient donné ce conseil, croyant faire ce qu'il y avait de meilleur et de plus sûr. Alors, Jeanne me dit : « En nom Dieu, le conseil du Seigneur notre Dieu est plus sage et plus sûr que le vôtre. Vous avez cru me tromper et c'est vous surtout qui vous trompez, car je vous apporte meilleur secours qu'il ne vous en est venu d'aucun soldat ou d'aucune cité : c'est le secours du Roi des Cieux. Il ne vient pas par amour pour moi, mais de Dieu lui-même qui, à la requête de saint Louis et saint Charlemagne, a eu pitié de la ville d'Orléans et n'a voulu souffrir que les ennemis eussent le corps du seigneur d'Orléans et sa ville. » Aussitôt, et comme au moment même, le vent, qui était contraire et qui empêchait absolument que les navires ne remontent, dans lesquels étaient les vivres pour la cité d'Orléans, changea et devint favorable. Aussitôt, on fit tendre les voiles et je fis entrer les radeaux et navires... Et nous passâmes au-delà de l'église Saint-Loup malgré les Anglais. Depuis ce moment-là, j'ai eu bon espoir en elle, plus qu'auparavant; et je l'ai alors suppliée de bien vouloir traverser le fleuve de Loire et d'entrer dans la ville d'Orléans où on la désirait extrêmement. » (R 129)

Après avoir quelque peu hésité à laisser le gros de l'expédition, Jeanne accepte d'entrer avec lui à Orléans. « Alors, Jeanne vint avec moi, portant en sa main son étendard qui était blanc et sur lequel était l'image de Notre Seigneur tenant une fleur de lys dans la main. Et elle traversa avec moi et La Hire le fleuve de Loire et nous entrâmes ensemble dans la ville d'Orléans.

« Pour tout cela, ajoutait-il, il me semble que Jeanne et aussi ce qu'elle a fait en guerre et en bataille étaient plutôt de Dieu que des hommes : le changement qui s'est fait soudain dans le vent, après qu'elle eut parlé, donnait l'espoir d'un secours, et l'introduction de vivres, malgré les Anglais qui étaient beaucoup plus forts que ne l'était l'armée royale. » (R 131)

Jean d'Aulon : « Après qu'il vint à la connaissance de monseigneur de Dunois, qu'alors on appelait monseigneur le bâtard d'Orléans, qui était en la cité pour la préserver et garder des ennemis, que la Pucelle venait de ce côté, aussitôt il fit assembler quantité de gens de guerre pour aller au devant d'elle, comme La Hire et autres, et pour ce faire et plus sûrement l'amener et conduire dans la cité, ce seigneur et ses gens se mirent en un bateau et par la rivière de Loire allèrent au-devant d'elle environ un quart de lieue et là la trouvèrent. » (R 157)

Le *Journal du Siège* raconte en détails l'entrée de Jeanne le soir du vendredi 29 avril 1429 :
« Le vendredi suivant, vingt-neuvième du même mois (avril) vinrent dans Orléans des nouvelles certaines que le roi envoyait par la Sologne vivres, poudres, canons et autres équipements de guerre sous la conduite de la Pucelle, laquelle venait de par Notre Seigneur pour ravitailler et réconforter la ville et faire lever le siège, – ce dont ceux d'Orléans furent très réconfortés. Et parce qu'on disait que les Anglais prendraient peine d'empêcher les vivres, il fut ordonné que chacun s'armât par la cité. Ce qui fut fait.
« Ce jour-là aussi, arrivèrent cinquante combattants à pied équipés de guisarmes et autres habillements de guerre. Ils venaient du pays de Gâtinais où ils avaient été en garnison.
« Ce même jour, il y eut grosse escarmouche parce que les Français voulaient donner lieu et heure (temps) d'entrer aux vivres qu'on leur amenait. Et pour donner aux Anglais à entendre ailleurs, ils sortirent en grande puissance et allèrent courir et escarmoucher devant Saint-Loup d'Orléans et tant les tinrent de près qu'il y eut plusieurs morts, blessés et prisonniers de part et d'autre, si bien que les Français apportèrent dans leur cité un des étendards des Anglais. Tandis que cette escarmouche se faisait, entrèrent dans la ville les vivres et l'artillerie que la Pucelle avait conduits jusqu'à Chécy. Au devant d'elle alla jusqu'à ce village le bâtard d'Orléans et autres chevaliers, écuyers et gens de guerre d'Orléans et d'ailleurs, fort joyeux de sa venue, qui tous lui firent grande révérence et belle chère (bel accueil) et ainsi fit-elle à eux; et ils conclurent tous

ensemble qu'elle n'entrerait pas dans Orléans avant la nuit, pour éviter le tumulte du peuple... A huit heures au soir, malgré tous les Anglais qui jamais n'y mirent empêchement, elle y entra, armée de toutes pièces, montée sur un cheval blanc; et elle faisait porter devant elle son étendard qui était pareillement blanc, sur lequel il y avait deux anges tenant chacun une fleur de lys en leurs mains; et sur le pennon était peinte une annonciation (c'est l'image de Notre Dame ayant devant elle un ange lui présentant un lys).

« Elle entra ainsi dans Orléans, ayant à son côté gauche le bâtard d'Orléans armé et monté très richement, et après venaient plusieurs autres nobles et vaillants seigneurs, écuyers, capitaines et gens de guerre et quelques-uns de la garnison, et aussi des bourgeois d'Orléans qui étaient allés au-devant d'elle. D'autre part, vinrent la recevoir les autres gens de guerre, bourgeois et bourgeoises d'Orléans, portant grand nombre de torches et faisant telle joie comme s'ils avaient vu Dieu descendre parmi eux; et non sans cause, car ils avaient plusieurs ennuis, travaux et peines et grand doute (grande crainte) de n'être pas secourus et de perdre tout, corps et biens. Mais ils se sentaient déjà tout réconfortés et comme désassiégés par la vertu divine qu'on leur disait être en cette simple pucelle qu'ils regardaient fort affectueusement, tant hommes, femmes que petits enfants. Et il y avait merveilleuse foule et presse à la toucher, ou au cheval sur lequel elle était. Tellement, que l'un de ceux qui portaient les torches s'approcha tant de son étendard que le feu se prit au pennon. Aussi, elle frappa son cheval des éperons et le tourna tout doucement jusqu'au pennon dont elle en éteignit le feu comme si elle eût longuement suivi les guerres; ce que les gens d'armes tinrent à grande merveille et les bourgeois d'Orléans aussi, qui l'accompagnèrent au long de leur ville et cité, faisant grande joie, et par très grand honneur la conduisirent tous jusqu'auprès de la porte Regnard, en l'hôtel de Jacques Boucher, alors trésorier du duc d'Orléans, où elle fut reçue à très grande joie avec ses deux frères et deux gentilshommes et leurs valets qui étaient venus avec eux du pays de Barrois. »

Aussi bien par ce *Journal du Siège* que par les dépositions du procès de réhabilitation, on peut suivre ensuite jour par jour les événements qui se déroulèrent dans Orléans lors d'une semaine qui allait être décisive.

Samedi 30 avril. Aucun événement notable. Jeanne, bien contre son gré, doit se résigner à attendre que, selon l'avis des autres capitaines de guerre, le reste de l'armée, demeuré à Blois, ait joint Orléans pour pouvoir engager l'action.

Louis de Coutes : « Jeanne alla voir le bâtard d'Orléans et lui parla et, à son retour, elle était très en colère, car, disait-elle, il avait été décidé que ce jour-là on n'irait pas à l'assaut. Cependant, Jeanne alla vers un boulevard que tenaient les soldats du roi contre le boulevard des Anglais et là, elle parla avec les Anglais qui étaient dans l'autre boulevard en leur disant de se retirer au nom de Dieu, qu'autrement elle les expulserait. Et un nommé le bâtard de Granville dit à Jeanne beaucoup d'injures, lui demandant si elle voulait qu'ils se rendissent à une femme, appelant les Français qui étaient avec Jeanne : maquereaux mécréants. » (R 170) « Quand vint le soir, Jeanne s'en alla au boulevard de la Belle Croix sur le pont et de là parla à Classidas (Glasdale) et aux autres Anglais qui étaient dans les Tourelles et leur dit qu'ils se rendissent de par Dieu, leur vie étant sauve. Mais Glasdale et ceux de sa compagnie répondirent vilainement, l'injuriant et l'appelant « vachère », criant très haut qu'ils la feraient brûler s'ils la pouvaient tenir. De quoi elle fut fort courroucée et leur répondit qu'ils mentaient et ce dit, se retira dans la cité. » (J.S.O., 155)

Dimanche 1er mai. Rien ne se passe encore. La trêve du dimanche était généralement observée. Ce jour-là, d'ailleurs, le bâtard d'Orléans quitte la ville pour aller chercher les renforts massés à Blois.

« Ce jour-là, chevaucha par la cité Jeanne la Pucelle, accompagnée de plusieurs chevaliers et écuyers, parce que ceux d'Orléans avaient si grande volonté de la voir qu'ils rompaient presque l'huis (la porte) de l'hôtel où elle était logée pour la voir; il y avait tant de gens de la cité par les rues où elle passait qu'à grand-peine elle pouvait passer, car le peuple ne se pouvait rassasier de la voir et il semblait à tous être grand merveille comment elle pouvait se tenir si gentiment à cheval comme elle le faisait. Et à la vérité, elle se maintenait aussi hautement en toutes manières comme eût su le faire un homme d'armes suivant la guerre dès sa jeunesse. » (J.S.O., 155)

Lundi 2 mai. Rien encore. Il est visible qu'en l'absence du bâtard d'Orléans, chargé de la défense de la ville, Jeanne ne peut ni ne veut entreprendre une action quelconque.

Mardi 3 mai. Rien encore, si ce n'est ce que nous révèle le registre des comptes de la ville. « Pour ceux qui portèrent les torches de la procession du 3 mai dernier, étant présents Jeanne la Pucelle et autres chefs de guerre, pour implorer Notre Seigneur pour la délivrance de la ville d'Orléans, ... 2 sous parisis. »

Et encore ces détails, à la fois typiques et touchants : « A Raoulet de Recourt, pour une alose présentée à la Pucelle le 3 mai, ... 20 sous parisis. A Jean le Camus, pour don à trois compagnons qui étaient venus voir Jeanne et n'avaient de quoi manger, ... 4 sous parisis. » (Q,v,259)

Mercredi 4 mai. On annonce le retour de Dunois et des renforts qu'il amène.

Jean d'Aulon : « Aussitôt qu'elle sut leur venue et qu'ils amenaient les autres qu'ils étaient allés quérir pour le renfort de la cité, incontinent la Pucelle monta à cheval et, avec une partie de ses gens, alla au-devant d'eux pour leur subvenir et les secourir si besoin en eût été.

« Au vu et su des ennemis, entrèrent la Pucelle, Dunois, le maréchal (Boussac), La Hire, moi qui parle et nos gens en cette cité sans empêchement quelconque.

« Ce même jour, après dîner, vint monseigneur de Dunois au logis de la Pucelle où elle et moi avions dîné ensemble. Et lui parlant, ce seigneur de Dunois lui dit qu'il avait su pour vrai, par gens de bien, qu'un nommé Falstoff (John Falstaff, capitaine de routiers), capitaine des ennemis, devait bientôt venir vers les ennemis assiégeants tant pour leur donner secours et renforcer l'armée, que pour les ravitailler, et qu'il était déjà à Janville. De ces paroles, la Pucelle fut toute réjouie, ainsi qu'il me sembla, et elle dit à monseigneur de Dunois ces paroles ou semblables : « Bâtard, bâtard, au nom de Dieu, je te commande que, aussitôt que tu sauras la venue de Falstaff, tu me le fasses savoir, car s'il passe sans que je le sache, je te promets que je te ferai ôter la tête! » A quoi lui répondit le seigneur de Dunois qu'elle n'en doutât, car il lui ferait bien savoir.

« Après ces paroles, moi, qui étais las et fatigué, me mis sur une couchette en la chambre de la Pucelle pour un peu me reposer. Et aussi se mit-elle, avec son hôtesse, sur un autre lit pour pareillement dormir et reposer. Mais, tandis que je commençais à prendre mon repos, soudainement, la Pucelle se leva du lit et, faisant grand bruit, m'éveilla. Et alors, je lui demandai ce qu'elle voulait. Elle me répondit : « En nom Dieu, mon conseil m'a dit que j'aille contre les Anglais et je ne sais si je dois aller à leur bastide ou contre Falstaff qui les doit ravitailler. » Sur quoi, je me levai aussitôt et, le plus tôt que je pus, armai la Pucelle. » (R 159)

Louis de Coutes raconte aussi comment Jeanne, après avoir pris un peu de sommeil, « redescendit et me dit ces mots : « Âh! sanglant garçon, vous ne me disiez pas que le sang de France fût répandu! » en me pressant d'aller chercher son cheval. Dans l'intervalle, elle se fit armer par la dame de la maison et sa fille, et quand je revins d'équiper son cheval, je la trouvai déjà armée; elle me dit d'aller chercher son étendard qui était en haut et je le lui tendis par la fenêtre. Après avoir pris son étendard, Jeanne se hâta, courant du côté de la porte de Bourgogne. Alors, l'hôtesse me dit d'aller après elle, ce que j'ai fait. Il y avait alors une attaque ou une escarmouche du côté de Saint-Loup. C'est dans cette attaque que fut pris le boulevard et Jeanne rencontra en chemin plusieurs Français blessés, ce qui l'attrista. Les Anglais se préparaient à la défense, lorsque Jeanne arriva en hâte vers eux et aussitôt que les Français aperçurent Jeanne, ils commencèrent à crier et la bastide et forteresse de Saint-Loup fut prise. »

Jean Pasquerel : « Je me rappelle que c'était à la veille de l'Ascension de Notre Seigneur et il y eut là beaucoup d'Anglais tués. Jeanne se lamentait beaucoup, disant qu'ils avaient été tués sans confession; et elle pleurait beaucoup sur eux et aussitôt se confessa à moi et elle me dit d'exhorter publiquement tous les soldats à confesser leurs péchés et à rendre grâce à Dieu de la victoire obtenue, sinon elle ne demeurerait pas avec eux et les laisserait. Et elle disait aussi, en cette vigile de l'Ascension du Seigneur, que dans les cinq jours le siège devant Orléans serait levé et qu'il ne resterait plus d'Anglais devant la cité... Ce jour-là, le soir, revenue en son logement, elle me dit que le lendemain, qui était le jour de la fête de l'Ascension du Seigneur, elle ne ferait guerre et ne s'armerait par respect pour la fête. Et ce jour-là elle voulait se confesser et recevoir le sacrement de l'Eucharistie, ce qu'elle fit. Et ce jour-là, elle ordonna que personne n'ose le lendemain sortir de la ville et donner assaut ni attaque s'il n'était auparavant venu se confesser. Et qu'on prenne garde que les femmes de mauvaise vie ne suivent l'armée, car c'était pour ces péchés que Dieu permettait qu'on perde la guerre. Et il en fut fait comme Jeanne avait ordonné. » (R 180)

Jeudi 5 mai. Jeanne envoie aux Anglais la troisième et dernière sommation (nous n'avons pas le texte de la seconde, à moins qu'elle n'ait fait que répéter la lettre déjà citée).

« Vous, Anglais, qui n'avez aucun droit sur ce royaume de France, le Roi des Cieux vous ordonne et mande par moi, Jeanne la Pucelle, que vous quittiez vos forteresses et retourniez dans votre pays, ou sinon, je vous ferai tel *hahay* dont sera perpétuelle mémoire. Voilà ce que je vous écris pour la troisième et dernière fois, et n'écrirai pas davantage. Signé : Jhesus-Maria, Jeanne la Pucelle. »

« Moi je vous aurais envoyé mes lettres honnêtement, mais vous, vous détenez mes messagers, car vous avez retenu mon héraut nommé Guyenne. Veuillez me le renvoyer et je vous enverrai quelques-uns de vos gens pris dans la forteresse de Saint-Loup, car ils n'y sont pas tous morts. »

Jean Pasquerel : « Elle prit une flèche, lia la lettre avec un fil au bout de la flèche et ordonna à un archer de lancer cette flèche aux Anglais, criant : « Lisez, ce sont nouvelles! » Les Anglais reçurent la flèche avec la lettre et la lurent. Et l'ayant lue, ils commencèrent à pousser de grands cris, disant : « Ce sont nouvelles de la putain des Armagnacs! » A ces mots, Jeanne commença à soupirer et à pleurer d'abondantes larmes, invoquant le Roi du Ciel à son aide. Et ensuite, elle fut consolée comme elle le disait, car elle avait eu nouvelles de son Seigneur. Et le soir, après dîner, elle m'ordonna de me lever le lendemain plus tôt que je ne l'avais fait le jour de l'Ascension et qu'elle se confesserait à moi de bon matin, ce qu'elle fit. »

Vendredi 6 mai. Jean Pasquerel : « Ce jour-là, le vendredi, lendemain de la fête de l'Ascension, je me levai de bon matin et entendis Jeanne en confession et chantai la messe devant elle et ses gens à Orléans. Puis ils allèrent à l'assaut qui dura du matin jusqu'au soir. Et ce jour-là, fut prise la forteresse des Augustins par grand assaut; et Jeanne, qui avait coutume de jeûner le vendredi, ne put jeûner ce jour-là, car elle avait été trop fatiguée et elle dîna. » (R 181)

Cet assaut, pourtant, semble n'avoir été donné que par surprise, si l'on en croit la déposition de Simon

Charles : « De ce qui fut fait à Orléans, je ne sais rien que par ouï-dire, car je n'y fus pas présent, mais il y a une chose que j'ai entendu dire par le seigneur de Gaucourt quand il était à Orléans : il avait été décidé, par ceux qui avaient charge des gens du roi, qu'il n'était pas indiqué de faire assaut ni attaque le jour où fut prise la bastide des Augustins, et ce seigneur de Gaucourt fut commis à garder les portes pour que personne ne sorte. Jeanne, cependant, ne fut pas contente de cela. Elle fut d'opinion que les soldats devaient sortir avec les gens de la ville et donner assaut à la bastide. Beaucoup d'hommes d'armes et de gens de la ville furent du même avis. Jeanne dit à ce sire de Gaucourt qu'il était un mauvais homme : « Que vous le vouliez ou non, les hommes d'armes viendront et obtiendront ce qu'ils ont ailleurs obtenu. » Et contre la volonté du seigneur de Gaucourt, les soldats qui étaient dans la ville sortirent et allèrent à l'assaut pour envahir la bastide des Augustins qu'ils prirent de force. Et à ce que j'ai entendu dire par le sire de Gaucourt, il fut lui-même en grand péril. » (R 104)

Jean d'Aulon : « La Pucelle et ses gens sortirent de la cité en bonne ordonnance pour aller assaillir certaine bastide devant la cité, appelée la bastide de Saint-Jean-le-Blanc. Pour ce faire, comme ils virent que bonnement ils ne pouvaient aller par terre à cette bastide, étant donné que les ennemis en avaient fait une autre très forte au pied du pont de la cité, tellement qu'il leur était impossible d'y passer, il fut résolu entre eux de passer en certaine île dans la rivière de Loire et que là ils feraient leur assemblée pour aller prendre la bastide de Saint-Jean-le-Blanc. Et, pour passer l'autre bras de la rivière de Loire, ils firent amener deux bateaux dont ils firent un pont pour aller à la bastide.

« Cela fait, ils allèrent vers la bastide qu'ils trouvèrent toute désemparée parce que les Anglais qui étaient dedans, dès qu'ils aperçurent la venue des Français, s'en allèrent et se retirèrent en une autre plus forte et plus grosse bastide appelée la bastide des Augustins. Les Français voyant qu'ils n'étaient assez puissants pour prendre cette bastide, il fut résolu qu'ils s'en retourneraient sans rien faire.

« Pour plus sûrement s'en retourner et passer, il fut ordonné que les plus notables et vaillantes gens de guerre du parti des Français demeurent derrière eux afin de garder que les ennemis ne les puissent attaquer pendant qu'ils retournaient. A ce faire, furent ordonnés les seigneurs de Gaucourt, de Villars et moi.

« Tandis que les Français s'en retournaient de la bastide de Saint-Jean-le-Blanc pour entrer en l'île, la Pucelle et La Hire passèrent tous deux chacun un cheval en un bateau, de l'autre côté de cette île, et montèrent sur ces chevaux dès qu'ils furent passés, chacun sa lance en main, et lorsqu'ils aperçurent que les ennemis sortaient de la bastide pour courir sur leurs gens, aussitôt, la Pucelle et La Hire, qui étaient toujours au-devant d'eux pour les garder, couchèrent leurs lances et tout les premiers commencèrent à frapper sur les ennemis. Et alors, chacun les suivit et commença à frapper sur les ennemis de telle manière qu'à force ils les contraignirent à se retirer et à rentrer en la bastide des Augustins... Très âprement et à grande diligence, ils l'assaillirent de toutes parts, de telle façon qu'en peu de temps ils la gagnèrent et prirent d'assaut; et là furent tués et pris la plupart des ennemis et ceux qui se purent sauver se retirèrent en la bastide des Tourelles au pied du pont. Et ainsi obtinrent la Pucelle et ceux qui étaient avec elle victoire sur les ennemis pour ce jour et fut la grosse bastide gagnée et demeurèrent devant elle les seigneurs et leurs gens avec la Pucelle toute cette nuit. » (R 161-163)

Important fait d'armes que la prise de cette bastide des Augustins, la plus importante de celles qui couvraient les Tourelles, la fortification défendant l'entrée du pont. Les Orléanais furent les premiers à en comprendre l'intérêt. Le *Journal du Siège* nous le confirme et précise : « Ceux d'Orléans faisaient grande diligence de porter toute la nuit pain, vin et autres vivres aux gens de guerre tenant le siège. » (J.S.O., 159)

Jean Pasquerel : « Après dîner, vint vers Jeanne un

chevalier vaillant et notable dont je ne me rappelle plus le nom. Il dit à Jeanne que les capitaines et les soldats du roi avaient tenu ensemble conseil et qu'ils voyaient qu'ils étaient peu nombreux au regard des Anglais et que Dieu leur avait fait grande grâce des satisfactions obtenues, ajoutant : « Considérant que la ville est bien munie de vivres, nous pourrions bien garder la cité en attendant le secours du roi et il ne semble pas indiqué au conseil que les soldats sortent demain. » Jeanne répondit : « Vous avez été à votre conseil et moi au mien; et croyez que le conseil de mon Seigneur sera accompli et tiendra et que ce conseil-là périra. » Et s'adressant à moi qui étais alors auprès d'elle : « Levez-vous demain bon matin et plus tôt que vous ne l'avez fait aujourd'hui et faites du mieux que vous pourrez; tenez-vous toujours auprès de moi, car demain j'aurai beaucoup à faire, et plus que je n'eus jamais, et demain le sang me sortira du corps au-dessus de mon sein. » (R 181-182)

Samedi 7 mai. Jean Pasquerel : « Le lendemain samedi, je me levai de bon matin et célébrai la messe. Et Jeanne alla à l'assaut contre la forteresse du pont où était l'Anglais Classidas. Et l'assaut dura là du matin jusqu'au coucher du soleil. Dans cet assaut, après déjeuner, Jeanne, comme elle l'avait prédit, fut frappée d'une flèche au-dessus du sein, et quand elle se sentit blessée, elle eut peur et pleura, et fut consolée comme elle le disait. Et quelques soldats, la voyant tellement blessée, voulurent lui appliquer un charme, mais elle ne le voulut pas, disant : « Je préférerais mourir plutôt que faire quelque chose que je sache être un péché ou être contre la volonté de Dieu. » Et qu'elle savait bien qu'elle devait mourir une fois, mais ne savait quand, où, ou comment, ou à quelle heure. Mais si à sa blessure pouvait être appliqué un remède sans péché elle voulait bien être guérie. Et l'on mit sur sa blessure de l'huile d'olive et du lard. Et après qu'on les lui eut mis, Jeanne se confessa à moi, pleurant et se lamentant. » (R 182)

Le bâtard d'Orléans : « L'assaut dura depuis le matin jusqu'à huit heures de Vêpres, si bien qu'il n'y avait guère d'espoir de victoire ce jour-là. Aussi, j'allais m'arrêter et voulais que l'armée se retire vers la cité. Alors, la Pucelle vint à moi et me requit d'attendre encore un peu. Elle-même, à ce moment-là, monta à cheval et se retira seule en une vigne, assez loin de la foule des hommes. Et dans cette vigne, elle resta en oraison l'espace de la moitié d'un quart d'heure. Puis elle revint de cet endroit, saisit aussitôt son étendard en main et se plaça sur le rebord du fossé et à l'instant qu'elle fut là, les Anglais frémirent et furent terrifiés. Et les soldats du roi reprirent courage et commencèrent à monter, donnant l'assaut contre le boulevard sans rencontrer la moindre résistance. » (R 132)

Jean d'Aulon : « Ils furent devant ce boulevard depuis le matin jusqu'au soleil couchant sans le pouvoir prendre ni gagner. Et les seigneurs et capitaines étant avec elle, voyant que bonnement ce jour ne le pouvaient gagner, considérée l'heure, qu'il était fort tard, et aussi que tous étaient fort las et fatigués, il fut conclu entre eux de faire sonner la retraite de l'armée, ce qui fut fait, et au son de trompettes sonné que chacun se retirât pour ce jour. En faisant cette retraite, celui qui portait l'étendard de la Pucelle et le tenait encore debout devant le boulevard, étant las et fatigué, remit l'étendard à un nommé Le Basque qui était au seigneur de Villards. Et parce que je connaissais ce Basque pour être vaillant homme et que je ne doutais qu'à l'occasion de la retraite mal ne s'ensuivit... j'eus l'imagination que, si l'étendard était bouté en avant, pour la grande ardeur que je savais être parmi les gens de guerre qui étaient là, ils pourraient par ce moyen gagner le boulevard. Donc, je demandai au Basque, si j'entrais et allais au pied du boulevard, s'il me suivrait. Il me dit et promit d'ainsi faire. Alors, j'entrai dedans le fossé et allai jusqu'au pied de la douve du boulevard, me couvrant de ma targe (bouclier) par crainte des pierres, et laissai mon compagnon de l'autre côté, car je croyais qu'il me dût suivre pied à pied. Mais lorsque la Pucelle vit son

étendard aux mains du Basque et qu'elle le croyait
avoir perdu, car celui qui le portait était entré dans le
fossé, elle vint et prit l'étendard par le bout de telle
manière qu'il ne le pouvait avoir, en criant : « Ah! mon
étendard, mon étendard! » et branlait l'étendard de
manière que j'imaginai que ce faisant les autres croi-
raient qu'elle leur fît quelque signe. Et alors, je
m'écriai : « Ah! Basque, est-ce là ce que tu m'as promis ? » Alors, le Basque tira tellement l'étendard qu'il
l'arracha des mains de la Pucelle, et ce fait, alla à moi
et porta l'étendard. A cette occasion, tous ceux de
l'armée de la Pucelle s'assemblèrent et de nouveau se
rallièrent et avec grande âpreté assaillirent le boulevard, qu'en peu de temps après ce boulevard et la
bastide furent par eux pris et abandonnés des ennemis;
et entrèrent les Français dans la cité d'Orléans par le
pont. » (R 163-164)

« Sitôt que l'assaut eut recommencé, les Anglais perdirent toutes forces de pouvoir plus résister et crurent
entrer du boulevard dans les Tourelles, mais peu
d'entre eux se purent sauver, car quatre ou cinq cents
combattants qu'ils étaient furent tous tués ou noyés,
excepté quelques-uns qu'on retint prisonniers, et non
pas grands seigneurs. En se croyant sauver le pont
fendit sous eux, qui fut grand ébahissement de la force
des Anglais et grand dommage des vaillants Français
qui pour leur rançon auraient pu avoir grand finance. »
(J.S.O., 162)

Jean Pasquerel : « Jeanne revint à l'assaut criant et
disant : « Classidas, Classidas, rends-toi, rends-toi au
Roi des Cieux; tu m'as appelée « putain », moi, j'ai
grand pitié de ton âme et de celle des tiens. » Alors,
Classidas, armé des pieds à la tête, tomba dans le fleuve
de Loire et fut noyé. Et Jeanne, émue de pitié, commença à pleurer beaucoup sur l'âme de ce Classidas et
des autres qui étaient là noyés en grand nombre. Et ce
jour-là, tous les Anglais qui étaient au-delà du pont
furent pris ou tués. » (R 182)

Jean d'Aulon : « Ce jour même, j'avais entendu dire
à la Pucelle : « En nom Dieu, on entrera cette nuit

en la ville par le pont. » Et ce fait, se retirèrent la Pucelle
et ses gens en la ville d'Orléans en laquelle je la fis soigner, car elle avait été blessée d'un trait à l'assaut. »
(R 165)

« Ils firent grande joie (l'armée et les gens d'Orléans)
et louèrent Notre Seigneur de cette belle victoire qu'il
leur avait donnée; et bien le devaient faire, car on dit
que cet assaut, qui dura depuis le matin jusqu'au soleil
couchant, fut tant grandement assailli et défendu, que
ce fut un des plus beaux faits d'armes qui eût été fait
longtemps par avant... Tout le clergé et peuple d'Orléans chantèrent dévotement *Te Deum laudamus* et firent
sonner toutes les cloches de la cité, remerciant très
humblement Notre Seigneur pour cette glorieuse consolation divine. Et firent grande joie de toutes parts,
donnant merveilleuses louanges à leurs vaillants défenseurs, et spécialement sur tous à Jeanne la Pucelle.
Elle demeura cette nuit, et les seigneurs, capitaines et
gens d'armes avec elle, sur les champs, tant pour garder
les Tourelles ainsi vaillamment conquêtées, que pour
savoir si les Anglais, du côté de Saint-Laurent, ne
sortiraient point, voulant secourir ou venger leurs
compagnons. Mais ils n'en avaient nul vouloir. »
(J.S.O., 163)

Le bâtard d'Orléans : « Donc, la bastide fut prise
et je revins, ainsi que la Pucelle, avec les autres Français,
en la cité d'Orléans, dans laquelle nous fûmes reçus
avec de grands transports de joie et de piété. Et Jeanne
fut conduite vers son logement pour que sa blessure
fût soignée. Une fois les soins donnés par le chirurgien,
elle prit son repas, mangeant quatre ou cinq rôties
trempées dans du vin mêlé de beaucoup d'eau et ne
prit aucune autre nourriture ou boisson pendant tout
le jour. » (R 133)

Dimanche 8 mai : « Le lendemain matin, jour de
dimanche et huitième jour de mai, ce même an 1429,
les Anglais désemparèrent leur bastide... et levant leur
siège se mirent en bataille... Pourquoi la Pucelle... et
plusieurs autres vaillantes gens de guerre et citoyens

sortirent d'Orléans en grande puissance et se mirent et rangèrent devant eux en bataille ordonnée. Et en tel point furent très près l'un de l'autre l'espace d'une heure entière sans se toucher. Ce que les Français souffrirent de très mauvais gré, obéissant au vouloir de la Pucelle qui leur commanda et défendit dès le commencement que, pour l'amour et honneur du saint dimanche, ils ne commencent point la bataille ni ne fassent assaut aux Anglais; mais si les Anglais les assaillaient qu'ils se défendissent fort et hardiment et qu'ils n'eussent aucune peur, et qu'ils seraient les maîtres. L'heure passée, les Anglais se mirent en chemin et s'en allèrent, bien rangés et ordonnés, dans Meung-sur-Loire, et levèrent et laissèrent totalement le siège qu'ils avaient tenu devant Orléans depuis le douzième jour d'octobre 1428 jusqu'à ce jour. Toutefois, ils ne s'en allèrent ni n'emportèrent sauvement tous leurs bagages, car certains de la garnison de la cité les poursuivirent et frappèrent sur la queue de leur armée par divers assauts, tellement qu'ils gagnèrent sur eux grosses bombardes et canons, arcs, arbalètes et autres artilleries... D'autre part rentrèrent à grande joie dans Orléans la Pucelle et les autres seigneurs et gens d'armes en la très grande exultation de tout le clergé et peuple qui tous ensemble rendirent humble grâce à Notre Seigneur et louanges très méritées pour les très grands secours et victoires qu'il leur avait donnés et envoyés contre les Anglais anciens ennemis du royaume... Ce même jour et le lendemain aussi, firent très belle et solennelle procession les gens d'Église, seigneurs, capitaines, gens d'armes et bourgeois étant et demeurant dans Orléans, et visitèrent les églises par grande dévotion. Et à la vérité, bien que les bourgeois ne voulussent au commencement et avant que le siège fût mis que nulles gens de guerre entrent dans la cité, redoutant qu'ils ne les veuillent piller ou maîtriser trop fort, toutefois en laissèrent-ils entrer après tant qu'il en voulait venir, depuis qu'ils surent qu'ils n'entendaient qu'à leur défense et se maintenaient si vaillamment contre leurs ennemis; et ils étaient

avec eux très unis pour défendre la cité et se les répar-
tissaient entre eux dans leurs hôtels et les nourrissaient
de tous biens que Dieu leur donnait, aussi familièrement que s'ils eussent été leurs propres enfants. »
(J.S.O., 164-167)

Quant à Jeanne elle-même, on ne lui a guère donné
l'occasion, lors du procès de condamnation, d'évoquer
les souvenirs d'Orléans. Visiblement, son juge n'y
tenait pas... L'exploit avait eu trop de retentissement.
Elle n'en a pas moins dit, d'un mot, ce que fut sa
conduite au cours de cet exploit : « Je fus la première
à poser l'échelle en haut, sur la bastide du pont. »
(C 79)

L'an mil quatre cent vingt et neuf
Reprit à luire le soleil
Il ramène le bon temps neuf
Que l'on n'avait vu du droit œil
De longtemps, dont plusieurs en deuil
En vécurent : je suis de ceux (je suis l'une de ceux-là)
Mais plus de rien je ne me deuil
Quand ores (à présent) vois ce que je veux.

Ces vers sont probablement les derniers qu'écrivit
la poétesse Christine de Pisan, en 1429. Elle était
retirée dans une abbaye depuis onze ans – depuis
l'entrée des Anglais à Paris – et n'avait plus rien écrit.
Si elle reprend la plume à cette date, dans sa vieillesse,
c'est pour célébrer l'exploit incroyable qui est venu
changer le cours des choses et rendre confiance au
peuple de France :

Qui vit donc chose advenir
Plus hors de toute opinion
Que France, de qui mention
On faisait qu'à terre est tombée,
Soit par divine mission
De mal en si grand bien mué,

Et par tel miracle vraiment
Que, si chose n'était notoire
Et évident quoi et comment,
Il n'est homme qui le pût croire!
Chose est bien digne de mémoire
Que Dieu, par une vierge tendre
Ait ainsi voulu [chose voire (vraie)]
Sur France si grand grâce étendre. (Q,v,3 et s.)

En fait, on a pleinement mesuré alors tout ce que l'événement avait d'extraordinaire. Au procès de réhabilitation, les petites gens d'Orléans ne savaient encore comment contenir leur enthousiasme lorsqu'ils évoquaient la victoire. Dans un manuscrit découvert du temps même de Quicherat à la bibliothèque du Vatican (Fonds de la reine de Suède, Nᵒ 891), on lit quelques détails sur l'établissement de la fameuse fête et procession du 8 mai qui, depuis, devait avoir lieu chaque année dans la ville et ne fut pas même interrompue lors de la Terreur; ces détails sont donnés vraisemblablement par un témoin de la levée du siège qui a dû rédiger ses souvenirs vers 1460 ou environ :

« Monseigneur l'évêque d'Orléans, avec tout le clergé, et aussi par ordonnance de monseigneur de Dunois, frère de monseigneur le duc d'Orléans et avec son conseil, et aussi les bourgeois, manants et habitants d'Orléans, ordonna être faite une procession le 8 mai et que chacun y portât lumière et qu'on irait jusqu'aux Augustins et partout où avait été le combat et qu'on y ferait station et service propices en chaque lieu et oraisons; et les douze procureurs de la ville auraient chacun un cierge en leurs mains où seraient les armes de la ville... Ainsi doit-on avoir grande dévotion à cette procession, surtout ceux de la ville d'Orléans, attendu que ceux de Bourges-en-Berry en font solennité – mais ils prennent le dimanche après l'Ascension. Et aussi plusieurs autres villes en font solennité, car si Orléans était tombée entre les mains des Anglais, le demeurant du royaume eût été fort blessé... Chacun est tenu d'aller à la procession et porter lumière ardente en la main. On revient autour de la ville par devant l'église Notre-Dame de Saint-Paul et là on fait grands louanges à Notre-Dame et de là à Sainte-Croix et là est le sermon et la messe après et aussi les vigiles à Saint-Aignan; et le lendemain, on dit messe pour les trépassés. » (Q,v,296-298)

Les registres de comptes d'Orléans font d'ailleurs, à plusieurs reprises, mention des frais faits par la ville pour cette procession dès la date de 1435.

« A Jacquet Leprêtre, valet de la ville d'Orléans, pour l'achat de vingt-trois livres de cire neuve, achetée pour refaire les torches de la ville et mise avec vingt-six livres de cire vieille demeurant des dites torches, pour la solennité de la procession des Tourelles, faite le huitième jour de mai 1435, au prix de deux sous dix deniers la livre... 62 sous 4 deniers... A Jean Moynet, cirier, pour la façon des torches et cierges et pour les bâtons et pour un flambeau offert le lendemain de la dite procession à une messe que l'on chante pour les trépassés en l'église Monseigneur Saint-Aignan... 26 sous. » (Q,v,308)

Quant à celui que Jeanne appelait le dauphin, nous savons de la façon la plus précise comment il apprit l'événement, par une lettre circulaire qu'il était en train de dicter à l'intention des « bonnes villes » du royaume et dont l'une au moins des cités destinataires, celle de Narbonne, a, heureusement pour nous, gardé le texte; d'autres, comme La Rochelle, mentionnent seulement sa réception dans leurs registres. Elle a été dictée en trois fois, entre la soirée du 9 mai et l'aube du 10, lorsque parvint à Chinon le messager qui annonçait la victoire :

« De par le roi, chers et bien-aimés, nous croyons que vous avez su les continuelles diligences par nous faites de donner tout secours possible à la ville d'Orléans depuis longtemps assiégée par les Anglais, anciens ennemis de notre royaume, et le devoir en lequel nous nous sommes mis par diverses fois, ayant toujours bonne espérance en Notre Seigneur que finalement il y étendrait sa grâce et ne permettrait pas qu'une si notable cité et un si loyal peuple périssent ou tombent en la sujétion des dits ennemis.

« Et pour ce que nous savons que plus grande joie et consolation vous ne pourriez, comme loyaux sujets, avoir, que d'en entendre annoncer bonne nouvelle, nous vous apprenons que, par la merci Notre Seigneur dont tout procède, nous avons de nouveau fait ravitailler à puissance et par deux fois en une seule semaine la ville d'Orléans bien et grandement, au vu et su des des ennemis, sans qu'ils y aient pu résister.

« Et depuis, c'est à savoir mercredi dernier, nos gens, envoyés avec le ravitaillement en même temps que les gens de la ville, ont assailli une des plus fortes bastides de l'ennemi, celle de Saint-Loup, laquelle, Dieu aidant, ils ont prise et gagnée par bel assaut qui dura quatre ou cinq heures et, ayant été tués tous les Anglais qui étaient dedans sans qu'il en soit mort des nôtres que deux personnes seulement, bien que les Anglais des autres bastides fussent alors sortis en bataille, faisant mine de vouloir combattre, toutefois, quand ils virent nos gens aller à leur rencontre, ils s'en retournèrent hâtivement sans oser les attendre...

« Depuis ces lettres faites, nous est venu ici un héraut, environ une heure après minuit, lequel nous a rapporté sur sa vie que vendredi dernier nos dites gens passèrent la rivière par bateau à Orléans et assiégèrent, du côté de la Sologne, la bastide du bout du pont et le même jour gagnèrent le logis (le fort) des Augustins. Et le samedi aussi assaillirent le reste de la dite bastide qui était le boulevard du pont, où il y avait bien six cents combattants anglais sous deux bannières et l'étendard de Chandos. Et finalement, par grande prouesse et vaillance d'armes, moyennant toujours la grâce de Notre-Seigneur, gagnèrent toute la dite bastide et en étaient tous les Anglais qui y étaient morts ou pris. Pour cela plus qu'avant devez louer et remercier notre Créateur, que dans sa divine clémence Il n'a pas voulu nous mettre en oubli. Et ne pourriez assez honorer les vertueux faits et choses merveilleuses que ce héraut qui a été présent nous a rapportés et aussi de la Pucelle qui a toujours été en personne à l'exécution de toutes ces choses...

« Et depuis encore, avant la perfection (achèvement) de ces lettres, sont arrivés vers nous deux gentils-hommes qui ont été à la besogne, lesquels certifient et confirment tout plus amplement que le héraut, et de cela nous ont apporté lettres de la main du sire de Gaucourt. Après que nos gens eurent samedi dernier prise et déconfite la bastide du bout du pont, le len-demain, au point du jour, les Anglais qui y étaient demeurés délogèrent et s'ensauvèrent si hâtivement qu'ils laissèrent leurs bombardes, canons et artilleries et la plupart de leurs vivres et bagages.

« Donné à Chinon le dixième jour de mai. Signé : Charles. » (Q,v,101-104)

Constatons au reste – nous aurons lieu de faire plus tard de semblables constatations – que Charles VII se montre fort discret en ce qui concerne les exploits de Jeanne. Dans son entourage, on trouve toutefois des échos plus enthousiastes; entre autres, la lettre fameuse qu'Alain Chartier, le poète, écrivait à un prince étranger que l'on n'a pu identifier, à la fin de juillet 1429, et dont une copie est conservée à la Biblio-thèque Nationale.

Alain Chartier résume rapidement ce que l'on sait des origines de la Pucelle, raconte comment elle est venue à la cour du roi et les événements qui ont suivi jusqu'à la délivrance d'Orléans, pour conclure : « Voici celle qui ne semble pas être issue de quelque lieu sur terre, mais plutôt envoyée du Ciel pour soutenir de la tête et des épaules la France tombée à terre. O vierge étonnante! digne de toute gloire, de toute louange, digne de tous les honneurs divins! Tu es l'honneur du règne, tu es la lumière du lys, tu es la splendeur, la gloire, non seulement de la Gaule, mais de tous les chrétiens. Que Troie aille donc célébrer Hector, que la Grèce se glorifie d'Alexandre, l'Afrique d'Annibal, l'Italie de César et de tous les généraux romains, la

France, même si elle compte beaucoup de ceux-ci, peut se contenter de cette seule Pucelle. Elle pourra s'en glorifier et se comparer aux autres nations pour l'honneur des dames et puis même, si elle le veut, se préférer à elles. » (Texte latin dans Q,v,131-136)

Si Alain Chartier, tout enthousiaste qu'il fût, restait exact quant à l'exposé des faits et attentif à l'événement essentiel : la levée du siège dans les conditions extraordinaires qu'on a vues, – on n'en saurait dire autant d'un autre personnage, Perceval de Boulainvilliers, qui fut conseiller du roi et sénéchal de Berry. Une lettre de lui a subsisté, adressée au duc de Milan, Philippe-Marie Visconti, avec lequel il se trouvait en relations, ayant épousé la fille du gouverneur d'Asti. Cette lettre implique de la part de son auteur un goût pour l'anecdote qui lui fait chercher le merveilleux où il n'est pas. On sent, à travers elle, que déjà beaucoup de « racontars » devaient circuler concernant Jeanne; chose très naturelle : il n'est guère de héros dont la légende ne se soit ainsi emparée dès son vivant. Il raconte sa naissance à Domremy et c'est lui qui donne cette précision, laquelle pourrait bien être exacte, que Jeanne naquit dans la nuit de l'Épiphanie, le 6 janvier, ajoutant que cette nuit-là les coqs chantèrent à une heure inusitée « comme hérauts d'une joie nouvelle », ce qui fit se réveiller et s'ébahir les gens du pays; un peu plus tard, Jeanne, commise à la garde des brebis, n'en a jamais perdu une seule; quand elle s'amusait dans les prés avec les autres fillettes, ses pieds ne touchaient pas terre et elle courait avec une telle rapidité que l'une de ses compagnes s'écria : « Jeanne, je te vois voler au-dessus du sol », etc., etc.; il s'étend ensuite longuement sur les apparitions, puis raconte les divers épisodes : Vaucouleurs, Chinon, Orléans – sa lettre étant datée du 21 juin. Plus précieux pour nous sont les détails que Perceval de Boulainvilliers nous donne sur l'apparence physique de Jeanne, car, malgré la note d'exagération que suppose le ton de la lettre tout entière, ils peuvent être vrais dans l'ensemble, étant

donné que Perceval de Boulainvilliers a probablement
vu Jeanne : « Cette Pucelle, dit-il, est d'une élégance
certaine; elle a une attitude virile, parle peu, montre
une admirable prudence dans toutes ses paroles. Elle
a une voix de femme gracieuse, mange peu, boit fort
peu de vin; elle se plaît à cheval et à porter de belles
armes, aime beaucoup la compagnie des nobles hommes
d'armes, déteste les assemblées et réunions nombreuses,
verse facilement d'abondantes larmes, a le visage gai;
elle supporte de façon incroyable les peines et le port
de l'armure, au point que pendant six jours et six nuits
elle a pu demeurer complètement armée. » (Texte latin
dans Q,v,114-121)

Les termes de cette lettre devaient être repris dans
un poème écrit quelque temps après par un poète
d'Asti nommé Antoine.

Il est par contre surprenant de constater que cet
autre poète, Charles, duc d'Orléans, dont Jeanne venait
de délivrer la ville, n'a jamais fait la moindre allusion
à ses exploits dans ses vers. Mais les combats et d'une
façon générale les heurs et malheurs du royaume n'y
tiennent à vrai dire que fort peu de place; à parcourir
son œuvre, on a quelque peine à penser qu'elle émane
d'un homme qui fut vingt-cinq ans prisonnier. Sa
reconnaissance se traduit par le geste traditionnel qui
consiste à faire faire à Jeanne une « livrée », un habillement, à ses armes. Par assignation en date du 30 septembre 1429, il approuve et prend à sa charge les frais de
cet habillement confectionné au mois de juin sur l'initiative de son trésorier d'Orléans, Jacques Boucher :
« Aux gens de nos comptes... nous vous mandons que
la somme de treize écus d'or... qui par notre aimé et
féal trésorier général, Jacques Boucher, a été payée et
délivrée au mois de juin dernier passé à Jean Luillier,
marchand, et Jean Bourgeois, taillandier (tailleur),
demeurant à Orléans pour une robe et une huque que
les gens de notre conseil firent alors faire et délivrer
à Jeanne la Pucelle étant en notre ville d'Orléans,
ayant considération aux bons et agréables services que
la Pucelle nous a faits à l'encontre des Anglais, anciens

ennemis de monseigneur le roi et de nous (cette somme soit allouée au compte de notre trésorier et déduite de sa recette). C'est à savoir, au dit Jean Luillier, pour deux aunes de fine Bruxelles vermeille (drap cramoisi de Bruxelles) dont fut faite la dite robe, huit écus d'or... et pour une aune de vert perdu (vert sombre) pour faire la dite huque, deux écus d'or; et au dit Jean Bourgeois, pour la façon des robe et huque, et pour satin blanc, cendal (tissu de soie) et autres étoffes, pour le tout, un écu d'or. » (Q,v,113)

L'exploit d'Orléans avait eu un tel retentissement qu'il ralliait à la cause de Charles VII des personnages jusqu'alors passablement hésitants à l'embrasser. C'est ainsi que le duc de Bretagne envoie un religieux, son confesseur, et un héraut d'armes pour lui faire compliments sur sa victoire; le fait nous est connu par un registre de comptes autrefois conservé aux Archives de la Chambre des Comptes de Nantes et aussi par une chronique allemande contemporaine rédigée par le trésorier de l'empereur Sigismond, Éberhard de Windecken; ce personnage a eu en mains toutes les relations officielles adressées à l'empereur et s'en est bien servi. C'est lui qui raconte comment « le duc de Bretagne envoya son confesseur vers la jeune fille pour l'interroger si c'était de par Dieu qu'elle était venue secourir le roi. La jeune fille répondit « oui ». Alors le confesseur dit : « S'il en est ainsi, monseigneur le duc de Bretagne est disposé à venir pour aider le roi de son service »; et il nommait le duc son droit seigneur, « il ne peut venir de son propre corps, ajoutait-il, car il est dans un grand état d'infirmité, mais il doit envoyer son fils aîné avec une grande armée ». Alors, la jeune fille dit au confesseur que le duc de Bretagne n'était pas son droit seigneur, car c'était le roi qui était son droit seigneur et que le duc n'aurait pas dû raisonnablement attendre si longtemps pour envoyer ses gens aider le roi de leurs services. » (Texte allemand et traduction dans Q,iv,498)

Et la note amusante ne devait pas faire défaut dans

ce concert de louanges : Les capitouls (conseillers municipaux) de la ville de Toulouse, très embarrassés alors par l'état des finances de la cité, décident, au cours de leur assemblée du 2 juin, d'écrire à la Pucelle « en lui expliquant les inconvénients du changement de monnaie et en lui demandant quel remède y apporter »...

Jeanne leur apparaît comme une sorte de thaumaturge dont la compétence ne peut manquer d'être universelle! De même la duchesse de Milan, Bonne de Visconti, lui écrira-t-elle pour lui demander de la remettre en possession de son duché; ou encore le duc d'Armagnac lui écrira-t-il une lettre, que devaient exploiter par la suite les juges de la condamnation, pour lui demander lequel des trois papes qui alors se disputaient le souverain pontificat, devait être considéré comme chef de la chrétienté (demande intéressée, car le comte d'Armagnac avait soutenu jusqu'alors tour à tour deux anti-papes et avait été mis en interdit par le pape légitime Martin V).

Enfin, si la délivrance d'Orléans a eu une immense importance du côté français, son effet n'a pas été moins grand du côté des Anglais et des Bourguignons. On en mesure la portée lorsqu'on constate que deux mandements ont dû être successivement lancés dans l'année qui suivit (3 mai et 12 décembre 1430) « contre les capitaines et les soldats déserteurs terrifiés par les enchantements de la Pucelle » ; ils sont lancés tous les deux au nom du petit roi d'Angleterre par son oncle, le duc de Gloucester.

Quant au régent lui-même, Jean, duc de Bedford, ses sentiments nous sont connus par une lettre de lui dans laquelle, en 1434, il résume les événements de France à l'adresse de son neveu le roi d'Angleterre : « Toutes choses ont prospéré pour vous jusqu'au temps du siège d'Orléans entrepris Dieu sait par quels conseils (l'avis personnel de Bedford eût été d'aller attaquer Angers). En ce temps, après l'aventure arrivée à la personne de mon cousin de Salisbury, que Dieu absolve, arriva par la main de Dieu, comme il semble, un grand dommage sur vos gens qui étaient là rassemblés en grand nombre ; lequel dommage provint en grande partie, à ce que je pense, par enlacement et fausse croyance et folle crainte qu'ils ont eue d'un disciple et limier du Malin, appelé la Pucelle, qui a usé de faux enchantements et sorcellerie. Ces dommages et déconfiture non seulement ont diminué d'une grande partie le nombre de vos gens, mais aussi ont ôté le courage de ceux qui restent d'une façon surprenante et ont encouragé vos adversaires et ennemis à s'assembler aussitôt au grand nombre. » (Texte anglais et traduction dans Q,v,136-137)

C'est dire que, dès le début des événements, on constate chez les Anglais le désir d'attribuer les victoires de Jeanne à des « enchantements et sorcellerie ». C'est ce que les juges du procès de condamnation tenteront d'établir, sans d'ailleurs y parvenir, nous le verrons.

Quant aux « Français reniés » – en notre temps on eût dit : les collaborateurs –, à ceux qui avaient adopté le parti anglo-bourguignon, leurs sentiments nous sont connus entre autres par l'un d'entre eux, fort représentatif : il s'agit de ce « Bourgeois de Paris », lequel était en réalité un clerc de l'Université parisienne que Bedford avait pris soin de peupler de ses créatures, et qui écrivit un *Journal* tenu au fil des événements. En 1429, il s'exprime ainsi :

« Il y avait alors sur la Loire une Pucelle, comme on l'appelait, qui se prétendait prophète et qui disait : « Telle chose adviendra certainement. » Elle était contre le régent de France et ses alliés. On racontait que, malgré le siège, elle était entrée dans Orléans à la tête d'une foison d'Armagnacs avec une grande quantité de vivres et que les Anglais n'avaient pas bougé, quoiqu'elle eût été à une ou deux portées d'arc et en dépit d'un si grand besoin de subsistance qu'un homme avait mangé pour trois blancs (nom familier de la monnaie d'argent) de pain au moins à son repas. Et ceux qui préféraient les Armagnacs aux Bourguignons et au régent de France disaient d'elle plusieurs autres choses : ils affirmaient que dans sa petite enfance elle gardait les brebis et que les oiseaux des bois et des champs venaient à son appel manger son pain dans son giron comme apprivoisés.

« En ce temps, les Armagnacs levèrent le siège d'Orléans d'où ils chassèrent les Anglais, puis marchèrent sur Vendôme qu'ils prirent, disait-on. Cette Pucelle armée les accompagnait partout, portant son étendard où était inscrit seulement « Jésus ». On racontait qu'elle avait dit à un capitaine anglais d'abandonner le siège avec sa troupe sans quoi il ne leur arriverait que mal et honte. Et ce capitaine l'avait beaucoup injuriée, la traitant par exemple de ribaude et de putain. Elle répondit qu'ils partiraient tous rapidement malgré eux, mais qu'il ne serait plus là pour le voir et qu'une grande partie de sa troupe serait tuée. Il en fut ainsi car il se noya le jour de la bataille (Allusion à William Glasdale). » (*Journal d'un bourgeois de Paris de 1405 à 1449*, éd. J. Mégret, p. 90.)

Les chroniqueurs bourguignons racontent correctement les faits en ce qui concerne le siège d'Orléans et tentent seulement de déconsidérer la personne de Jeanne elle-même. Citons entre autres Enguerrand de Monstrelet (c'est un bâtard de bonne famille, attaché depuis 1430 à la personne même du duc de Bourgogne, Philippe le Bon).

« En l'an (1429) vint devers le roi Charles de France à Chinon, où il se tenait grande partie du temps, une Pucelle âgée de vingt ans ou environ, nommée Jeanne, laquelle était vêtue et habillée en homme et était née de partie entre Bourgogne et Lorraine, d'une ville nommée Domremy assez près de Vaucouleurs; laquelle Jeanne fut longtemps servante en une hôtellerie et était hardie à chevaucher chevaux et les mener boire et aussi à faire autres habiletés que jeunes filles n'ont point accoutumé de faire. Elle fut mise sur la voie et envoyée vers le roi par un chevalier nommé messire Robert de Baudricourt, capitaine de par le roi, de Vaucouleurs, lequel lui donna chevaux et quatre ou six compagnons. Elle se disait pucelle inspirée de la grâce divine et qu'elle était envoyée devers le roi pour le remettre en possession de son royaume... » (Q,IV, 361 et s. d'après le manuscrit de la Bibliothèque nationale, Fr. N° 8.346.)

Et voici un autre témoignage d'autant plus précieux qu'il émane d'étrangers qui ne sont pas directement intéressés à la cause et se trouvent par leur situation très bien informés. Il s'agit de l'agent d'une grande maison commerciale de Venise, celle des Morosini; une place de Venise porte encore leur nom à l'heure actuelle. Au XVe siècle, leur maison de commerce est l'une des plus importantes de leur cité, possédant partout des succursales; celle de Bruges, où se rencontrent alors tous les marchands d'Europe occidentale, est dirigée par Pancrazio Giustiniani, appartenant lui aussi à une grande famille de Venise. Or, le propriétaire de la place centrale à Venise, Antonio Morosini, consignait dans son *Journal* toutes les lettres et indications envoyées par ses agents étrangers; comme son trafic portait sur l'armement, il avait évidemment besoin d'être tenu au courant de ce qui se passait dans une Europe où le commerce des armes trouvait largement à s'employer.

Or, le 18 juin 1429, il transcrit une lettre adressée de Bruges au mois de mai précédent (vers le 20 probablement, car les courriers mettaient de vingt à vingt-cinq jours pour aller des Flandres à Venise) : « Il y a quinze jours, lui écrivait Giustiniani, et depuis encore, on a beaucoup parlé de prophéties trouvées à Paris et d'autres choses qui se rapportent au dauphin... surtout en ce qui concernait une pucelle, gardeuse de troupeaux, née aux confins de Lorraine. Celle-ci, il y a un mois et demi, se rendit auprès du dauphin; elle voulut parler à lui seul à l'exclusion d'aucun autre... Elle lui dit... qu'il devait faire un effort militaire, jeter des vivres dans Orléans et donner bataille aux Anglais; qu'il serait certainement victorieux et que le siège de la ville serait levé... Un Anglais qui s'appelle Lawrence Trent, que Marino connaît bien, honnête et discrète personne, écrit de tout cela, en voyant ce que disent dans leurs lettres tant d'hommes honorables et d'une entière bonne foi : « Cela me fait devenir fou. » Il ajoute, comme témoin oculaire, que beaucoup de barons la tiennent en estime ainsi que beaucoup de gens du commun... Sa victoire sans conteste dans la discussion avec les maîtres en théologie la fait ressembler à une autre sainte Catherine venue sur la terre. Beaucoup de chevaliers, l'entendant argumenter et dire chaque jour tant de choses admirables, disent que c'est là grand miracle. » (Voir R. Herval, *Jeanne d'Arc et ses témoins vénitiens*, dans *Revue des sociétés savantes de Haute Normandie*, n° 19, 1960, p. 7.)

Un peu plus tard, le 23 juin, Antonio Morosini consigne sur son *Journal* une autre lettre, venue cette fois de son correspondant d'Avignon : « Cette demoiselle, lit-on, a dit à messire le dauphin qu'elle voulait aller à Reims lui faire ceindre la couronne de toute la France; et nous savons que tout ce qu'elle a dit s'est toujours accompli, que ses paroles sont toujours confirmées par l'événement. Elle est en vérité venue pour accomplir de magnifiques choses en ce monde. »

Ajoutons, à propos du retentissement de cet exploit, que déjà, à l'époque, on voit se dessiner en France les deux clans de ceux qui sont pour ou contre Jeanne, et que déjà les « Français reniés », ceux qui ont épousé la cause de l'ennemi, s'expriment par la bouche de l'Université de Paris. Dès le mois de mai, un mémoire qui n'a pas été conservé, rédigé par un clerc de l'Université, accusait Jeanne d'hérésie; et c'est peut-être pour l'en défendre et en réponse à son libelle que Jean Gerson, ex-chancelier de l'Université de Paris, mais demeuré, lui, fidèle au roi de France, rédige l'opuscule dont il a été déjà question, – à moins qu'il ne lui ait été demandé par les docteurs de Poitiers eux-mêmes. Toujours est-il que l'ouvrage de Gerson – son dernier écrit, car il devait mourir le 12 juillet 1429 – circule rapidement, comme circulaient d'ailleurs toutes les œuvres de cet homme éminent. Aussi bien Pancrazio

Giustiniani écrit-il, à la fin de l'année 1429, les lignes suivantes : « Je me suis trouvé ces jours derniers à m'entretenir de cette affaire avec quelques religieux. J'ai cru comprendre que l'Université de Paris, ou pour mieux dire les ennemis du roi, l'ont fait accuser – je dis : cette pucelle – d'hérésie à Rome devant le pape. De même pour ceux qui croient en elle. Ils l'accusent de pécher contre la foi parce qu'elle veut être crue et sait annoncer l'avenir. Mais le chancelier de l'Université, qui est homme très docte et docteur en théologie, a fait en l'honneur, à la défense et à la louange de la dite pucelle, un très bel ouvrage que je vous envoie avec la présente lettre. Je crois que messire le Doge, ainsi que beaucoup d'autres, y prendront grand plaisir. » (*Ouvrage cité*, p. 12.)

Et pour finir citons Jean Pasquerel qui résume l'impression produite par les victoires de Jeanne :
« On lui disait : Jamais on n'a vu telles choses comme l'ont été vues de votre fait; en aucun livre on ne lit des faits semblables. » (R 183)

COMMENTAIRE

« Pourquoi Jeanne a-t-elle toujours été appelée la Pucelle d'Orléans, sinon parce qu'elle appartenait bien à cette maison d'Orléans dont elle était une bâtarde ? »
A vrai dire, il y aurait tout de même une autre raison pour laquelle Jeanne aurait pu légitimement être appelée : « la Pucelle d'Orléans »; c'est du moins ce qui ressort des textes du temps. Car enfin la délivrance de la ville n'a pas paru aux contemporains chose banale ou facile; et tous en attribuent le mérite à Jeanne. Nous n'avons cité que les principaux textes et les principaux faits qui, dès la victoire du 8 mai 1429, manifestent la reconnaissance profonde des Orléanais, demeurée vivante jusqu'à notre temps. Mais on pourrait multiplier les exemples; ainsi fut composé un

Mystère du siège d'Orléans en vingt-cinq mille vers dont on possède un exemplaire manuscrit aujourd'hui à la Bibliothèque du Vatican (voir Q,IV,79).

D'autre part, dès le xve siècle et probablement sous le règne de Louis XI, sera élevé, sur le pont d'Orléans lui-même, un monument de bronze représentant d'une part Charles VII et d'autre part Jeanne, agenouillés au pied d'un Calvaire. Un Hollandais de passage à Orléans en 1560 lors d'un voyage en France en a fait une description (voir Q, IV,448) avant que ce monument n'eût été une première fois détruit par les Huguenots en 1567; on possède d'autre part les comptes relatifs à sa restauration en 1571 (Q,V,222-225), et de nos jours est conservée au Musée historique de l'Orléanais la bannière que l'on sortait pour la procession du 8 mai et qui représentait elle aussi Jeanne agenouillée devant le crucifix.

Il y avait donc bien des raisons pour que Jeanne fût appelée : la Pucelle d'Orléans. Mais en fait elle n'a *jamais* été appelée ainsi en son temps. Il faut lire à ce sujet l'étude détaillée faite par l'historien Édouard Bruley, *Sur l'expression Pucelle d'Orléans (Bulletin de la société archéologique et historique de l'Orléanais,* t. XXIII, 1939, n° 237). Celui-ci a pris la peine d'examiner tous les manuscrits sur lesquels on se fondait pour témoigner de cette appellation : toutes les fois que le terme « Pucelle d'Orléans » apparaît, il s'agit d'un titre rajouté après coup et par une main nettement postérieure, tandis que dans le cours du récit Jeanne est seulement appelée : la Pucelle. C'est le seul nom qu'elle ait porté pour les contemporains. Cette recherche anéantit toutes les déductions que l'on avait cru pouvoir faire à propos d'une appellation qui n'est devenue courante, en fait, qu'à la fin du xvie et au xviie siècle. Édouard Bruley établit que le plus ancien ouvrage renfermant cette expression est « un ouvrage allégorique composé vers 1552 et publié en 1555 : *Le Fort inexpugnable de l'honneur du sexe féminin construit par François de Billon, secrétaire* » (*ouvrage cité,* p. 7). Au folio 47, l'auteur cite en effet « la très courageuse pucelle Jeanne, dite d'Orléans ».

On a voulu aussi tirer déduction du fait que Jeanne a reçu en don une livrée aux armes d'Orléans. C'est ignorer que ces dons de livrées aux armes du seigneur pour lequel on a combattu sont une habitude constante au Moyen Age; offrir un vêtement comme cadeau est d'ailleurs très courant à l'époque, en dehors même de tout exploit militaire; on voit continuellement, et cela depuis l'époque de Charlemagne, les princes faire ainsi présent de « robes », manteaux ou équipement divers. Nous nous contenterons de citer quelques exemples remontant à l'époque même de Jeanne : pour le nouvel an de l'année 1400, Charles VI commande trois cent cinquante houppelandes à sa couleur et à ses armes pour en faire cadeau aux gens de sa cour : impossible de supposer décemment que tous furent ses bâtards (voir M. Defourneaux, *La Vie quotidienne au temps de Jeanne d'Arc,* p. 111); Louis d'Orléans fait de même l'an 1404. Et, dans les comptes très complets que nous possédons pour l'hôtel du duc de Bourgogne Philippe le Hardi, de semblables dons reviennent à chaque instant : en 1378 don de vêtements à tous les chevaliers de sa suite pour la venue de l'empereur; en 1390 les ducs de Bourgogne et de Nevers (Jean Sans Peur), pour paraître aux joutes organisées par le roi à Saint-Denis, distribuent à quatre-vingts chevaliers et à cinquante écuyers des tuniques de taffetas vert, aux armes de Bourgogne etc. (Voir E. Petit, *Itinéraire de Philippe le Hardi,* notamment aux pages 480, 506, 521, 529, 531, 536, 542, 546, 549, 552, etc... qui indiquent des dons de vêtements en mentionnant ou non qu'ils sont aux armes du donateur.)

Là encore, l'erreur provient seulement d'une profonde ignorance des usages du temps.

Il faut dire un mot aussi de ce bail contracté pour la location d'une maison dans la ville d'Orléans, rue des Petits-Souliers, que longtemps on a attribué à Jeanne; il s'agit seulement d'une erreur de lecture; là où l'on avait cru lire la Pucelle, il faut en effet lire : la Pinelle, – la femme d'un Jean Pinel, nommé un peu plus loin. La rectification a été faite dès 1908 par Eugène Jarry (voir à cette date le *Bulletin de la société archéologique et historique de l'Orléanais*).

Plus valables que les prétendus indices concernant la « bâtardise », sont aux yeux des historiens les discussions portant sur le chiffre des armées en présence au siège d'Orléans. Mais en fait cette question, qui a fait couler des flots d'encre, n'a pas été résolue avec certitude. On se sera rendu compte, par la seule lecture des textes cités, de l'imprécision qui règne alors concernant les questions de chiffres, comme les questions de dates. Il y a là une différence radicale, répétons-le, entre la civilisation médiévale et la nôtre; nous avons l'habitude de voir minuter jusqu'au temps d'une course, aux gestes des travailleurs, et de convertir en statistiques jusqu'aux plus humbles opérations ménagères; au contraire, à l'époque de Jeanne, c'est encore le cours du soleil qui règle le déroulement de la vie quotidienne au long des ans et des jours. On commence – cela eut lieu après Azincourt, du moins du côté anglais – à dresser des dénombrements après les combats; ils restent rares et peu précis. En ce qui concerne Orléans, nous manquons de bases d'évaluation certaines et de toute façon, remarquons-le, il faudrait faire intervenir des éléments que nous ne pouvons apprécier, car les moyens de défense sont, à l'époque, très supérieurs aux moyens d'attaque (le contraire, là encore, de ce qui se passe de nos jours). C'est bien pourquoi les sièges durent longtemps, et la prise d'une « bastide » ne dépend pas seulement du nombre des défenseurs et des assaillants.

On a aussi émis l'opinion que cette victoire d'Orléans aurait pu être un fait d'armes soigneusement préparé par Charles VII pour se ménager un prestige certain auprès de ses contemporains : il aurait fait venir une « bergère » dûment instruite et préparée à son rôle et lui aurait fait remporter une victoire qui évidemment n'était le fait que de ses propres capitaines, simplement pour que tout le monde crie au miracle. Reconnaissons qu'en ce cas Charles VII aurait évidemment fait preuve d'une imagination hors pair et aurait trouvé une solution à laquelle personne n'avait pensé ni avant lui ni depuis; ajoutons à cela une mirifique prescience des événements, car il lui aura fallu prévoir à l'avance le siège d'Orléans : ce n'est pas en huit mois que l'on prépare quelqu'un à un rôle aussi difficile et que l'on s'assure, dans une région aussi éloignée des bords de la Loire, les complicités indispensables. Ce qui est plus surprenant c'est de voir le roi ne tirer qu'un si piètre parti de son idée : la maigre mention qu'il fait de « la Pucelle » dans la lettre circulaire par laquelle il annonce la nouvelle aux bonnes villes est bien peu de choses auprès de toutes les dispositions machiavéliques qu'il lui aura fallu prendre pour la faire venir jusqu'à Orléans...

Et pour faire admettre pareille hypothèse, il serait évidemment nécessaire de démontrer, à propos de chacun des textes qui établissent si clairement les conditions de la venue de Jeanne et ses origines, qu'il s'agit de documents faux ou artificiellement fabriqués; et il serait bon ensuite d'examiner séparément le cas de chacun des érudits et historiens, rompus à l'étude des textes du xv⁰ siècle, qui s'y sont trompés.

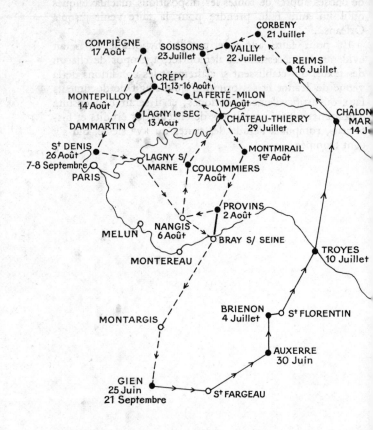

LA ROUTE DU SACRE

en ligne continue : l'aller ;   en pointillés : le retour.

5. La route du sacre.

Le bâtard d'Orléans : « Après la délivrance d'Orléans, la Pucelle, avec moi et les autres capitaines de guerre, s'en alla trouver le roi qui était au château de Loches pour lui requérir des forces armées afin de récupérer les châteaux et les villes situés sur le fleuve de Loire, c'est-à-dire Meung, Beaugency, Jargeau, afin de faire la route libre et sûre pour se rendre à Reims pour son couronnement. Elle incitait le roi très instamment et très souvent à se hâter et ne pas tarder davantage. De ce moment il fit toute diligence possible et il m'envoya, ainsi que le duc d'Alençon et les autres capitaines, avec Jeanne, pour récupérer les dites villes et châteaux... Après la libération de la ville d'Orléans, les Anglais réunirent une grande armée pour défendre les villes et châteaux en question et ceux qu'ils possédaient... » (R 133-134)

La chronique allemande que nous avons déjà citée donne quelques détails sur l'entrevue de Jeanne et du roi à Loches : « Elle prit sa bannière dans sa main et chevaucha vers le roi et ils se rencontrèrent. Alors, la jeune fille inclina sa tête devant le roi autant qu'elle put et le roi la lui fit aussitôt relever. Et l'on pensait qu'il l'aurait bien embrassée de la joie qu'il avait. Cela se passait le mercredi avant la Pentecôte (11 mai 1429) et elle resta auprès de lui jusqu'après le vingt-troisième jour de mai. Alors, le roi tint conseil sur ce qu'il voulait faire, car la jeune fille voulait toujours le conduire à Reims et le couronner et le faire proclamer roi. Le roi se tourna à son avis. Il se met en chemin et espère soumettre Meung et Jargeau. Dieu le voulait ainsi et cela arriva. » (Q,IV,497)

Il fallait de toute évidence profiter de l'effet moral et matériel obtenu, et avec l'armée rassemblée poursuivre la campagne. Mais quel devait être l'objectif ? Du point de vue stratégique, il aurait semblé naturel de reconquérir la Beauce et la Normandie afin de tenter quelque chose sur Paris.

Le bâtard d'Orléans : « Je me souviens qu'après les victoires dont j'ai parlé les seigneurs de sang royal et les capitaines voulaient que le roi aille en Normandie et non à Reims, mais la Pucelle a toujours été d'avis qu'il fallait aller à Reims pour consacrer le roi et donnait la raison de son avis, disant que, une fois que le roi serait couronné et sacré, la puissance des adversaires diminuerait toujours et qu'ils ne pourraient finalement nuire ni à lui ni au royaume. Tous se rallièrent à son avis. » (R 135)

Cette décision est prise au cours d'un conseil que tient le roi et dans lequel Jeanne fait irruption pour imposer sa volonté.

Le bâtard d'Orléans : « Je me souviens bien que, quand le roi était au château de Loches, j'allai avec la Pucelle, après la levée du siège d'Orléans, et tandis que le roi était dans sa chambre, dans laquelle étaient avec lui le seigneur Christophe de Harcourt, l'évêque de Castres, confesseur du roi (Gérard Machet) et le seigneur de Trèves qui fut autrement chancelier de France (Robert le Maçon), la Pucelle, avant d'entrer dans la chambre, frappa à la porte et, sitôt entrée, se mit à genoux et embrassa les jambes du roi, disant ces paroles ou d'autres semblables : « Noble dauphin, ne tenez plus tant et si longuement conseil, mais venez le plus tôt possible à Reims pour recevoir une digne couronne. » Alors, le sire Christophe de Harcourt, s'entretenant avec elle, lui demanda si c'était son conseil qui lui disait cela et Jeanne répondit « oui » et qu'elle en recevait pressants avis à ce sujet. Alors, Christophe dit à Jeanne : « Ne voulez-vous pas dire ici, en présence du roi, comment fait votre conseil quand il vous parle ? » Elle répondit en rougissant : « Je vois assez ce que vous voulez savoir et vous le dirai volontiers. » Le roi dit à Jeanne : « Jeanne, vous plaise bien dire ce qu'il demande en présence de ceux qui sont ici. » Et elle répondit au roi que oui et dit ces paroles ou autres semblables : « que quand quelque chose n'allait pas parce qu'on ne voulait pas s'en remettre facilement à elle de ce qui lui était dit de la part de Dieu, elle se retirait à part et priait Dieu, se plaignant à lui que ceux à qui elle parlait ne la croyaient pas facilement; et sa prière faite à Dieu, elle entendait une voix qui lui disait : « Fille-Dé (Dieu), va, va, va, je serai à ton aide, va. » Et quand elle entendait cette voix, elle ressentait une grande joie et désirait être toujours en cet état. Et ce qui est plus fort, en répétant ainsi les paroles de ses voix, elle-même exultait de merveilleuse façon, levant ses yeux vers le ciel. » (R 134-135)

L'impulsion donnée par Jeanne est donc ici précisée; alors qu'on hésite sur la direction à adopter et que les avis diffèrent au sein du Conseil, c'est elle, tous les documents l'attestent, qui emporte la décision et entraîne l'armée royale vers Reims, avec pour objectif le sacre du roi.

Cependant cette armée s'accroît d'un certain nombre de volontaires. Et tout au long de la campagne de Loire qui conduira l'armée royale jusqu'à Reims, l'armée va ainsi faire « boule de neige », comme le notent les contemporains.

Gobert Thibault : « Jeanne fit rassembler des gens d'armes entre la ville de Troyes et celle d'Auxerre et il s'en trouva beaucoup, car tous la suivaient. » (R 114)

Car c'est là l'essentiel de l'action de Jeanne; comme l'exprimait magnifiquement le poète Alain Chartier : « Elle a haussé les esprits vers l'espérance des temps meilleurs » (lettre citée). A un peuple désuni et découragé, ayant perdu tout ressort moral, elle rend son âme.

Et l'on a un écho de cette ardeur qui se crée autour d'elle et qu'anime sa présence, par la lettre d'un jeune gentilhomme, Guy de Laval, venu avec son frère André joindre l'armée royale à Saint-Aignan-en-Berry; deux frères qui appartiennent à une lignée illustre puisque leur grand-mère, Anne de Laval, avait été mariée au connétable Bertrand Duguesclin.

Guy de Laval : « Le dimanche, écrit-il, j'arrivai à Saint-Aignan, où est le roi, et j'envoyai quérir et venir dans mon logis le seigneur de Trèves qui s'en alla au château... pour signifier au roi que j'étais venu et savoir quand il lui plairait que j'aille vers lui; j'eus réponse d'y aller aussitôt qu'il me plairait et il me fit très bonne chère (accueil) et me dit beaucoup de bonnes paroles... Et arriva ce lundi à Selles monseigneur le duc d'Alençon qui a très grosse compagnie; et aujourd'hui je lui ai gagné une partie à la paume... Et l'on dit ici que monseigneur le connétable vient aussi avec six cents hommes d'armes et quatre cents hommes de traits et que Jean de la Roche vient aussi et que le roi n'eut jamais si grande compagnie que l'on en espérait ici; et ni jamais gens n'allèrent de meilleure volonté à la besogne qu'ils vont à celle-ci. »

Et de raconter longuement à sa mère comment il a vu celle qui excitait visiblement son admiration et qu'il attendait impatiemment de voir : « Le lundi, je partis de chez le roi pour venir à Selles-en-Berry à quatre lieues de Saint-Aignan et le roi fit venir au devant de lui la Pucelle qui était auparavant à Selles. Et certains disaient que ç'avait été en ma faveur, pour que je la visse. Et la Pucelle fit très bonne chère (bon accueil) à mon frère et à moi, armée de toutes pièces, sauf la tête, et tenant la lance en main. Et après que nous fûmes descendus à Selles, j'allai à son logis la voir; elle fit venir le vin et me dit qu'elle m'en ferait bientôt boire à Paris. Ce semble chose toute divine de son fait, et de la voir et de l'ouïr. Elle partit ce lundi, à vêpres, de Selles pour aller à Romorantin à trois lieues en avant... Et je la vis monter à cheval, armée tout en blanc sauf la tête, une petite hache en sa main, sur un grand coursier noir qui, à la porte de son logis, se démenait très fort et ne souffrait qu'elle montât; alors elle dit : « Menez-le à la croix », qui était devant l'église auprès en chemin, et alors elle monta sans qu'il se bougeât, comme s'il fût lié. Et alors elle se tourna vers la porte de l'église qui était bien proche et dit : « Vous les prêtres et gens d'Église, faites procession et prières à Dieu », et alors elle se retourna à son chemin en disant : « Tirez avant, tirez avant », son étendard déployé, que portait un gracieux page, et avait sa hache petite en la main. Et son frère, qui est venu depuis huit jours, partait aussi avec elle, tout armé en blanc... La Pucelle m'a dit en son logis, quand je suis allé la voir, qu'elle avait envoyé à vous, mon aïeule, un bien petit anneau d'or, que c'était bien petite chose et qu'elle vous eût volontiers envoyé mieux, considéré votre recommandation (votre renom). » (Q,V,105-111)

Cette lettre écrite le 8 juin 1429 donne bien le ton général et la qualité d'atmosphère qui règne désormais à la cour de France. Par contre les chroniqueurs bourguignons témoignent eux-mêmes du découragement qui s'est emparé de l'armée anglaise.
« Par la renommée de Jeanne la Pucelle, écrit Jean de Wavrin, les courages anglais étaient fort altérés et faillis. Ils voyaient, ce leur semblait, leur fortune tourner sa roue rudement à leur contraire, car ils avaient déjà perdu plusieurs villes et forteresses qui s'étaient remises en l'obéissance du roi de France, principalement par les entreprises de la Pucelle, les uns par force, les autres par traité; ils voyaient leurs gens abattus et ne les trouvaient pas maintenant de tels ou si fermes propos de prudence qu'ils avaient accoutumé. Ainsi, ils étaient tous, ce leur semblait, très désireux de se retirer sur les marches de Normandie, abandonnant ce qu'ils tenaient en lieu de France et là environ. » (Q,IV,418)
Il s'agit là d'un témoin particulièrement bien informé, puisque Jean de Wavrin, bâtard de Robert de Wavrin qui avait été tué à la bataille d'Azincourt, était chef d'une compagnie de soudoyers qui s'employa tantôt

au service du duc de Bourgogne, tantôt à celui du roi d'Angleterre; il a combattu en personne à la bataille de Patay, comme nous le verrons.

Pour mener la campagne de Loire, le roi s'adresse au duc d'Alençon. C'est lui qui dirigea les opérations, comme Dunois avait dirigé celles d'Orléans. Entre temps, les Anglais avaient ramené à Jargeau les troupes, ou plutôt le débris des troupes qui avaient combattu à Orléans sous la direction de Suffolk, tandis que Bedford donnait l'ordre de rassembler une autre armée, qui, sous le commandement de Falstaff, devait venir lui apporter du renfort.

Le duc d'Alençon : « Les gens du roi furent réunis ensemble jusqu'au nombre de six cents lances, qui désiraient aller à la ville de Jargeau que les Anglais tenaient occupée; et cette nuit-là, ils couchèrent dans un bois. Au lendemain, vinrent d'autres soldats du roi que conduisait le seigneur bâtard d'Orléans et le seigneur Florent d'Illiers (capitaine de Châteaudun) et quelques autres capitaines. Une fois tous réunis, ils trouvèrent qu'ils étaient environ douze cents lances, et il y eut alors débat entre les capitaines, parce que les uns étaient d'avis qu'il fallait donner assaut à la ville, les autres de l'avis contraire, assurant que les Anglais avaient une grande puissance et se trouvaient là en grand nombre. Jeanne, voyant qu'il y avait difficulté entre eux, leur dit qu'ils ne craignent aucune multitude et qu'ils ne fassent pas difficulté de donner l'assaut aux Anglais, car Dieu conduisait leur affaire. Elle dit que si elle n'était sûre que Dieu conduisait cette affaire, elle préférerait garder les brebis plutôt que de s'exposer à de tels périls. Ce qu'entendu, ils firent leur chemin vers la ville de Jargeau, croyant en prendre les faubourgs et y passer la nuit; le sachant, les Anglais vinrent à leur rencontre et de prime abord repoussèrent les gens du roi. Ce que voyant, Jeanne, prenant son étendard, alla à l'attaque, exhortant les soldats qu'ils eussent bon courage. Et ils firent tant que cette nuit-là, les soldats du roi furent logés dans les faubourgs de Jargeau. Je crois que Dieu conduisait cette affaire, car, cette nuit, il n'y eut pour ainsi dire pas de garde, de sorte que si les Anglais étaient sortis de la ville, les soldats du roi eussent été en grand péril.

« Les gens du roi préparèrent l'artillerie et firent au matin traîner des bombardes et des machines contre la ville et, au bout de quelques jours, ils tinrent conseil entre eux sur ce qu'il faudrait faire contre les Anglais qui étaient en la ville de Jargeau pour recouvrer la ville. Au moment où ils tenaient conseil,... il fut décidé qu'il y aurait assaut contre la ville et les hérauts crièrent à l'assaut. Et Jeanne elle-même me dit : « Avant, gentil duc, à l'assaut! » et comme il me semblait qu'il était prématuré de commencer l'assaut si rapidement, Jeanne me dit : « N'ayez doute, l'heure est prête quand il plaît à Dieu », et qu'il fallait agir quand Dieu le voulait : « Agissez et Dieu agira », me disant plus tard : « Ah! gentil duc, craindrais-tu ? ne sais-tu pas que j'ai promis à ta femme de te ramener sain et sauf », car, en vérité, quand je quittai ma femme pour venir avec Jeanne à l'armée, ma femme dit à Jeannette qu'elle avait grand peur pour moi et que j'avais été jadis prisonnier et qu'il avait fallu donner tant d'argent pour mon rachat qu'elle m'eût volontiers supplié de rester. Alors Jeanne lui répondit : « Dame, n'ayez crainte, je vous le rendrai sain et sauf et en tel état ou en meilleur qu'il n'est. »

« Pendant l'assaut contre la ville de Jargeau, poursuit-il, Jeanne me dit à un moment où je me tenais à une place que je me retire de cet endroit et que si je ne me retirais « cette machine – en me montrant une machine qui était dans la ville – te tuera ». Je me retirai et peu après, en cet endroit d'où je m'étais retiré, quelqu'un fut tué qui s'appelait monseigneur du Lude. Cela me fit grand peur et je m'émerveillai beaucoup des dits de Jeanne après tous ces événements. Ensuite, Jeanne alla à l'assaut et moi avec elle. Au moment où les soldats faisaient invasion, le comte de Suffolk fit crier qu'il voulait me parler, mais il ne fut pas entendu et l'on termina l'assaut. Jeanne était sur une échelle, tenant en main son étendard. Cet étendard fut percé et Jeanne elle-même frappée à la tête d'une pierre qui se brisa sur sa chapeline (casque léger). Elle-même fut jetée à terre et en se relevant elle dit aux soldats : « Amis, amis, sus, notre Sire a condamné les Anglais; à cette heure ils sont nôtres, ayez bon cœur! » Et à l'instant, la ville de Jargeau fut prise et les Anglais se retirèrent vers les ponts et les Français les poursuivaient et dans la poursuite il en fut tué plus de onze cents. »

Cela se passait le 10 juin 1429. Les troupes françaises se dirigent ensuite vers Meung et Beaugency.

Le duc d'Alençon : « J'ai passé cette nuit-là avec quelques soldats dans une église près de Meung où je me trouvai en grand péril. Et le lendemain nous allâmes vers Beaugency et, dans les champs, nous trouvâmes d'autres soldats du roi et là, une attaque fut menée contre les Anglais qui étaient à Beaugency. Après cette attaque, les Anglais dégarnirent la ville et entrèrent dans le château, et des gardes furent placés en face du château afin qu'ils n'en sortent pas. Nous étions devant le château quand des nouvelles nous parvinrent que le seigneur connétable venait avec des soldats : moi-même, Jeanne et les autres dans l'armée, nous fûmes mal contents, voulant nous retirer de la ville, car nous avions ordre de ne pas recevoir en notre compagnie le seigneur connétable. Je dis à Jeanne que si le connétable venait, moi je m'en irais. »

Il s'agit du connétable Arthur de Richemont qui était alors en disgrâce. Le roi lui avait interdit de reparaître à la cour. En fait, il y aura constamment, au cours du règne de Charles VII, lutte d'influences autour de sa personne; et Richemont avait pour rival le fameux La Trémoïlle qui jouissait alors de la faveur royale. Arthur de Richemont était une forte personnalité et devait le prouver. Son chroniqueur, Guillaume Gruel, Breton comme lui et qui fut en maintes circonstances son compagnon, a raconté de façon assez plaisante comment Richemont, ayant décidé de venir au secours du roi malgré celui-ci, rien ni personne ne pouvaient le faire changer d'idée.

Guillaume Gruel : « Mon seigneur prit son chemin pour tirer vers Orléans et aussitôt que le roi le sut, il envoya monseigneur de La Jaille au-devant de lui et il le trouva à Loudun. Il le tira à part et lui dit que le roi lui ordonnait qu'il s'en retournât à sa maison et qu'il ne fût si hardi de passer avant et que s'il passait outre le roi le combattrait. Alors, mon dit seigneur répondit que ce qu'il faisait était pour le bien du royaume et du roi et qu'il verrait qui le voudrait combattre. Alors, le seigneur de La Jaille lui dit : « Monseigneur, il me semble que vous ferez très bien » et prit monseigneur son chemin et tira sur la rivière de Vienne et passa à gué et de là tira vers Amboise... Et là sut que le siège était à Beaugency et tira tout droit le chemin de vers la Beauce pour venir se joindre à ceux du siège. » (Q,IV,316)

Le duc d'Alençon : « Le lendemain, avant l'arrivée du seigneur connétable, vinrent des nouvelles que les Anglais approchaient en grand nombre, en compagnie desquels était le seigneur de Talbot; et les soldats crièrent « alarme », alors Jeanne me dit – car je voulais me retirer à cause de la venue du seigneur connétable – qu'il était besoin de s'aider. Enfin, les Anglais rendirent le château par composition et se retirèrent avec sauf-conduit que je leur accordai, moi qui, à ce moment-là, étais lieutenant pour le roi dans l'armée. Et tandis que les Anglais se retiraient, vint quelqu'un de la compagnie de La Hire qui me dit, ainsi qu'aux capitaines du roi, que les Anglais venaient, qu'on les aurait bientôt face à face et qu'ils étaient à peu près mille hommes d'armes. » (R 152)

Il s'agit de l'armée réunie par Bedford et conduite par Falstaff. Il est évident que, comme disait Jeanne, « il était besoin de s'aider ».

Entre-temps, un accord s'est fait, non sans mal, entre les capitaines de l'armée royale et Arthur de Richemont.

Guillaume Gruel raconte ainsi l'entrevue de Richemont et de la Pucelle : « Il parla à elle et lui dit : Jeanne on m'a dit que vous me voulez combattre. Je ne sais si vous êtes de par Dieu ou non. Si vous êtes de par Dieu, je ne vous crains en rien, car Dieu sait mon bon vouloir. Si vous êtes de par le Diable, je vous crains encore moins. »

Et le duc d'Alençon complète ainsi le récit de l'entrevue : « Jeanne dit au seigneur connétable : Ah! beau connétable, vous n'êtes pas venu de par moi, mais parce que vous êtes venu, vous serez le bienvenu. »

Chacun sent qu'on va se trouver à un tournant décisif et que la jonction entre les forces de Talbot et celles de Falstaff, s'étant opérée un peu plus haut à Janville, met les troupes royales en posture critique. Laissons ici la parole aux Bourguignons eux-mêmes :

Jean de Wavrin : « Vous eussiez vu de toutes parts, parmi cette Beauce qui est ample et large, les Anglais chevaucher en très belle ordonnance. Puis, quand ils parvinrent comme à une lieue près de Meung et assez près de Beaugency, les Français, avertis de leur venue, avec environ six mille combattants dont étaient chefs Jeanne la Pucelle, le duc d'Alençon, le bâtard d'Orléans, le maréchal de La Fayette, La Hire, Poton et autres capitaines, se rangèrent et mirent en bataille sur une petite montagnette pour mieux voir la contenance des Anglais. Ceux-ci, voyant pleinement que les Français étaient rangés par manière de bataille, croyant que de fait ils les dussent venir combattre, firent commandement exprès de par le roi Henri d'Angleterre que chacun se mît à pied et que tous archers eussent leurs pieux estoqués (fichés en terre) devant eux, ainsi qu'ils ont coutume de faire quand ils croient être combattus. Puis ils envoyèrent deux hérauts vers les dits Français dont ils virent qu'ils ne bougeaient de leur lieu, disant qu'ils étaient trois chevaliers qui les combattraient s'ils avaient la hardiesse de descendre le mont et de venir vers eux. Réponse leur fut faite de par les gens de la Pucelle : « Allez vous loger pour aujourd'hui, car il est assez tard. Mais demain, au plaisir de Dieu et de

Notre Dame, nous vous verrons de plus près. »
(Q,IV,416-417)

La nuit du 17 juin se passe sur ce défi, chacun restant
sur ses positions, les Anglais logés vers Meung, les
Français dans Beaugency. Les dépositions de Dunois
et d'Alençon nous font part de l'inquiétude des chefs
de l'armée royale. De fait, cette nuit passée par les
deux armées sur leurs positions respectives représente
ce que dans le langage moderne nous appellerions un
« suspense » pour l'Histoire.

Le bâtard d'Orléans : « Ces Anglais se réunirent en
une seule armée de telle façon que les Français voyaient
que les Anglais voulaient se présenter en ordre pour
combattre. Ils mirent donc leur armée en bataille et
s'apprêtèrent à attendre l'assaut des Anglais. Alors, le
seigneur duc d'Alençon, en présence du seigneur connétable, de moi-même et de plusieurs autres, demanda
à Jeanne ce qu'il devait faire. Elle lui répondit à haute
voix en lui disant : « Ayez tous de bons éperons »,
ce qu'entendant les assistants demandèrent à Jeanne :
« Que dites-vous ? est-ce que nous allons leur tourner
le dos ? » Alors, Jeanne répondit : « Non. Mais ce
seront les Anglais qui ne se défendront pas et seront
vaincus et il vous faudra avoir de bons éperons pour
leur courir après » et il en fut ainsi, ajoute-t-il, car ils
prirent la fuite et il y en eut, tant morts que captifs, plus
de quatre mille. » (R 134)

Le duc d'Alençon : « Beaucoup des gens du roi
avaient peur disant qu'il serait bon de faire venir les
chevaux. Jeanne dit : « En nom Dieu, il les faut
combattre ; s'ils étaient pendus aux nues nous les aurons,
car Dieu les a envoyés à nous pour que nous les punis-
sions », affirmant qu'elle était sûre de la victoire et
disant en français : « Le gentil roi aura aujourd'hui
plus grande victoire qu'il eût jamais et m'a dit mon
conseil qu'ils sont tous nôtres. »

Pour le récit de la bataille même de Patay qui allait,
ce samedi 18 juin, marquer une étape décisive dans
la marche vers Reims, nous passons la parole au Bour-

guignon Jean de Wavrin, bien informé puisqu'il com-
battait ce jour-là dans les rangs anglais. Il raconte
comment les capitaines ont appris que le château de
Beaugency s'était rendu :

« Alors, il fut prestement commandé en tous les quartiers par les capitaines anglais que... on se tirât aux
champs (qu'on se dirigeât vers les champs) et qu'à
mesure que l'on serait aux champs hors de la ville
(de Meung où ils se sont retranchés) chacun se mît en
ordonnance de bataille, chose qui fut faite... L'avant-
garde se mit d'abord en chemin, que conduisait un
chevalier anglais qui portait un étendard blanc, puis
mit-on entre l'avant-garde et la bataille l'artillerie,
vivres et marchandises de tous états. Après venait la
bataille dont était conducteur messire Jean Falstaff, le
seigneur de Talbot, messire Thomas Rameston et
autres. Puis chevauchait l'arrière-garde qui était toute
de purs Anglais.

« Cette compagnie reprit le chemin, chevauchant en
belle ordonnance vers Patay que l'on en vint à une
lieue près et là s'arrêtèrent car il fut averti, à la vérité,
par les coureurs de leur arrière-garde, qu'ils avaient vu
venir beaucoup de gens après eux qu'ils pensaient être
Français. Alors, pour en savoir la vérité, les seigneurs
anglais envoyèrent chevaucher certains de leurs gens
qui aussitôt retournèrent et firent relation que les
Français venaient après eux raidement, chevauchant en
grande puissance, comme on les vit venir peu de temps
après. Il fut ordonné par nos capitaines que ceux de
l'avant-garde, les marchands, ravitaillement et artillerie
iraient devant prendre place tout au long des haies qui
étaient près de Patay. La chose fut ainsi faite. Puis
marcha la bataille tant que l'on vint entre deux fortes
haies par où il convenait que les Français passent et
là, le seigneur de Talbot, voyant le lieu assez avanta-
geux, dit qu'il descendrait à pied avec cinq cents archers
d'élite et se tiendrait là, gardant le passage contre les
Français jusqu'à ce que la bataille et l'arrière-garde se
soient jointes. Et prit le dit Talbot place aux haies de
Patay avec l'avant-garde qui les attendait. Et ainsi le

seigneur de Talbot, gardant cet étroit passage contre les ennemis, espérait revenir se joindre avec la bataille en côtoyant les haies,... mais il en fut autrement.

« Raidement venaient les Français après leurs ennemis, qu'ils ne pouvaient pas encore voir ni ne savaient le lieu où ils étaient, lorsque d'aventure les avant-coureurs virent un cerf partir hors des bois, qui prit son chemin vers Patay et s'en alla se jeter parmi la bataille des Anglais où il s'éleva un haut cri, car ils ne savaient que leurs ennemis fussent si près d'eux. Entendant ce cri, les coureurs français furent rendus certains que là étaient les Anglais et aussitôt les virent après, tout pleinement. Ils envoyèrent quelques compagnons annoncer à leurs capitaines ce qu'ils avaient vu et trouvé, leur faisant savoir qu'ils chevauchent avant par bonne ordonnance et qu'il était l'heure de besogner. Eux, promptement, se préparèrent en tous points et chevauchèrent tant qu'ils virent tout à plein les Anglais.

« Quand donc les Anglais virent les Français approcher si près, ils se hâtèrent le plus qu'ils purent afin de se joindre aux haies avant leur venue, mais ils ne purent faire que, avant qu'ils ne fussent joints aux haies à leur avant-garde, les Anglais s'étaient portés sur l'étroit passage où était le seigneur de Talbot. Et alors, messire Jean Falstaff chevauchant vers l'avant-garde pour se joindre à eux, ceux de l'avant-garde crurent que tout était perdu et que les batailles s'enfuyaient. Aussi, le capitaine de l'avant-garde, tenant pour vérité qu'il en était ainsi, avec son étendard blanc, lui et ses gens prirent fuite et abandonnèrent la haie. Donc, messire Jean Falstaff, voyant le danger de la fuite, connaissant que tout allait très mal, eut idée de se sauver et il lui fut dit en ma présence qu'il prît garde à sa personne, car la bataille était perdue pour eux. Et avant qu'il fût parti, les Français avaient jeté à terre le seigneur de Talbot, l'avaient fait prisonnier et tous ses gens étant morts, et étaient déjà les Français si avant en la bataille qu'ils pouvaient à leur volonté prendre ou tuer ceux que bon leur semblait. Et finalement les Anglais y furent déconfits à peu de pertes des Français... Ce que voyant,

le seigneur Falstaff partit avec fort petite compagnie...
et prit son chemin vers Étampes et moi je le suivis
comme mon capitaine auquel le duc de Bedford m'avait
commandé d'obéir. Nous vînmes environ vers l'heure
de minuit à Étampes où nous passâmes la nuit et le
lendemain à Corbeil. » (Q,IV,421-424)

Les Bourguignons eux-mêmes évaluent à deux
mille les pertes du côté anglais. Du côté français, il
y avait eu trois morts. Falstaff était en fuite, Talbot
prisonnier, l'armée anglaise décimée.
« Ainsi, ajoutait Jean de Wavrin, obtinrent les Français la victoire au lieu de Patay où ils passèrent cette
nuit, remerciant Notre Seigneur de leur belle aventure...
Pour cette place ainsi appelée, cette bataille portera
perpétuellement en nom : la journée de Patay. Et s'en
allèrent avec leurs proies et prisonniers à Orléans où
ils furent généralement de tout le peuple accueillis.
Après cette belle victoire, s'en allèrent tous les capitaines français qui là étaient, et avec eux Jeanne la
Pucelle, vers le roi Charles qui fort s'en réjouit et
grandement les remercia de leurs bons services et
diligence. »
Le Journal d'un Bourgeois de Paris fait écho à la panique
qui se répand parmi les « Bourguignons » de la ville
lorsque parvient la nouvelle de la victoire de Patay :
« Le mardi avant la Saint-Jean (21 juin 1429) Paris
apprit dans un grand trouble que les Armagnacs allaient
y entrer cette nuit, mais il n'en fut rien. Depuis, jour
et nuit, les Parisiens renforcèrent le guet et firent fortifier les murs, y mettant quantité de canons et autre
artillerie. » (p.91-92)

Plus que jamais, Jeanne insiste alors pour qu'on se
dirige sans délai sur Reims. « Nous revînmes vers le
roi qui délibéra d'aller vers la ville de Reims pour son
couronnement et son sacre. »   Finalement la décision
est prise et les troupes sont rassemblées à Gien d'où
le roi envoie, comme il était de coutume en temps de
paix, une lettre d'invitation à toutes les bonnes villes

de son royaume ainsi qu'aux principaux vassaux tant ecclésiastiques que laïques pour les convier à assister à son couronnement. C'est de cette ville de Gien que Jeanne elle-même dicte une lettre à l'intention des habitants de la ville de Tournai – la seule place du Nord, on l'a vu, demeurée dans l'obéissance du roi avec celle de Vaucouleurs – dont l'original a malheureusement disparu avec la plus grande partie des archives de cette ville durant les incendies de la guerre de 1940. Une autre lettre, également dictée par elle, mais dont le texte ne nous est pas parvenu, était adressée au duc de Bourgogne, le conjurant de venir se joindre aux autres seigneurs de sang royal et rendre sa fidélité au roi de France.

Un témoin bien informé, Perceval de Cagny, familier et plus tard chroniqueur du duc d'Alençon, nous fait part de l'impatience de Jeanne en ces journées décisives :

« Le roi fut au lieu de Gien jusqu'au mercredi vingt-neuvième jour de juin. Et la Pucelle fut fort marrie du long séjour qu'il avait fait en ce lieu à cause de certaines gens de son hôtel qui lui déconseillaient d'entreprendre le chemin d'aller à Reims, disant qu'il avait plusieurs cités et villes fermées, châteaux et places fortes bien garnis d'Anglais et de Bourguignons entre Gien et Reims. La Pucelle disait qu'elle le savait bien et que de tout cela ne tenait compte et, par dépit, se délogea et alla loger aux champs deux jours avant le départ du roi. Et, bien que le roi n'eût pas d'argent pour payer son armée, tous les chevaliers, écuyers, gens de guerre et du commun ne refusaient pas d'aller le servir pour ce voyage en la compagnie de la Pucelle, disant qu'ils iraient partout où elle voudrait aller, et elle disait : « Par mon martin, je mènerai le gentil roi Charles et sa compagnie sûrement et il sera sacré à Reims. »

La première étape est Auxerre où l'armée arrive le 30 juin. La ville appartenait au duc de Bourgogne qui avait désigné une municipalité chargée de l'administrer.

Pendant trois jours, les troupes allaient camper sous ses murs tandis que les ambassades se succédaient de part et d'autre entre le roi et les habitants d'Auxerre.

Monstrelet : « A la fin, il fut traité entre les deux parties; et ceux de la ville d'Auxerre promirent qu'ils feraient au roi pareille obéissance que feraient ceux des villes de Troyes, Châlons et Reims. Et ainsi, fournissant aux gens du roi vivres et autres denrées pour leur argent, ils demeurèrent en paix et le roi les tint pour excusés pour cette fois. » (Q,IV,378)

La seconde étape importante se trouve être la ville même de Troyes, celle où a été signé, neuf années plus tôt, le honteux traité qui déshéritait le dauphin Charles au profit du roi d'Angleterre. Quelle allait être l'attitude des habitants qui, mis à part même leurs sentiments personnels, pouvaient avoir à craindre des représailles ? La garnison bourguignonne forte de cinq à six cents hommes, à l'abri de remparts bien entretenus, allait-elle opposer une résistance active ?

De Saint-Phal où Jeanne campait dès le 4 juillet, à vingt-deux kilomètres de Troyes, deux lettres furent envoyées, l'une par elle, l'autre par le roi lui-même. Il promettait de « mettre tout en oubli », en informant les habitants que « son intention était de passer le lendemain voir la dite ville de Troyes ». A cette fin, il leur demandait et commandait « de lui rendre l'obéissance qu'ils lui devaient et de se disposer à le recevoir sans faire difficulté et sans crainte des choses passées ».

Quant à la lettre de Jeanne, elle porte l'empreinte de son style familier : « Loyaux Français, venez au-devant du roi Charles et qu'il n'y ait point de faute et ne vous doutez (ne craignez pas) pour vos corps ni vos biens si ainsi faites; et si ainsi ne le faites, je vous promets et certifie sur vos vies que nous entrerons à l'aide de Dieu en toutes les villes qui doivent être du saint royaume, et y ferons bonne paix ferme, qui que vienne contre. A Dieu vous recommande. Dieu soit garde de vous s'il lui plaît. Réponse brièvement. »

Les gens de Troyes commencent par dépêcher auprès

de Jeanne un certain cordelier nommé frère Richard qui faisait beaucoup parler de lui en son temps. *Le Journal d'un Bourgeois de Paris* signale son passage dans la ville au mois d'avril précédent où ses prédications avaient été fort suivies; mais il avait dû la quitter rapidement, menacé de prison par les Bourguignons. Jeanne elle-même a raconté l'entrevue de Saint-Phal. « Connaissiez-vous frère Richard ?

JEANNE : Je ne l'avais jamais vu quand je vins devant Troyes.

– Quel accueil vous fit frère Richard ?

JEANNE : Ceux de la ville de Troyes, à ce que je pense, l'envoyèrent vers moi, disant qu'ils redoutaient que je ne fusse pas chose de par Dieu. Et quand il vint vers moi, en approchant, il faisait des signes de croix et jetait de l'eau bénite, et je lui dis : Approchez hardiment, je ne m'envolerai pas. » (C 98)

Il y eut quelques jours d'attente : dans la ville, comme d'ailleurs dans le camp du roi, tous n'étaient pas du même avis. Les habitants de Troyes adressèrent deux lettres à leurs voisins les habitants de Reims, dans lesquelles ils affirmaient leur volonté de rester fidèles au serment qu'ils avaient fait au roi Henri et au duc de Bourgogne; ils laissaient aussi percer leur crainte de représailles de la part de la garnison : « Quelque vouloir que nous ayons, nous, habitants, il nous faut regarder aux hommes de guerre qui sont dans la ville, plus forts que nous. » Quant à la lettre de Jeanne, elle fut jetée au feu et laissée sans réponse.

La situation de l'armée était critique. « Il y avait dans l'armée très grande cherté de pain et d'autres vivres, car il y avait là sept à huit mille hommes qui n'avaient mangé de pain depuis huit jours et vivaient surtout de fèves et de blé frotté en épis », raconte un chroniqueur contemporain, le héraut Berri (Q,IV,73). On se trouvait en effet à l'époque de la moisson.

De leur côté, les capitaines de l'armée royale étaient partagés sur la conduite à tenir.

Le bâtard d'Orléans : « Le lieu dans lequel le roi fit étape avec son armée fut devant la cité de Troyes.

Une fois là, il tint conseil avec les seigneurs de son sang et les autres capitaines de guerre pour aviser s'ils se tiendraient devant la cité et mettre le siège pour la prendre ou s'il valait mieux passer au-delà, allant directement à Reims et laissant cette cité de Troyes. Le conseil du roi était divisé en diverses opinions et l'on se demandait ce qu'il valait mieux faire. Alors, la Pucelle vint et entra dans le conseil disant ces paroles ou à peu près : « Noble dauphin, ordonnez que votre gent vienne et assiège la ville de Troyes et ne traînez plus en long conseil, car, en nom Dieu, avant trois jours je vous introduirai dans la cité de Troyes par amour ou par force ou par courage et la fausse Bourgogne en sera toute stupéfaite. » Et alors la Pucelle traversa aussitôt avec l'armée du roi et quitta le campement le long des fossés et prit d'admirables dispositions comme ne l'auraient pas fait deux ou trois des plus fameux et expérimentés hommes d'armes. Et elle travailla si bien cette nuit-là que le lendemain l'évêque et les citadins de la cité firent leur obéissance au roi, frémissants et tremblants. Et par la suite, on apprit que depuis le moment où elle avait donné conseil au roi de ne pas s'éloigner de la cité, les habitants perdirent cœur et ne faisaient plus que chercher refuge et s'enfuir dans les églises. Cette cité étant réduite en l'obéissance royale, le roi s'en alla à Reims où il trouva totale obéissance et il fut là sacré et couronné. » (R 136)

Sa déposition est confirmée par celle de Simon Charles qui, lui aussi, était présent : « Au moment où le roi était devant la ville de Troyes, comme les soldats voyaient qu'ils n'avaient plus de vivres et se trouvaient découragés et prêts à se retirer, Jeanne dit au roi qu'il n'ait aucun doute et que le lendemain il aurait la ville. Alors, elle prit son étendard; quantité de gens de pied la suivaient à qui elle ordonna de faire des fagots pour remplir les fossés. Ils en firent beaucoup et le lendemain Jeanne cria à l'assaut, donnant signe de mettre les fagots dans les fossés. Voyant cela, les habitants de Troyes, craignant l'assaut, envoyèrent au roi pour négocier leur composition. Et le roi fit composition avec les habitants et fit son entrée à Troyes en grande pompe, Jeanne portant son étendard auprès du roi. » (R 105)

Cette entrée eut lieu le dimanche 10 juillet après les négociations menées sous l'égide de l'évêque de la ville, Jean Leguisé, que plus tard, en reconnaissance de cet acte, Charles VII devait anoblir.

Le surlendemain, 12 juillet, l'armée reprenait sa marche; le 14 elle se trouvait devant Châlons. Mais les hésitations diminuaient au fur et à mesure que s'affirmait l'avance royale en direction de Reims. Ceux de Châlons s'empressèrent de communiquer aux habitants de Reims les nouvelles qu'ils avaient reçues de Troyes, et déclarèrent (ce n'était peut-être qu'une formule destinée à les couvrir en cas d'une offensive anglaise inopinée) « qu'ils avaient l'intention de tenir et résister de toute leur puissance à l'encontre des dits ennemis » – entendons les gens du dauphin. Mais, lorsque le héraut royal, Montjoie, se présenta avec des lettres du même dauphin, l'évêque de Châlons, Jean de Montbéliard, sortit lui-même au-devant de Charles VII et lui remit les clés de la ville. Le jour même, le roi y faisait son entrée et les chroniqueurs racontent que tous les habitants furent bien joyeux de sa venue.

A Châlons a lieu une rencontre émouvante : déjà, sur les routes, des groupes de gens cheminaient, venant de toutes les villes auxquelles Charles VII avait écrit pour annoncer son couronnement et son sacre. Parmi eux, on imagine que les gens de Domremy n'étaient pas les derniers à accourir : n'était-ce pas à l'une d'entre eux, à celle qu'ils nommaient toujours Jeannette, qu'était due l'étonnante chevauchée ?

Jean Moreau, son parrain, évoque cette rencontre dans sa déposition.

Jean Moreau : « Au mois de juillet, je suis allé à Châlons, car on disait que le roi s'en allait à Reims pour se faire couronner. Et là j'ai trouvé Jeanne et elle m'a donné une veste rouge qu'elle portait. » (R 69)

Parmi eux se trouvait « le bourguignon » de Dom-remy, Gérardin d'Épinal : « Je l'ai vue ensuite à Châlons, disait-il, avec quatre de notre ville et elle disait qu'elle ne craignait rien si ce n'est la trahison. » (R 81)

Enfin, dernière étape, à Reims même, la ville du sacre.

Simon Charles : « Le roi sortit de Troyes avec son armée et se dirigea sur Châlons et ensuite sur Reims. Comme il avait peur d'éprouver une résistance à Reims, Jeanne lui dit : « N'ayez doute, car les bourgeois de Reims viendront au-devant de vous »; et avant qu'ils aient approché de la cité de Reims les bourgeois se rendirent. Le roi craignait la résistance de ceux de Reims, car il n'avait pas d'artillerie ni de machines pour faire le siège s'ils se montraient rebelles. Et Jeanne disait au roi d'avancer hardiment et de ne douter de rien, car s'il voulait avancer courageusement il recouvrerait tout son royaume. » (R 105)

C'est au château de Sept-Saulx, énorme donjon qui avait été construit au XIIe siècle par les ancêtres de l'archevêque de Reims, Regnault de Chartres, que Charles VII reçut ainsi une députation de notables rémois venus lui offrir « pleine et entière obéissance comme à leur souverain ». Le soir même de ce jour, 16 juillet, il faisait son entrée dans la ville aux cris de « Noël! Noël! », poussés par la population. Le sacre eut lieu dès le lendemain.

Pour Jeanne, ce sacre avait une importance décisive. L'un des conseillers du roi le rappelait au procès de réhabilitation.

François Garivel : « Quand on demandait à Jeanne pourquoi elle appelait le roi « dauphin » et non « roi », elle disait qu'elle ne l'appellerait pas « roi » jusqu'à ce qu'il ait été couronné et sacré à Reims dans la ville où elle était décidée à le conduire. » (R 106)

Sur ce point d'ailleurs elle ne fait que traduire ce qu'on pense communément en son temps : c'est le sacre qui fait le roi. Cette raison l'a emporté sur toutes les considérations d'ordre stratégique et c'est elle qui explique cette chevauchée sur Reims en pays anglo-bourguignon où l'on risquait à chaque instant de se heurter à la résistance des garnisons demeurées dans les villes ou à des compagnies de routiers. Une fois sacré, le roi sera le roi. Alors qu'il lui faut, à l'aller, parlementer devant chaque ville, au retour il ne connaîtra plus d'obstacles. Partout où il se présentera, il se verra reconnu sans difficultés et les portes des villes s'ouvriront d'elles-mêmes devant lui. Aussi bien les Anglais ressentiront-ils cruellement cette situation nouvelle créée par le sacre. Ils tenteront d'y répondre en faisant venir le petit roi Henri VI sur le continent (23 avril 1430), puis, six mois après la mort de Jeanne, en le faisant sacrer, non pas dans la ville de Reims revenue sous l'obédience française, mais à Paris (16 décembre 1431). Geste inutile d'ailleurs, car, pour l'ensemble du peuple de France, Charles VII est désormais l'oint du Seigneur, l'héritier légitime du royaume.

Chacun connaît la réponse fameuse de Jeanne lorsqu'on l'interrogeait à propos de ce sacre de Reims. « Pourquoi votre étendard fut-il davantage porté en l'église de Reims à la consécration du roi que ceux des autres capitaines ?

JEANNE : Il avait été à la peine, c'était bien raison qu'il fût à l'honneur. » (C 179)

Après avoir décrit la cérémonie du sacre, un chroniqueur nous montre Jeanne s'agenouillant devant le roi « et l'embrassant par les jambes, lui dit en pleurant à chaudes larmes : « Gentil roi, or est exécuté le plaisir de Dieu qui voulait que je lève le siège d'Orléans et que je vous amène en cette cité de Reims recevoir votre saint sacre, en montrant que vous êtes vrai roi, et celui auquel le royaume de Dieu doit appartenir. » Et faisait grand pitié à tous ceux qui la regardaient. » (J.S.O., 186)

Parmi ceux qui la regardaient se trouvaient des témoins qui n'étaient certes pas les moins émus : le père et la mère de Jeanne. Les registres de comptes de la ville mentionnent leur présence, en précisant que les échevins prirent à leurs frais le séjour qu'ils y firent, en l'hôtel de *l'Ane rayé.*

COMMENTAIRE

Ce chapitre ne soulève pas de difficultés particulières du point de vue historique. En ce qui concerne la cérémonie du sacre, nous renverrons à l'ouvrage bien connu de J. de Pange, *le Roi très chrétien,* Paris, 1949. Nous avons donné quelques détails à ce sujet dans notre ouvrage, écrit en collaboration avec M. Rambaud, *Telle fut Jeanne d'Arc,* Paris, Fasquelle, 1957, p. 160 et s. On pourra se reporter aussi à l'ouvrage de Henri Godart, *Jeanne d'Arc à Reims,* Reims, 1887.

Assez curieusement, on a voulu soutenir que les affections familiales ne tenaient aucune place chez Jeanne; les textes authentiques prouvent le contraire. A commencer par ceux qui nous montrent deux des frères de Jeanne, Pierre et Jean, venant la rejoindre à Tours et prenant part à ses faits d'armes; l'un d'eux tout au moins, Pierre, la suivra jusqu'à son emprisonnement inclusivement; l'autre, Jean, fait assez fâcheuse figure devant l'Histoire et paraît avoir été surtout apte à exploiter la renommée de sa sœur; les deux personnages ont été fort exactement étudiés dans l'ouvrage de Grosdidier des Mattons, *le Mystère de Jeanne d'Arc,* Paris, 1935.

Les traits abondent, d'autre part, de l'affection que Jeanne porte aux siens : elle aime à baiser, « par plaisance et pour l'honneur de ses père et mère », l'anneau que ceux-ci lui ont donné; elle éprouve la nostalgie de sa famille (voir sa réflexion rapportée par Dunois au chapitre suivant), et n'a pas manqué d'écrire pour demander le pardon des siens après les avoir quittés. Enfin, cette affection s'étend à tout son village, comme en témoigne la seule faveur qu'elle ait demandée au roi après le sacre : l'exemption d'impôts pour les habitants de Greux-Domremy.

Et réciproquement l'affection de son père et de sa mère

se manifeste à toutes sortes de traits : la réflexion de son père après avoir rêvé « qu'avec les soldats s'en irait Jeanne sa fille », la sollicitude maternelle lui envoyant du Puy frère Jean Pasquerel qui deviendra le confesseur de Jeanne, leur venue à Reims pour le couronnement – sans évoquer encore la pathétique supplication d'Isabelle Romée implorant les juges désignés pour examiner la cause de la réhabilitation : « J'avais une fille, née en légitime mariage... » (voir chapitre 10).

La lettre de Guy de Laval signale un petit trait intéressant à relever : l'envoi par Jeanne d'un « bien petit anneau d'or » à la veuve de Duguesclin ; ce héros dont la popularité fut telle qu'il savait que « toutes les filles de France » fileraient pour sa rançon, qui avait cristallisé la résistance du royaume lorsqu'une première fois il avait failli sombrer, Jeanne rend hommage à son souvenir au moment où elle-même a conscience de venir renouveler ses exploits. Aussi bien le folklore contemporain l'assimilera-t-il aux « neuf preux » et fera de Jeanne « la dixième preuse ».

6. De Reims à Compiègne.

« Les Français sont venus à Reims où il convient que soient sacrés tous les rois de France, et là est parvenu le dauphin, le samedi 16 de ce mois; les portes de la ville lui furent ouvertes sans opposition et le dimanche 17 il fut sacré en grande pompe. La cérémonie dura de l'heure de tierce jusqu'à Vêpres. »

C'est ainsi que la chronique de Morosini, à laquelle nous nous sommes déjà référé, résume les événements (*Édition citée*, p. 10-11).

Le jour même du sacre, Jeanne adressait à Philippe le Bon, duc de Bourgogne, qui n'avait pas répondu à son invitation, pas plus qu'à celle du roi son cousin, la lettre suivante :

« Haut et redouté prince, duc de Bourgogne, la Pucelle vous requiert de par le Roi du Ciel, mon droit et souverain Seigneur, que le roi de France et vous fassiez bonne paix ferme qui dure longuement. Pardonnez l'un à l'autre de bon cœur entièrement ainsi que doivent faire loyaux chrétiens... Je vous prie et requiers à jointes mains que ne fassiez nulle bataille ni ne guerroyiez contre nous, vous, vos gens et vos sujets, et croyez sûrement que, quelque nombre de gens que vous ameniez contre nous, ils n'y gagneront pas, et sera grande pitié de la bataille et du sang qui y sera répandu de ceux qui y viendront contre nous... » (Q,IV,127. Original dans les Archives départementales du Nord.)

Or, ce même jour, arrivaient à Reims des émissaires du duc, ayant à leur tête l'un de ses familiers : David de Brimeu. On pouvait espérer que le roi mettrait à profit le tour exceptionnellement favorable qu'avait pris sa fortune pour conclure avec eux cette « bonne paix ferme » qu'escomptait Jeanne.

Mais il n'en est rien et lors des négociations – dont Jeanne sera tenue soigneusement à l'écart et qui se feront en secret – Charles VII, désormais roi de France, conclura seulement une trêve... de quinze jours! Cette trêve condamnait l'armée royale à l'inaction; en échange le duc de Bourgogne lui faisait la fantastique promesse de lui livrer Paris. Il cherchait seulement, et avec lui le régent Bedford, à gagner du temps : ce dernier avait demandé des renforts en Angleterre aussitôt après Patay et, dès le début de juillet, trois mille cinq cents cavaliers et archers débarquaient à Calais, levés d'ailleurs avec les subsides collectés en vue d'une croisade contre les hérétiques de Bohême qu'on nommait les Hussites; cette armée quittait le 15 juillet Calais pour Paris où elle devait arriver le 25.

Duperie pour le roi, la négociation était également de sa part, à l'endroit de Jeanne et de tous ceux qu'animait son enthousiasme, une trahison.

Il faut ici rappeler comment la Maison de Bourgogne avait commencé à s'appuyer sur l'alliance anglaise dès 1416, au lendemain même d'Azincourt. Le duc – c'était alors Jean Sans Peur – était dominé par sa rivalité avec la Maison d'Orléans; on sait comment, en 1407, il avait fait assassiner Louis, duc d'Orléans. En 1418, Jean Sans Peur s'était rendu maître de Paris d'où le dauphin Charles ne s'était enfui qu'à grand-peine. Un fossé irréparable allait se creuser entre celui-ci et la Maison de Bourgogne lorsque Jean Sans Peur fut à son tour assassiné sur le pont de Montereau (10 septembre 1419) : lui-même et le dauphin, futur Charles VII s'y étaient rendus pour une négociation d'où l'on espérait que sortirait la paix entre Armagnacs et Bourguignons, et, cette négociation n'ayant pas abouti, les deux partenaires se retiraient, lorsque, pour une raison inconnue, une dispute s'éleva, les épées furent tirées et l'une d'elles frappa au front le duc de Bourgogne.

Depuis lors, son fils, Philippe le Bon, avait repris sa politique d'alliance avec l'Angleterre. C'est lui qui avait fait signer le traité de Troyes dès l'année suivante. Il aspirait surtout à jouer le rôle d'arbitre entre la France et l'Angleterre et ne perdait aucune occasion de faire sentir à l'une et à l'autre des parties en présence son énorme puissance : les possessions de celui qu'on nommait « le grand duc d'Occident » s'étendaient des Alpes à la mer du Nord; en dehors de la Bourgogne même et de ce qu'on appelait le comté de Bourgogne, c'est-à-dire la Franche-Comté, il possédait la Flandre, l'Artois, une partie des Ardennes et presque toute la Belgique et la Hollande actuelles : Brabant, Limbourg, Hainaut, Zélande, Frise, etc.

Charles VII est alors sous l'influence de son favori La Trémoïlle dont un parent, Jean de La Trémoïlle, est fort bien en cour auprès de Philippe le Bon; cette influence, comme celle de Regnault de Chartres, archevêque de Reims, le poussera uniquement à l'action diplomatique, à la négociation à tout prix. Faire la paix avec la Bourgogne, c'est le désir de tous – de Jeanne la première : elle-même supplie « à jointes mains » Philippe le Bon de s'y prêter; mais elle a conscience qu'on ne doit pas se contenter de fallacieuses promesses : c'est une « bonne paix ferme » qu'elle réclame; et elle sait qu'on ne l'obtiendra, cette paix véritable, qu'à force de courage et en prouvant sa valeur sur les champs de bataille; Charles VII, au contraire, préfère se contenter d'assurances dérisoires qui flattent son apathie naturelle; il espère vaincre par la diplomatie et ne s'apercevra que trop tard qu'il a été lui-même dupé par le Bourguignon; d'où, dès ce moment, l'ambiguïté de sa conduite.

L'itinéraire du retour du sacre trahit au reste son irrésolution : un regard sur la carte révèle ses allers et ses retours, ses brusques changements de direction qui devaient mettre au supplice Jeanne et ses compagnons, lesquels n'avaient qu'une idée : se porter immédiatement sur Paris, profiter de l'incertitude générale et du désarroi des Anglo-Bourguignons. Mais en signant la trêve, le roi y avait d'avance renoncé sans compensation.

Pourtant il aurait dû être stimulé par le changement total que le sacre avait apporté dans les esprits : « Les bourgeois de la cité de Soissons lui apportèrent les clés et ainsi firent ceux de la cité de Laon auxquels il avait envoyé ses hérauts pour leur demander ouverture; il s'en alla à Soissons où il fut reçu à très grande joie de tous ceux de la cité qui beaucoup l'aimaient et désiraient sa venue. Et là lui vinrent les très joyeuses nouvelles que Château-Thierry, Crécy-en-Brie, Provins, Coulommiers et plusieurs autres villes s'étaient remises en son obéissance... Et le roi alla vers Crépy-en-Valois d'où il envoya de ses hérauts sommer et requérir ceux de Compiègne qu'ils se missent en son obéissance, lesquels répondirent qu'ils le feraient très volontiers. Environ ces jours, ajoute la chronique, certains seigneurs français allèrent dedans la cité de Beauvais dont était évêque et comte maître Pierre Cauchon, fort enclin au parti anglais bien qu'il fût natif de Reims. Mais cependant ceux de la cité se mirent en la pleine obéissance du roi sitôt que vinrent ses hérauts portant ses armes et crièrent tous en très grande joie : « Vive Charles, roi de France » et chantèrent *Te Deum* et firent grande réjouissance. Et cela fait, ils donnèrent congé à tous ceux qui ne voulaient demeurer en cette obéissance et les en laissèrent aller paisiblement en emportant leurs biens. » (J.S.O., 187 et 190)

Dunois, au procès de réhabilitation, rappelait les jours heureux de cette promenade militaire, marqués pour Jeanne d'un sentiment nostalgique : « Et quand le roi vint à La Ferté et à Crépy-en-Valois, le peuple venait au-devant du roi, exultant et criant « Noël ». Alors, la Pucelle, chevauchant entre l'archevêque de Reims et moi-même, dit ces paroles : « Voilà un bon peuple. Je n'ai jamais vu autre peuple qui tant se réjouît de l'arrivée d'un si noble roi. Puissé-je être assez heureuse, lorsque je finirai mes jours, pour pouvoir être inhumée en cette terre. » Ce qu'entendant, l'archevêque de Reims dit : « O Jeanne, en quel lieu

avez-vous espoir de mourir ? » A quoi elle répondit :
« Où il plaira à Dieu, car pour moi je ne suis sûre ni du
temps ni du lieu, pas plus que vous ne le savez; et
plaise à Dieu, mon créateur, que je puisse maintenant
me retirer, laisser les armes et m'en aller servir mon père
et ma mère en gardant mes brebis avec ma sœur et mes
frères qui se réjouiraient tant de me revoir. » (R 137)

Le régent Bedford pourtant mettait à profit ce répit
inespéré. Il faisait fortifier Paris et tentait de diminuer
le prestige que le sacre avait valu au roi en discréditant –
esquissant par avance ce qu'allait être la manœuvre de
Rouen – celle par qui ce sacre avait été fait. De Montereau, il adressait en ce sens une lettre au roi Charles :
« Nous, Jean de Lancastre, régent de France et duc de
Bedford, vous faisons savoir à vous, Charles de Valois,
qui vous nommiez dauphin de Viennois et maintenant,
sans cause, vous dites roi parce que vous avez abusive-
ment fait entreprise contre la couronne et la seigneurie du très haut et excellent prince, mon souverain seigneur, Henri, par la grâce de Dieu, vrai, naturel
et droit roi de France et d'Angleterre... Vous qui faites
séduire et abuser le peuple ignorant et vous aidez de
gens superstitieux et réprouvés comme d'une femme
désordonnée et diffamée, étant en habits d'homme
et de conduite dissolue... qui par force et puissance
d'armes avez occupé au pays de Champagne et ailleurs
cités, villes et châteaux appartenant à mon dit seigneur
et roi... vous sommons et requérons que... ayant pitié
et compassion du pauvre peuple chrétien... preniez au
pays de Brie où vous et nous sommes, ou en Ile de
France, quelque place aux champs, convenable et rai-
sonnable, ou un jour proche et compétent... auxquels
jour et place, si vous voulez y comparaître en votre
personne avec la femme diffamée et apostate dessus
dite, nous, au plaisir de Notre Seigneur, y paraîtrons
en personne... »

C'était un défi en bonne et due forme que Bedford
lançait par cette lettre en date du 7 août 1429. (Q,IV,384)

On s'attendait dès lors à une rencontre imminente.

Rentré à Paris, Bedford avait l'habileté d'y nommer pour gouverneur le duc de Bourgogne : ainsi les Parisiens n'auraient plus le prétexte d'une tutelle étrangère puisque Philippe le Bon était un prince du sang royal de France; il y prenait aussi le commandement de l'armée de renfort – sept cents Picards – que ce même duc de Bourgogne lui avait envoyée dès la mi-juillet, et, le 13 août, l'armée anglaise se mettait en marche en direction de Senlis. Elle devait s'arrêter le lendemain 14 août à l'aube près du village de Montépilloy où, le soir de ce même jour, les Français arrivaient à leur tour. Allait-on assister à la bataille décisive ? Dans sa lettre de défi, Bedford semblait s'en remettre à un véritable « jugement de Dieu ».

« Le dimanche quatorzième jour du mois d'août, la Pucelle, le duc d'Alençon, le comte de Vendôme, les maréchaux et autres capitaines, accompagnés de six à sept mille combattants, furent à l'heure de vêpres logés en une haie aux champs près de Montépilloy, environ deux lieues près de la cité de Senlis. Le duc de Bedford, les capitaines anglais, accompagnés de huit à neuf mille Anglais, étaient logés à une demi-lieue près de Senlis entre nos gens et la dite ville sur une petite rivière en un village nommé Notre-Dame de la Victoire. Ce soir-là, nos gens allèrent escarmoucher avec les Anglais, près de leur logis et à cette escarmouche furent des gens pris de côté et d'autre et mourut du côté des Anglais le capitaine d'Orbec et dix ou douze autres et des gens blessés de côté et d'autre. La nuit vint. Chacun se retira en son logis.

« Le lundi quinzième jour de ce mois d'août 1429, la Pucelle, le duc d'Alençon et la compagnie, croyant en ce jour avoir la bataille, tous ceux de la compagnie, chacun pour soi, se mit au meilleur état qu'en sa conscience faire se pût. Et ils entendirent la messe le plus matin que faire se pût et après ce à cheval. Et vinrent mettre leur bataille près de la bataille des Anglais qui n'avaient bougé de leur logis où ils avaient couché, et toute la nuit s'étaient fortifiés de pieux, de fossés, et mis leurs charrois devant eux, et la rivière les fortifiait par derrière. Il y avait toujours de grandes escarmouches entre les uns et les autres. Les Anglais ne firent jamais nul semblant (nulle tentative) de vouloir saillir hors de leur place sinon pour escarmoucher. Et quand la Pucelle vit qu'ils ne venaient pas dehors, son étendard en main, elle se vint mettre en l'avant-garde et vint frapper jusqu'à la fortification des Anglais... et elle leur manda, avec le duc d'Alençon et les capitaines, que s'ils voulaient sortir hors de leur place pour donner la bataille nos gens se reculeraient et les laisseraient mettre en ordonnance. De quoi ils ne voulurent rien faire et tout le jour se tinrent sans sortir sinon pour escarmoucher. La nuit venue, nos gens revinrent en leur logis. Et le roi fut tout ce jour à Montépilloy. Le duc de Bar (René d'Anjou), qui était venu vers le roi à Provins, était en sa compagnie, le comte de Clermont et autres capitaines avec eux. Et quand le roi vit qu'on ne pouvait faire sortir les Anglais hors de leur place et que la nuit approchait, il retourna en son gîte au lieu de Crépy. » (Chronique de Perceval de Cagny, Q,IV,21-23)

« Tout le jour, ils furent l'un devant l'autre, sans haie et sans buisson, près l'un de l'autre le trait d'une couleuvrine (à portée d'une couleuvrine) et ne combattirent point, constate de son côté un témoin oculaire, le héraut Berry. Et le soir, le roi partit et s'en alla avec son armée à Crépy et le duc de Bedford alla à Senlis. » (Q,IV,47)

La bataille n'avait pas eu lieu.

Dans le même temps les négociations s'engageaient. Le 16 août, Philippe le Bon recevait l'archevêque de Reims, Regnault de Chartres, conduisant la délégation française que surveillait d'ailleurs de près un observateur bourguignon, Hugues de Lannoy, membre du conseil royal d'Angleterre. On se déclarait prêt, du côté français, à faire toutes les concessions. On allait jusqu'à offrir au duc de Bourgogne de le délier, pour la durée de son règne, de l'hommage et du serment de fidélité au roi.

Étrange contraste que cette offre sans contre-partie avec l'enthousiasme qui se manifeste alors dans le royaume et que notent les chroniqueurs bourguignons eux-mêmes.

Monstrelet énumère toutes les cités qui font obéissance au roi et ajoute : « En vérité, si, avec toute sa puissance, il était venu à Saint-Quentin, Corbie, Amiens, Abbeville et plusieurs autres fortes villes et forts châteaux, la plus grande partie de leurs habitants étaient tout prêts de le recevoir comme seigneur et ne désiraient au monde autre chose que de lui faire obéissance et pleine ouverture. Toutefois, il ne fut point conseillé de s'en aller aussi avant sur les frontières du duc de Bourgogne, tant pour ceux qui le sentaient fort de gens d'armes que pour l'espérance qu'il avait qu'un bon traité se fît entre eux. » (Q,IV,391)

Et de son côté, le Bourgeois de Paris fait écho des craintes qu'éprouvait dans cette ville le parti bourguignon : « Vers la fin du mois, Beauvais et Senlis se rendirent aux Armagnacs qui prirent Saint-Denis le 25 août. Dès le lendemain, ils couraient jusqu'aux portes de Paris et personne n'osait sortir pour vendanger la vigne ou le verjus ni pour aller récolter quoi que ce fût dans les marais. En conséquence, tout renchérit bientôt. » (p. 93)

Et de poursuivre en mentionnant les fortifications hâtivement menées par Bedford : « Dans la première semaine de septembre, les quarteniers (chefs de quartiers) commencèrent, chacun dans son quartier, à fortifier les portes des boulevards et les maisons qui étaient sur les murs, à poser des canons sur leurs affûts, à disposer des futailles pleines de pierres sur les murs, à redresser les fossés extérieurs et à construire des barrières hors et dans la ville. » (p. 93)

Chacun en effet, dans la ville et hors la ville, s'attendait à ce que l'assaut fût donné sur Paris. Jeanne, par la suite, au procès de condamnation, attestait que si ses voix n'avaient été pour rien dans l'attaque contre la cité, elle-même avait grand désir de s'y porter et cela, probablement, dès le lendemain du sacre.

« Quand vous êtes allée devant la ville de Paris, avez-vous eu révélation de vos voix d'y aller ?

JEANNE : Non, mais j'y allais à la requête des nobles gens d'armes qui voulaient faire une escarmouche ou une vaillance d'armes et j'avais bien l'intention d'aller outre et de passer les fossés de la ville de Paris. » (C 141)

Et encore :

« Avez-vous fait quelque chose sans le commandement de vos voix ?

JEANNE : Vous en êtes répondu. Lisez bien votre livre et vous le trouverez. C'est à la requête des hommes d'armes que fut faite une vaillance d'armes contre Paris et aussi contre La Charité à la requête de mon roi. Mais ce ne fut ni contre ni par le commandement de mes voix. » (C 160-161)

Ce qui est certain, c'est que dans l'entourage royal, hommes d'armes et capitaines étaient impatients de livrer cet assaut; la rencontre manquée de Montépilloy montrait à l'évidence que désormais les Anglo-Bourguignons étaient peu pressés de combattre.

Nous avons le récit des événements qui se déroulèrent les 7 et 8 septembre 1429, vus du côté bourguignon, par le Bourgeois de Paris :

« En septembre, la veille de la Nativité de Notre Dame, les Armagnacs vinrent assaillir les murs de Paris qu'ils espéraient bien prendre, mais ils n'y gagnèrent que douleur, honte et malheur. Plusieurs d'entre eux furent blessés pour le reste de leur vie qui, avant l'assaut, étaient en bonne santé. Mais un fou ne doute de rien tant qu'il réussit. Je le dis pour eux qui suaient le malheur et la mauvaise croyance et qui, sur la parole d'une créature en forme de femme qui les accompagnait – qui était-ce ? Dieu le sait – avaient comploté d'un commun accord d'assaillir Paris en ce jour de la Nativité de Notre Dame. Ils s'assemblèrent au nombre de plus de douze mille et vinrent avec leur Pucelle vers l'heure de la grand-messe entre onze heures et midi, accompagnés d'une foison de chariots, de charrettes et de chevaux, chargés de grands fagots à trois liens destinés à combler les fossés de Paris. Leur assaut, qui fut très cruel, commença contre la porte Saint-Honoré et la porte Saint-Denis et pendant l'attaque, ils injuriaient beaucoup les Parisiens. Leur Pucelle était là, sur le rebord des fossés, et disait : « Rendez-vous vite à nous, de par Jésus, car si vous ne vous rendez pas avant la nuit, nous entrerons par force, que vous le vouliez ou non, et vous serez tous mis à mort sans merci. » « Voire, dit l'un, paillarde, ribaude! » Et il tira droit sur elle avec son arbalète, lui transperça la jambe et elle de s'enfuir. Un autre perça de part en part le pied de son porte-étendard qui, se sentant blessé, leva sa visière pour tâcher d'ôter le vireton de son pied, mais un autre tira et le blessa mortellement entre les deux yeux. La Pucelle et le duc d'Alençon jurèrent qu'ils auraient préféré perdre quarante de leurs meilleurs hommes d'armes. L'assaut, qui fut très cruel de part et d'autre, dura jusqu'à quatre heures du soir sans qu'on sût qui aurait le meilleur. Un peu après quatre heures, les Parisiens prirent cœur en eux et accablèrent leurs adversaires de tant de boulets et de flèches que ceux-ci furent forcés de reculer, d'abandonner l'assaut et de s'en aller. » (*Bourgeois de Paris,* p. 93-94)

Et de son côté, le greffier du Parlement, Clément de Fauquembergue note sur son registre : « Jeudi huitième jour de septembre, fête de la Nativité de la Mère Dieu, les gens de messire Charles de Valois, assemblés en grand nombre près des murs de Paris, près de la porte Saint-Honoré, espérant par commotion de peuple grever et dommager la ville et les habitants de Paris plus que par puissance ou force d'armes, environ deux heures de l'après-midi commencèrent de faire semblant de vouloir assaillir la ville de Paris. Et à cette heure, il y eut dedans Paris des gens affectés ou corrompus qui élevèrent une voix en toute la cité deçà et delà les ponts, criant que tout était perdu, que les ennemis étaient dedans Paris, que chacun se retirât et fît diligence de se sauver. » (Q,IV,457)

C'est laisser entendre qu'à l'intérieur même de la ville les partisans de Charles VII n'auraient pas manqué de se manifester si l'affaire avait été conduite avec tant soit peu de fermeté.

Le chroniqueur du duc d'Alençon, Perceval de Cagny, donne, de son côté, la version « Armagnacque » de l'événement :

« Quand le roi se trouva au lieu de Compiègne, écrit-il, la Pucelle fut fort marrie (fâchée) du séjour qu'il y voulait faire et il semblait à sa manière qu'il fût content à cette heure de la grâce que Dieu lui avait faite, sans autre chose entreprendre. Elle appela le duc d'Alençon et lui dit : « Mon beau duc, faites appareiller vos gens et les autres capitaines. Par mon martin, je veux aller voir Paris de plus près que je ne l'ai vu. »

« Et le mardi vingt-troisième jour du mois d'août, la Pucelle et le duc d'Alençon partirent de ce lieu de Compiègne d'auprès du roi avec belle compagnie de gens... Et le vendredi suivant, vingt-sixième jour de ce mois, furent la Pucelle, le duc d'Alençon et leur compagnie logés en la ville de Saint-Denis. Et quand le roi sut qu'ils étaient ainsi logés en la ville de Saint-Denis, il vint à grand regret jusqu'à la ville de Senlis et il semblait qu'il fût conseillé au contraire du vouloir de la Pucelle, du duc d'Alençon et de ceux de leur compagnie.

« Quand le duc de Bedford vit que la cité de Senlis était française, il laissa Paris au gouvernement des bourgeois, du sire de l'Isle-Adam et des Bourguignons de sa compagnie, et n'y demeura guère d'Anglais. Il s'en alla à Rouen, fort marri, et en grand doute que la Pucelle remît le roi en sa seigneurie. Depuis qu'elle fut arrivée au lieu de Saint-Denis, chaque jour, deux ou trois fois, nos gens étaient à l'escarmouche aux portes de Paris, une fois en un lieu et puis en l'autre, et parfois au moulin à vent vers la porte de Saint-Denis et La Chapelle. Et il ne se passait jour que la Pucelle ne fît faire des escarmouches. Et volontiers avisait la situation de la ville de Paris et quel endroit lui semblerait plus convenable à donner l'assaut. Le duc d'Alençon était le plus souvent avec elle, mais parce que le roi n'était venu encore au lieu de Saint-Denis, quelque message que la Pucelle et le duc d'Alençon lui eussent envoyé, le dit duc d'Alençon alla vers lui le premier jour de septembre suivant et il lui fut dit que le deuxième jour de ce mois le roi partirait. D'Alençon revint à la compagnie et, parce que le roi ne venait pas, le duc d'Alençon retourna vers lui le lundi cinquième jour suivant. Il fit tant que le roi se mit en chemin et le mercredi fut à dîner au lieu de Compiègne. De quoi la Pucelle et toute la compagnie furent fort réjouis et il n'y avait homme, de quelque état qu'il fût, qui ne dît : « Elle mettra le roi dans Paris si à lui ne tient. »

« Le jeudi, jour de Notre Dame, huitième jour du mois de septembre 1429, la Pucelle, le duc d'Alençon, les maréchaux de Boussac et de Rais et autres capitaines en grand nombre de gens d'armes et de traits partirent environ huit heures de La Chapelle, près Paris, en belle ordonnance. Les uns pour être en bataille, les autres pour garder et subvenir à ceux qui donneraient l'assaut. La Pucelle, le maréchal de Rais, le sire de Gaucourt, appelés par l'ordonnance de la Pucelle, ce qui bon lui sembla, à leur donner l'assaut à la porte Saint-Honoré. La Pucelle prit son étendard en main et, avec les premiers, entra dans les fossés vers le marché aux pourceaux. L'assaut fut dur et long et c'était merveille d'ouïr le bruit et le vacarme des canons et couleuvrines que ceux de dedans jetaient à ceux de dehors, et toutes manières de traits en si grande abondance qu'innombrables. Et bien que la Pucelle et grand nombre de chevaliers et écuyers et autres gens de guerre fussent descendus dans les fossés sur le bord ou en l'environ, très peu en furent blessés et il y en eut beaucoup à pied ou à cheval qui furent frappés et portés à terre de coups de pierres de canons... L'assaut dura depuis environ l'heure de midi jusqu'environ l'heure de jour tombant et après soleil couchant la Pucelle fut frappée d'un trait d'arbalète par la cuisse. Et depuis qu'elle fut frappée, s'efforçait plus fort de dire que chacun s'approchât des murs et que la place serait prise. Mais parce qu'il était nuit et qu'elle était blessée et que les gens d'armes étaient lassés du long assaut qu'ils avaient fait, le sire de Gaucourt et autres vinrent prendre la Pucelle et contre son vouloir l'emmenèrent hors des fossés et ainsi se termina l'assaut. Et elle avait très grand regret de partir ainsi, disant : « Par mon martin, la place eût été prise. » Ils la mirent à cheval et la ramenèrent en son logis au lieu de La Chapelle et vers tous les autres de la compagnie du roi : le duc de Bar, le comte de Clermont qui ce jour étaient venus de Saint-Denis. »

Pour elle et pour ceux de son entourage la partie n'était pas terminée :

« Le vendredi, neuvième jour de ce mois, bien que la Pucelle eût été blessée à l'assaut devant Paris, elle se leva bien matin et fit venir son beau duc d'Alençon par qui elle se conduisait et lui pria qu'il fît sonner les trompilles (trompettes) et monter à cheval pour retourner devant Paris et dit, « par son martin, que jamais elle n'en partirait tant qu'elle n'eût la ville ». Le dit d'Alençon et autres capitaines étaient bien de ce même vouloir pour entreprendre d'y retourner, et d'autres non. Et tandis qu'ils étaient en ces paroles, le baron de Montmorency, qui toujours avait tenu le parti contraire du roi, vint de dedans la ville, accompagné de cinquante ou soixante gentilshommes, se rendre à la compagnie de la Pucelle, de quoi le cœur et le courage fut plus soutenu pour ceux qui avaient bonne volonté de retourner devant la ville et, tandis qu'ils s'approchaient, vinrent le duc de Bar et le comte de Clermont, de par le roi qui était à Saint-Denis, et prièrent la Pucelle que, sans aller plus avant, elle retournât vers le roi en ce lieu de Saint-Denis et aussi, de par le roi, prièrent Alençon et commandèrent à tous les autres capitaines qu'ils vinssent et amenassent la Pucelle vers lui. La Pucelle et la plupart de ceux de la compagnie en furent très marris et néanmoins obéirent à la volonté du roi, espérant aller trouver leur entrée pour prendre Paris par l'autre côté et passer la Seine sur un pont que le duc d'Alençon avait fait faire au travers de la rivière vers Saint-

Denis et ainsi s'en vinrent devers le roi... Le samedi suivant, une partie de ceux qui avaient été devant Paris crurent bien matin aller passer la rivière de Seine sur ce pont, mais ils ne le purent parce que le roi, qui avait su l'intention de la Pucelle, du duc d'Alençon et des autres de bon vouloir, pendant la nuit fit démolir ce pont et ainsi furent empêchés de passer. Ce jour, le roi tint son conseil auquel plusieurs opinions furent dites et il demeura en ce lieu jusqu'au mardi treize, toujours tendant à retourner sur la rivière de Loire, au grand déplaisir de la Pucelle. » (Q,IV,25-29)

Avant de se retirer, Jeanne suspendit en ex-voto un « harnais », – les armes qu'elle avait prises sur un prisonnier fait par elle devant Paris.

« Quelles armes avez-vous offertes à l'église de Saint-Denis en France ?

JEANNE : Un blanc harnais entier pour homme d'armes avec une épée que j'ai gagnée devant la ville de Paris.

– Pourquoi avez-vous offert ces armes ?

JEANNE : Ce fut en dévotion, comme il est coutume chez les hommes d'armes quand ils sont blessés; et parce que j'avais été blessée devant la ville de Paris, je les ai offertes à Saint-Denis parce que c'est le cri de France. » (C 170)

On sait qu'aujourd'hui, sur la façade du café de la Régence, place du Palais-Royal, une plaque marque l'emplacement où Jeanne fut blessée près de cette porte Saint-Honoré qui s'ouvrait vers le faubourg du même nom, celui des boulangers. Quant au « blanc harnais entier pour homme d'armes », il a été retiré de la basilique de Saint-Denis et est conservé au Musée de l'armée, aux Invalides.

On ne peut comprendre l'ensemble de ces événements et l'attitude incroyable du roi Charles VII, ses atermoiements, cet arrêt inexplicable à Senlis où, par deux fois, le duc d'Alençon doit venir le presser de rejoindre l'armée, si l'on ne se reporte au texte des négociations qui avaient eu lieu précédemment à Arras, à l'insu de la Pucelle : une trêve avait été signée le 21 août – trêve de quatre mois qui devait être prolongée par la suite jusqu'au 16 avril 1430 – dans laquelle le roi de France faisait tous les frais de la négociation. Les positions acquises restaient valables pour toutes les villes servant de passage sur les bords de la Seine; la trêve s'appliquait aux régions de la rive droite depuis Nogent-sur-Seine jusqu'à Honfleur, ce qui prévenait toute offensive française sur la Normandie, mais, en revanche, le duc de Bourgogne, désormais gouverneur de Paris, était autorisé à défendre sa ville, et il se faisait remettre, par le roi, les principales cités de l'Oise : Compiègne, Pont Sainte-Maxence, Creil et Senlis. Ajoutons que deux mémoires un peu postérieurs à ce traité, rédigés en septembre ou octobre par le conseiller du roi d'Angleterre, Hugues de Lannoy, montrent que, dès ce moment, une offensive était prévue pour le printemps suivant : il s'agissait avant tout, pour le régent d'Angleterre, de resserrer les liens avec son puissant allié, le duc de Bourgogne, de s'assurer la neutralité bienveillante du duc de Bretagne et, si possible, du connétable de Richemont, enfin de détacher les Écossais de l'alliance française à laquelle ils apportaient un concours redouté. Les préparatifs de guerre seraient menés activement pendant ce temps, tout en amusant le roi de France par l'espoir d'une conférence de paix qui devait se tenir au printemps à Auxerre.

En fait, le 13 octobre, Philippe le Bon recevait du régent Bedford le titre de lieutenant général du roi d'Angleterre pour le royaume de France : c'est dire qu'après le régent lui-même, il obtenait le commandement le plus élevé qu'on puisse espérer dans le royaume.

Une chronique – au vrai, il ne s'agit pas d'une chronique, mais d'un récit en vers qui tient plutôt de la Chanson de Geste que de la narration historique – raconte les événements tels que chacun des partisans de Charles VII aurait voulu qu'ils se déroulent. Écrite sous le règne de Charles VIII, à la fin du xve siècle, elle est entièrement fantaisiste et n'a aucune valeur historique. On y voit Jeanne prendre Bordeaux et Bayonne après le siège d'Orléans! Après le sacre de Reims « la Pucelle, voyant tout accompli, a dit au roi : « Or, allons à Paris, là vous serez couronné. » Droit à Paris au chemin se sont mis. Quand à Paris se sont présentés, toutes gens d'Église et nobles gens à lui se sont présentées, l'ont reçu dedans et se l'ont bouté, les petits enfants criant : « Vive le roi! » La Pucelle toujours près de lui, de ceux de Paris fort regardée était, disant : « Voici une Pucelle qui est fort à louer, Dieu lui fait grande grâce de se faire douter (craindre). » Toute la noblesse du roi à son logis emmenée. Auprès de lui la Pucelle ont logée, de servir Dieu et lui faire bon accueil n'ont pas tardé. Le lendemain, tous les princes, Bourbon, Orléans, Nemours et Alençon, ont pris la couronne, sur le chef du roi l'ont mise, disant : « Vive le roi! » Ils l'ont mené à Saint-Denis, huit jours durant, joutes, tournois et grands ébattements, dames et damoiselles faire danser, que c'était grand plaisir.

« Après cela fait, la Pucelle dit au roi : « Sire, puisque ces Anglais se sont tous en Normandie retirés, il faut que toute l'armée soit prête, il faut entreprendre de les chasser et que leur retour soit en Angleterre. » Et dit le roi : « Ma fille, puisqu'avez fait un bon commencement, il vous faut faire un bon finement. » Le roi ordonna à toute l'armée qu'ils fussent prêts et leur remercia pour l'obéissance et le service qu'à la Pucelle ils avaient fait : « J'ai confiance en vous qu'avec la Pucelle vous persévérerez, en Normandie elle vous veut mener. » Toute l'armée lui promit de toujours obéir et ils s'y sont apprêtés, le roi à Dieu ont recommandé, au chemin se sont mis. » (Q,IV,336)

C'est ainsi qu'une imagination optimiste recréait les événements tels qu'ils auraient pu se dérouler. La réalité est tout autre et Perceval de Cagny semble bien donner la note juste en montrant le roi pressé surtout de regagner ces bords de Loire où sa sécurité personnelle était assurée et où l'on pouvait, sans plus courir les champs de bataille, échafauder les combinaisons diplomatiques. « Nous ne sommes pas du conseil de cour, nous sommes de l'exploit des champs (champs de bataille) », disait l'un des personnages qui tinrent un rôle actif dans l'épopée de Jeanne : Poton de Xaintrailles. Autour de Charles VII, il est facile de le voir, évoluent les deux sortes de personnages : ceux qui sont de l'exploit des champs : Alençon, La Hire, Dunois, Jeanne elle-même, – et ceux qui préfèrent être « du conseil de cour » : les habiles, les diplomates, à la tête desquels un Georges de la Trémoïlle, un Regnault de Chartres, manifestent pleinement en l'occurrence l'influence dont ils disposent; ce sont eux qui gagnent auprès de Charles VII, saccageant la victoire des autres; la situation se prolongera jusqu'au moment où La Trémoïlle sera brutalement écarté par Arthur de Richemont qui, plutôt par force que de bon gré, fera taire le « conseil de cour » et permettra d'agir à ceux qui sont de « l'exploit des champs ». Mais Jeanne, entre temps, aura été sacrifiée.

Et déjà une partie de ce sacrifice s'accomplit lorsque, le 21 septembre 1429, à Gien, le roi donne l'ordre de dissoudre la belle armée du sacre et condamne les capitaines à l'inaction. « Et ainsi, constate Perceval de Cagny, furent le vouloir de la Pucelle et l'armée du roi rompus. »

« Je durerai un an, guère plus », avait déclaré Jeanne en arrivant à Chinon, ajoutant « qu'il fallait penser pendant cette année de bien œuvrer ». (R 153)

Mais, dès l'instant où celui qu'on appelait si dédaigneusement « le petit roi de Bourges » est devenu le roi de France, il semble n'avoir plus qu'un souci : empêcher Jeanne d'« œuvrer ».

Son premier soin est de la séparer du duc d'Alençon dont l'ardeur combative s'accordait trop bien avec la sienne propre.

« Le duc d'Alençon avait été en compagnie avec la Pucelle et toujours l'avait conduite en faisant le chemin du couronnement du roi à la cité de Reims et, de ce lieu, en venant devant Paris; quand le roi fut venu au lieu de Gien, Alençon s'en alla vers sa femme en sa vicomté de Beaumont, et les autres capitaines chacun en sa frontière. La Pucelle demeura vers le roi, très ennuyée du départ et surtout du duc d'Alençon qu'elle aimait très fort, et faisait pour lui ce qu'elle n'eût fait pour aucun autre. Peu de temps après, Alençon assembla ses gens pour rentrer au pays de Normandie vers les marches de Bretagne et du Maine et pour ce faire il requit et fit requérir le roi qu'il lui plût de lui donner la Pucelle et qu'avec elle plusieurs se mettraient en sa compagnie qui ne s'écarteraient si elle se mettait en chemin. Messire Regnault de Chartres, le seigneur de La Trémoïlle, le sire de Gaucourt, qui alors gouvernaient le conseil du roi et le fait de sa guerre, ne voulurent jamais consentir, ni permettre, ni souffrir, que la Pucelle et le duc d'Alençon fussent ensemble, et depuis il ne la put recouvrer. » (Perceval de Cagny, Q,IV,30.)

On perd quelque peu la trace de Jeanne par la suite. Il est certain qu'elle résida trois semaines à Bourges auprès de Marguerite La Touroulde et l'on sait aussi qu'elle séjourna au château de Sully-sur-Loire qui appartenait à La Trémoïlle. On la voit résider aussi à Montfaucon-en-Berry; c'est là qu'elle rencontre cette illuminée nommée Catherine de La Rochelle qui prétendait, elle aussi, avoir visions et révélations.

« Avez-vous connu ou vu Catherine de La Rochelle ?

JEANNE : Oui, à Jargeau ou à Montfaucon-en-Berry.

— Catherine vous a-t-elle montré certaine dame vêtue de blanc qu'elle disait lui apparaître parfois ?

JEANNE : Non.

— Que vous a dit cette Catherine ?

JEANNE : Catherine m'a dit que venait à elle certaine dame vêtue d'un drap d'or, lui disant qu'elle aille par les bonnes villes et que le roi lui donnerait hérauts et trompettes pour faire proclamer que tout or, tout argent et tout trésor cachés lui fussent aussitôt apportés et que si ceux qui auraient des trésors cachés ne les apporteraient, elle, Catherine, les connaîtrait bien et qu'elle saurait où trouver ces trésors et que, avec eux, elle paierait les hommes d'armes du service de Jeanne. A cela, je répondis à cette Catherine qu'elle revienne vers son mari et fasse le travail de sa maison, son ménage et nourrisse ses enfants. Et pour avoir certitude sur le fait de cette Catherine, j'ai parlé avec sainte Catherine et sainte Marguerite et elles me dirent que du fait de Catherine de La Rochelle ce n'était rien que folie et néant. Et j'écrivis à mon roi en lui disant ce qu'il en devait faire et quand je suis venue vers lui, je lui ai dit que c'était folie et néant du fait de cette Catherine. Cependant, frère Richard voulait que Catherine fût mise en œuvre et ils ont été très mal contents de moi, frère Richard et cette Catherine.

– N'avez-vous pas parlé avec Catherine de La Rochelle sur le fait d'aller à La Charité-sur-Loire ?

JEANNE : Catherine ne me conseillait pas d'y aller et disait qu'il faisait trop froid et que je n'y aille pas. Je lui ai dit, alors qu'elle voulait aller auprès du duc de Bourgogne pour faire la paix, qu'il me semblait qu'on ne trouverait pas la paix si ce n'est au bout de la lance; et j'ai demandé à Catherine si cette dame blanche qui lui apparaissait venait chaque nuit auprès d'elle, en lui disant que je voulais coucher avec elle dans son lit pour la voir. Et, de fait, j'ai couché et veillé jusque vers minuit et je n'ai rien vu et puis je me suis endormie. Et quand vint le matin, j'ai demandé à cette Catherine si cette dame blanche était venue à elle. Elle me répondit que oui, quand je dormais et qu'elle n'avait pas pu me réveiller. Et je lui ai demandé si cette dame viendrait la nuit suivante et cette Catherine m'a répondu que oui. Aussi ce jour-là, j'ai dormi pendant le jour pour pouvoir veiller toute la nuit suivante et j'ai couché cette nuit avec cette Catherine et j'ai veillé pendant toute la nuit, mais je n'ai rien vu, bien que souvent j'aie interrogé Catherine pour savoir si la dame allait venir ou non. Et Catherine me répondait : « Oui, tantôt. » (C 104-106)

Le siège de La Charité-sur-Loire, dont il est question dans cet entretien, semble bien avoir été proposé à Jeanne un peu comme un dérivatif, sous l'inspiration de La Trémoïlle.

Jean d'Aulon : « Certain temps après le retour du sacre du roi, il fut avisé par son conseil, étant alors à Mehun-sur-Yèvre, qu'il était très nécessaire de recouvrer la ville de La Charité que tenaient les ennemis; mais qu'il fallait avant prendre la ville de Saint-Pierre-le-Moûtiers que pareillement tenaient ses ennemis.

« Pour ce faire et assembler les gens alla la Pucelle en la ville de Bourges en laquelle elle fit son assemblée et, de là, avec certaine quantité de gens d'armes dont monseigneur d'Albret était le chef, allèrent assiéger la ville de Saint-Pierre-le-Moûtiers.

« Après que la Pucelle et ses gens eurent tenu le siège devant la ville quelque temps, il fut ordonné de donner l'assaut de cette ville. Et ainsi fut fait et pour la prendre firent leur devoir ceux qui là étaient. Mais, à cause du grand nombre de gens d'armes étant en la ville et de la grande force et aussi la grande résistance que ceux de dedans faisaient, les Français furent contraints et forcés de se retirer, et à cette heure, moi, qui étais blessé d'un trait au talon, tellement que sans potences (béquilles) ne pouvais me soutenir ni aller, je vis que la Pucelle était demeurée très petitement accompagnée de ses gens ou d'autres, et, redoutant que quelque mal ne s'ensuivit, je montai sur un cheval et aussitôt allai vers elle et lui demandai ce qu'elle faisait là ainsi seule, et pourquoi elle ne se retirait comme les autres. Après qu'elle eut ôté sa salade (casque léger) de dessus sa tête, elle me répondit qu'elle n'était pas seule et qu'encore elle avait en sa compagnie cinquante mille de ses gens et qu'elle ne se partirait de là jusqu'à ce qu'elle eût pris la ville.

« A cette heure, quelque chose qu'elle dît, elle n'avait pas avec elle plus de quatre ou cinq hommes, et je le sais certainement et plusieurs autres qui pareillement la virent : pour quelle cause je lui dis derechef qu'elle s'en allât et se retirât comme les autres faisaient.

Alors, elle me dit que je fisse apporter des fagots et des claies pour faire un pont sur les fossés de la ville afin qu'ils y puissent mieux approcher. Et en me disant cette parole, elle s'écria à haute voix et dit : « Aux fagots et aux claies tout le monde, afin de faire le pont! » lequel aussitôt fut fait et dressé. De cette chose je fus tout émerveillé, car aussitôt la ville fut prise d'assaut sans y trouver trop grande résistance. » (R 165-166)

Selon l'usage, Jeanne avait écrit aux bonnes villes à l'entour pour en obtenir une aide à l'occasion de ce siège de Saint-Pierre-le-Moûtiers et de la tentative faite sur La Charité. L'une de ces lettres a été conservée, celle qu'elle adressait aux habitants de Riom; elle se trouve toujours aux Archives municipales de cette ville. L'érudit Quicherat, qui l'avait eue entre ses mains, en a vu le cachet de cire rouge en meilleur état qu'il ne s'est conservé aujourd'hui. « On y voit, écrivait-il, la marque d'un doigt et le reste d'un cheveu noir qui paraît avoir été mis originairement dans la cire »; c'est une coutume assez fréquente alors de mettre ainsi une marque personnelle au revers des sceaux : empreinte du doigt ou cheveu. S'agissait-il d'un cheveu de Jeanne ? La chose n'aurait rien d'étonnant et on pourrait en déduire qu'elle était brune.

Mais cette lettre est remarquable par un autre détail : c'est la première en date qui porte la signature originale de Jeanne. A cette date (9 novembre 1429), il est probable qu'elle aura appris sinon à lire et à écrire, du moins à signer son nom. Deux autres lettres qui sont postérieures (mars et avril 1430) portent également sa signature. Sur la lettre de Riom, disons-le, l'écriture est fort malhabile et les jambages des « N » mal exécutés; sur les lettres postérieures, la signature est beaucoup plus assurée. Jeanne se sera conformée à l'usage du temps qui voulait qu'on dictât ses lettres, mais en y mettant sa signature originale, laquelle commence, à l'époque, à remplacer le sceau, seul employé jusque-là comme marque personnelle : toutes les lettres contem-

poraines, émanant de capitaines ou de hauts personnages, à commencer par le roi et la reine, sont ainsi
écrites par des clercs de chancellerie, mais revêtues
d'une signature autographe de l'expéditeur (voir Q,V,
147.)

Le siège de La Charité-sur-Loire fut un échec.

Le héraut Berry résume ainsi l'événement : « Le
sire de La Trémoïlle envoya Jeanne avec son frère, le
sire d'Albret, au plus fort de l'hiver et le maréchal de
Boussac avec bien peu de gens devant la ville de
La Charité et là ils furent environ un mois et se levèrent
honteusement sans que secours vint à ceux de dedans
et ils y perdirent bombardes et artilleries. » (Q,IV,49)
« Quand Jeanne y eut été un espace de temps, parce
que le roi ne fit finance (diligence) de lui envoyer vivres
ni argent pour entretenir sa compagnie, il lui convint
lever son siège et s'en départir à grande déplaisance »,
précise Perceval de Cagny. (Q,IV,31)

Jeanne se défendait par la suite d'avoir été envoyée
là par le commandement de ses voix :

« Que fîtes-vous sur les fossés de la ville de La Charité ?

JEANNE : J'y ai fait faire un assaut...
— Pourquoi n'êtes-vous pas entrée dans la ville de
La Charité puisque vous en aviez le commandement
de Dieu ?

JEANNE : Qui vous a dit que j'avais commandement
de Dieu ?
— Aviez-vous eu conseil de votre voix ?

JEANNE : Moi, je voulais venir en France, mais les
hommes d'armes dirent qu'il était mieux d'aller d'abord
devant la ville de La Charité. » (C 106)

Il se peut qu'elle ait voulu, en l'occurrence, mettre
ses voix à l'abri de tout soupçon d'erreur; mais de toute
évidence cette opération n'était pas celle qu'elle eût
souhaitée; depuis Reims, la conduite des événements
lui échappait, faute de cet acquiescement de la volonté
royale à la sienne qui avait été indispensable pour
accomplir les exploits précédents.

Le roi pourtant – en bon politique qu'il était – ne

lui ménageait pas les faveurs à la fin de cette année si riche d'événements; en décembre 1429, il anoblit Jeanne et sa famille, précisant que cet anoblissement pourrait être transmis en ligne féminine et masculine. (Q,V,150-153)

Il est à noter que la seule faveur qui paraît avoir été expressément demandée par Jeanne, c'est l'exemption d'impôts qu'elle avait obtenue pour les gens de Greux et de Domremy et qui lui avait été octroyée au lendemain même du sacre, à la fin de juillet 1429; elle devait être conservée aux habitants jusqu'à la Révolution.

Cependant, le temps qui passait éclairait peu à peu les plus aveugles. Philippe le Bon qui désormais avait tous pouvoirs en « France » (rappelons qu'alors le terme désigne l'Ile-de-France) comme dans toute la région qui lui était directement soumise, faisait diligence pour affermir son territoire. Il se trouve alors à l'apogée de sa puissance. Étant devenu veuf, il épouse le 8 janvier 1430, à Bruges, la princesse Isabelle de Portugal, au milieu de fêtes d'un luxe inouï; c'est alors qu'il crée le fameux ordre de la Toison d'Or qui réunit autour de lui, comme dans les romans de chevalerie « les pairs » du roi Arthur, la fleur de la chevalerie bourguignonne; il est significatif de trouver parmi eux Hugues de Lannoy, le négociateur qui l'avait si bien servi dans les tractations avec la France. En février, il obtient de ses États réunis à Dijon des subsides de guerre et se fait octroyer par le duc de Bedford les comtés de Champagne et Brie, à charge pour lui d'en faire la conquête. Son activité, toutefois, se porte d'abord vers ces villes de l'Oise qui lui avaient été remises par le roi de France et qui, Compiègne surtout, refusaient de se livrer à son autorité. La fameuse conférence de paix qui devait être réunie à Auxerre est sans cesse remise, et les troupes bourguignonnes s'établissent solidement sur le cours de l'Oise.

Finalement, dans une lettre datée du 6 mai 1430, et

signée de son chancelier Regnault de Chartres, Charles VII devra reconnaître publiquement son erreur et avouer qu'il a été dupé par « l'adversaire de Bourgogne » : « Après qu'il nous a, écrit-il, par aucun temps, amusés et déçus par trêves et autrement, sous ombre de bonne foi, parce qu'il disait et affirmait avoir volonté de parvenir au bien de la paix, laquelle, pour le soulagement de notre pauvre peuple, qui, à la déplaisance de notre cœur, tant a souffert et souffre chaque jour pour le fait de la guerre, avons fort désirée et désirons, il s'est mis avec certaine puissance pour faire guerre à l'encontre de nous et de nos pays et loyaux sujets. »

A cette date, en effet, Philippe le Bon mettait le siège devant Compiègne.

Jeanne n'avait pas attendu que le roi s'avouât berné pour reprendre la lutte. Elle n'avait pas dû apprendre sans émotion l'attitude des gens de Compiègne qui, plutôt que de se rendre au duc de Bourgogne en exécution des accords d'Arras, avaient « résolu de se perdre, eux, leurs femmes et leurs enfants ». Elle devait, d'autre part, bouillir d'impatience, car on apprenait qu'ici et là, à Melun, à Saint-Denis, à Paris même, des mouvements de partisans se produisaient – tandis que résolus à mettre tous leurs atouts en jeu, les Anglais, sous la conduite de Bedford, faisaient débarquer une armée de deux mille hommes à Calais où arrivait aussi, le 23 avril, le petit Henri VI, qui avait ceint la couronne des rois d'Angleterre le 6 novembre précédent à Westminster et qu'on espérait bien faire couronner roi de France pour répondre au sacre de Reims.

« Le roi étant en la ville de Sully-sur-Loire, la Pucelle, qui avait vu et entendu tout le fait et la manière que le roi et son conseil tenaient pour le recouvrement de son royaume, très mal contente de cela, trouva manière de se séparer d'eux et, à l'insu du roi, sans prendre congé de lui, elle fit semblant d'aller en quelque ébat et, sans retourner, s'en alla à la ville de Lagny-sur-Marne parce que ceux de la place faisaient bonne guerre aux Anglais de Paris et d'ailleurs. » (Perceval de Cagny, Q,IV,32)

On ne sait au juste la date de ce départ, fin mars ou début avril probablement. Jeanne avait avec elle son intendant Jean d'Aulon, son frère Pierre et une petite escorte évaluée à deux cents hommes ou environ, que conduisait un capitaine piémontais du nom de Barthélemy Baretta : de ces routiers qui se louaient, eux et leurs hommes, au hasard des combats.

C'est à Lagny qu'a lieu l'épisode de l'enfant baptisé sur l'intervention de Jeanne :

« Quel âge avait l'enfant que vous avez levé (tenu sur les fonts baptismaux) ?

JEANNE : L'enfant avait trois jours et il fut apporté devant l'image de Notre Dame à Lagny; les pucelles de la ville étaient devant l'image et moi je voulus aller prier Dieu et Notre Dame pour que la vie soit donnée à l'enfant. J'y allai avec les autres pucelles et je priai et, finalement, la vie apparut en cet enfant qui bailla trois fois et fut aussitôt baptisé; il mourut ensuite et fut inhumé en terre sainte. Il y avait trois jours, à ce qu'on disait, qu'aucune vie n'était apparue en cet enfant. Il était noir comme ma cotte, mais quand il bailla la couleur commença à lui revenir. J'étais avec les pucelles, priant à genoux devant Notre Dame. » (C 103)

Là également se place l'épisode de Franquet d'Arras que les juges allaient tenter d'exploiter au détriment de Jeanne lors de son procès.

« N'est-ce pas péché mortel que de recevoir un homme à rançon et de le faire mourir une fois qu'il est prisonnier ?

JEANNE : Je n'ai pas fait cela.

– N'a-t-il pas été question d'un nommé Franquet d'Arras que vous avez fait mourir à l'ennemi ?

JEANNE : J'ai consenti à ce qu'on le fasse mourir s'il l'avait mérité, parce qu'il avait avoué être meurtrier, larron et traître. Son procès a duré par quinze jours et le juge en fut le bailli de Senlis et les justiciers de Lagny.

J'avais demandé à avoir ce Franquet pour avoir en échange un homme de Paris, maître de l'Hôtel de l'Ours. Et quand j'ai su que cet homme était mort et que le bailli m'a dit que je faisais grande injure à la justice en libérant ce Franquet, alors j'ai dit au bailli : « Puisque cet homme est mort que je voulais avoir, faites de celui-là ce que vous deviez en faire par justice. » (C 150-151)

Jeanne s'était d'abord rendue à Melun où son séjour peut être daté exactement grâce à un souvenir personnel; elle s'y trouvait pendant la semaine de Pâques qui tombait cette année le 22 avril.
« JEANNE : En la semaine de Pâques dernier passé, étant sur les fossés de Melun, il me fut dit par les voix de sainte Catherine et sainte Marguerite que je serais prise avant qu'il fût la Saint-Jean et qu'ainsi fallait que ce soit et que je ne m'ébahisse pas et prenne tout en gré et que Dieu m'aiderait. » (C 112)
Elle précisait en réponse à d'autres questions :
« Depuis que j'ai eu révélation à Melun que je serais prise, je m'en suis rapportée surtout du fait de la guerre à la volonté des capitaines, et cependant je ne leur disais pas que j'avais révélation que je serais prise. » (C 141)

On trouve traces du passage de Jeanne à Senlis le 24 avril, puis à Compiègne le 14 mai. Entre temps, nous l'avons vu, Philippe le Bon, arrivé le 6 mai à Noyon, met le lendemain le siège devant Choisy-au-Bac dont il se rend maître le 16 mai. Il entreprend alors le siège de Compiègne et dispose ses troupes le long du cours de l'Oise. Lui-même installe son quartier général dans la petite forteresse de Coudun-sur-l'Aronde, Jean de Luxembourg et Baudot de Noyelle étant cantonnés respectivement à Clairoix et à Margny, tandis que Montgomery occupe Venette.
Le 22 mai, ayant appris ces dispositions, Jeanne, avec sa petite troupe, s'empresse de gagner Compiègne de nuit.

« Quand vous êtes venue pour la dernière fois à Compiègne, de quel lieu étiez-vous partie ?

JEANNE : De Crépy-en-Valois.

– Êtes-vous restée plusieurs jours dans la ville de Compiègne avant de faire quelque sortie ou saillie ?

JEANNE : J'étais venue le matin à heure secrète et j'entrai dans la ville sans que les ennemis en aient su grand-chose à ce que je crois et le même jour, vers l'heure du soir, j'ai fait cette saillie où je fus prise...

– Si les voix vous avaient commandé de sortir sur Compiègne en vous signifiant que vous y seriez prise, y seriez-vous allée ?

JEANNE : Si j'avais su l'heure, et je dusse être prise, je n'y fus pas allée volontiers; toutefois j'aurais fait leur commandement à la fin, quoi qu'il me dût arriver.

– Quand vous êtes sortie de Compiègne, aviez-vous eu voix ou révélation de partir et de faire cette sortie ?

JEANNE : Ce jour je n'ai pas su que je serais prise et n'ai pas eu précepte de sortir; mais toujours il m'avait été dit qu'il fallait que je fusse prisonnière.

– Quand vous fîtes cette sortie, êtes-vous passée par le pont de Compiègne ?

JEANNE : Je passai par le pont et par le boulevard et j'allai avec compagnie de mes gens contre les gens du seigneur Jean de Luxembourg et par deux fois les reboutai jusqu'aux logis des Bourguignons. Et alors les Anglais qui là étaient coupèrent le chemin à moi et à mes gens; et moi, en me retirant je fus prise dans les champs, du côté de la Picardie, près du boulevard; et était la rivière entre Compiègne et le lieu où je fus prise... »
(C 112-113)

Sur cette capture, Perceval de Cagny donne quelques détails : « L'an 1430, le 23e jour du mois de mai, la Pucelle étant au lieu de Crépy sut que le duc de Bourgogne avec grand nombre de gens d'armes et autres, et le comte d'Arundel, étaient venus assiéger la ville de Compiègne. Environ minuit elle partit du lieu de Crépy en compagnie de trois à quatre cents combattants et bien que ses gens lui disent qu'elle avait peu de gens pour passer parmi l'armée des Bourguignons et Anglais, elle dit : « Par mon martin, nous sommes assez; j'irai voir mes bons amis de Compiègne. » Elle arriva en ce lieu environ soleil levant et sans pertes ni dommages à elle ni à ses gens entra dans la ville... Et environ neuf heures du matin, la Pucelle ouït dire qu'il y avait escarmouche grande et forte en la prairie devant la ville. Elle s'arma et fit armer ses gens et monter à cheval et se vint mettre en la mêlée. Aussitôt qu'elle fut venue, les ennemis reculèrent et furent pris en chasse. La Pucelle chargea fort sur le côté des Bourguignons. Ceux de l'embûche avisèrent leurs gens qui retournaient en grand désordre. Alors ils découvrirent leur embûche (les Bourguignons s'étaient mis en embuscade du côté de Clairoix) et à force d'éperons ils se vinrent mettre entre le pont de la ville, la Pucelle et sa compagnie, et une partie d'entre eux tournèrent droit à la Pucelle en si grand nombre que bonnement ceux de sa compagnie ne les purent soutenir et dirent à la Pucelle : « Mettez peine de recouvrer la ville (retourner vers la ville), ou vous et nous sommes perdus. Quand la Pucelle les entendit ainsi parler, très fâchée elle leur dit : « Taisez-vous, il ne tiendra qu'à vous qu'ils ne soient déconfits. Ne pensez qu'à frapper sur eux. » Pour chose qu'elle dît, ses gens ne la voulurent croire et de force la firent retourner droit au pont. Et quand les Bourguignons et Anglais aperçurent qu'elle revenait pour rentrer dans la ville, à grand effort ils vinrent au bout du pont... Le capitaine de la place, voyant la grande multitude de Bourguignons et Anglais près d'entrer sur le pont, pour la crainte qu'il avait de la perte de sa place, fit lever le pont de la ville et fermer la porte, et ainsi demeura la Pucelle enfermée dehors et peu de ses gens avec elle. » (Q,IV,32-34)

On a longtemps considéré que cette fermeture des portes fut une trahison; on en rendait responsable le gouverneur de Compiègne, Guillaume de Flavy, qui, devant l'Histoire, fit figure de traître. Il semble pourtant qu'il n'en est rien; Guillaume de Flavy avait donné précédemment, et devait donner par la suite, assez de preuves de sa fidélité au roi de France pour qu'on n'aille pas lui imputer un acte criminel. Les portes de la ville sont fermées sur son ordre parce que les ennemis approchent ; Jeanne est, selon son habitude, là où le danger presse ; on l'a toujours vue à l'avant-garde lorsqu'il s'agissait d'attaquer, à l'arrière-garde lorsqu'il fallait protéger la retraite ; sa compagnie est refoulée sur Compiègne ; elle-même fait partie de cette poignée de combattants qu'il faut bien se décider à sacrifier pour sauver la ville.

Le Bourguignon Georges Chastellain a laissé de la capture même de Jeanne un récit d'une extrême vivacité : « Les Français, avec leur Pucelle, commençaient à se retirer tout doucement, comme ne trouvant point d'avantage sur leurs ennemis, mais plutôt périls et dommages. Par quoi les Bourguignons, voyant cela et émus de sang, et non contents de les avoir repoussés par défense, s'ils ne leur portaient plus grand mal que de les poursuivre de près, frappèrent dedans valeureusement à pied et à cheval, et portèrent beaucoup de dommage aux Français. Dont la Pucelle, passant nature de femme, soutint tout le poids, et mit beaucoup de peine à sauver sa compagnie, demeurant derrière comme chef et comme le plus vaillant du troupeau. Et là, Fortune permit, pour fin de sa gloire et pour la dernière fois, qu'elle ne portât plus d'armes : un archer, raide homme et bien aigre, ayant grand dépit qu'une femme dont on avait tant ouï parler soit rebouteresse de tant de vaillants hommes, la prit de côté par sa huque de drap d'or et la tira de cheval, toute plate à terre ; jamais ne put trouver rescousse ni secours en ses gens, pour peine qu'ils y mettent, qu'elle pût être remontée, mais un homme d'armes, nommé le bâtard de Wandomme, qui survint au moment où elle se laissa choir, la pressa de si près qu'elle lui donna sa foi, pour ce qu'il se disait noble homme. Lui, plus joyeux que s'il eût un roi entre ses mains, la mena hâtivement à Margny et là la tint en sa garde jusqu'à la fin de la besogne. Et fut pris avec elle aussi Poton le Bourguignon, gentil homme d'armes du parti des Français, le frère de la

Pucelle (Pierre), son maître d'hôtel (Jean d'Aulon) et d'autres en petit nombre, qui furent menés à Margny et mis en bonne garde. » (Q,IV,446-447)

Chastellain n'a rapporté ces événements que par ouï dire, mais un autre chroniqueur bourguignon, Enguerrand de Monstrelet, assistait personnellement à la bataille et nous traduit bien l'impression produite dans les deux camps par cette nouvelle inattendue.

« Les Français entrèrent en Compiègne, dolents et courroucés de leurs pertes et surtout eurent grand déplaisance de la prise de la Pucelle. Et à l'opposé, ceux du parti de Bourgogne et les Anglais en furent très joyeux, plus que d'avoir pris cinq cents combattants, car ils ne craignaient et redoutaient nul capitaine ni autre chef de guerre tant qu'ils l'avaient toujours fait jusqu'à ce jour de cette Pucelle.

« Assez tôt après vint le duc de Bourgogne avec sa puissance de son logis de Coudun où il était logé en un pré devant Compiègne, et là s'assemblèrent les Anglais, le duc et ceux des autres logis (campements) en très grand nombre, faisant l'un avec l'autre grands cris et ébaudissements pour la prise de la Pucelle ; le duc l'alla voir au logis où elle était et lui dit quelques paroles dont je ne me souviens pas très bien, bien que j'y aie été présent. Après cela, le duc se retira et toutes autres gens, chacun en leur logis pour cette nuit. Et la Pucelle demeura en la garde et gouvernement de messire Jean de Luxembourg. Celui-ci, peu de jours après, l'envoya sous son bon conduit au château de Beaulieu. » (Q,IV,402)

Il est assez curieux que Monstrelet, dont la mémoire est si fidèle, ne se soit plus très bien souvenu d'une rencontre aussi étonnante que celle du grand-duc d'Occident et de Jeanne la Pucelle ; mais ce n'est pas la seule fois où on le prend en défaut en ce qui concerne Jeanne ; chroniqueur de la Maison de Luxembourg, il glisse assez facilement sur tout ce qui pourrait ne pas être à l'honneur de cette illustre Maison, d'où des lacunes étonnantes : ainsi il ne mentionnera pas la vente de Jeanne aux Anglais et ne dit pas non plus un mot du procès; il se contente d'intercaler dans son texte la lettre que le roi d'Angleterre adressa à divers princes et prélats pour annoncer son supplice, et d'en mentionner l'exécution.

Il reste que la joie était grande dans les rangs bourguignons. Un autre chroniqueur, lui aussi témoin oculaire, Jean Lefèvre de Saint-Remy, conseiller du duc de Bourgogne et roi d'armes de la Toison d'Or, s'en fait l'écho : « La Pucelle fut menée à grande joie vers le duc qui venait à toute diligence à l'aide et au secours de ses gens. Il fut fort joyeux de sa prise pour le grand nom qu'elle avait, car il semblait à plusieurs de son parti que ses œuvres ne puissent être que miraculeuses. » (Q,IV,349)

Philippe le Bon s'empressa de faire savoir partout la capture qu'il venait de faire; des lettres qui furent écrites à cette occasion, il nous reste celle adressée aux bourgeois de Saint-Quentin. Elle est datée du jour même : 23 mai 1430, et écrite « à Coudun près de Compiègne » : « Très chers et bien-aimés, écrit-il, sachant que vous désirez avoir de nos nouvelles, nous vous signifions que ce jour vingt-troisième de mai, vers six heures après midi, les adversaires de monseigneur le roi (d'Angleterre) et les nôtres, qui s'étaient mis ensemble en très grosse puissance et s'étaient boutés en la ville de Compiègne devant laquelle nous et les gens de notre armée sommes logés, sont sortis de la ville sur le logis de notre avant-garde le plus proche d'eux. A cette sortie était celle qu'ils appellent la Pucelle avec plusieurs de leurs principaux capitaines, à l'encontre desquels notre cousin, messire Jean de Luxembourg qui était présent et autres de nos gens et quelques-uns des gens de monseigneur le roi qu'il avait envoyés vers nous pour passer outre et aller à Paris, ont fait très grande et âpre résistance, et prestement, nous y arrivâmes en personne et trouvâmes que les adversaires étaient déjà repoussés. Et par le plaisir de notre béni Créateur, la chose est ainsi advenue et telle grâce nous a été faite que celle qu'on appelle la Pucelle a été prise, et avec elle plusieurs capitaines, chevaliers et écuyers et autres pris, noyés et morts, dont à cette heure nous ne savons encore les noms. » (Q,v,166-7)

Documents officiels et documents privés consignent le fait : aussi bien le registre de Clément de Fauquembergue où la prise de Jeanne est consignée à la date du 25 mai, jour où la nouvelle parvint à Paris, que le *Journal d'un bourgeois de Paris* qui note : « Le 23 mai, dame Jeanne, la Pucelle aux Armagnacs, fut prise devant Compiègne par messire Jean de Luxembourg, ses gens et mille Anglais qui venaient à Paris. Quatre cents au moins des hommes à la Pucelle furent tués ou noyés. » (P. 99)

Après quelque temps passé dans la forteresse de Beaulieu-en-Vermandois, Jeanne, qui avait tenté de s'échapper, fut transférée au château de Beaurevoir situé en plein bois entre Cambrai et Saint-Quentin. Lors de son procès, elle devait être interrogée sur les deux tentatives d'évasion qui marquèrent ces deux séjours.

« Comment aviez-vous pensé vous échapper du château de Beaulieu entre deux pièces de bois ?

JEANNE : Je n'ai jamais été prisonnière en quelque lieu que volontiers je ne m'en échappe. Étant dans ce château, j'avais enfermé mes gardiens dans la tour, si ce n'eût été le portier qui me vit et me rencontra. Il me semble qu'il ne plaisait pas à Dieu que je m'échappe pour cette fois et qu'il fallait que je visse le roi des Anglais, comme mes voix me l'avaient dit. (C 155)...

– Avez-vous été longuement en la tour de Beaurevoir ?

JEANNE : J'y ai été pendant quatre mois ou environ. Quand j'ai su que les Anglais allaient venir pour me prendre, j'en ai été fort courroucée et cependant les voix me défendirent souvent que je ne saute de cette tour. Et finalement, par crainte des Anglais, j'ai sauté et me suis recommandée à Dieu et à la Vierge Marie et j'ai été blessée en ce saut. Et après que j'aie sauté, la voix de sainte Catherine me dit que je fasse bon visage

et que ceux de Compiègne auraient secours. (C 107)
— Quelle fut la cause pour laquelle vous avez sauté de
la tour de Beaurevoir ?

JEANNE : J'avais entendu dire que tous ceux de
Compiègne jusqu'à l'âge de sept ans devaient être mis
à feu et à sang et j'aimais mieux mourir que de vivre
après une telle destruction de bonnes gens, et ce fut
une des causes de ce que je sautai. Et l'autre fut que je
savais que j'étais vendue aux Anglais, et j'aurais préféré
mourir que d'être dans la main des Anglais, mes adversaires.
— Avez-vous fait ce saut par le conseil de vos voix ?

JEANNE : Catherine me disait presque chaque jour
que je ne saute pas et que Dieu m'aiderait et aussi ceux
de Compiègne. Et je dis à sainte Catherine que puisque
Dieu aiderait ceux de Compiègne, moi-même je voulais
être là-bas. Alors, sainte Catherine me dit : « Sans faute,
il faut que vous preniez en gré, et vous ne serez pas délivrée jusqu'à ce que vous ayez vu le roi des Anglais. »
Et je lui répondis : « Vraiment, je ne voudrais pas le
voir, et j'aimerais mieux mourir que d'être mise en la
main des Anglais. »
— Avez-vous dit à sainte Catherine et à sainte Marguerite ces mots : « Dieu laissera-t-il mourir si mauvaisement les bonnes gens de Compiègne ? »

JEANNE : Je n'ai pas dit le mot « si mauvaisement »,
mais j'ai dit : « Comment Dieu laissera-t-il mourir ces
bonnes gens de Compiègne qui ont été et sont si fidèles
à leur seigneur ? » Après que je fus tombée de la tour,
je fus, pendant deux ou trois jours, sans vouloir
manger. Et je fus blessée en ce saut tellement que je ne
pouvais manger ni boire. Et cependant, j'eus confort
de sainte Catherine qui me dit que je me confesse et
demande pardon à Dieu de ce que j'avais sauté et que
sans faute ceux de Compiègne auraient secours avant
la fête de saint Martin d'hiver. Alors, j'ai commencé
à revenir à la santé et j'ai commencé à manger et bientôt
j'ai été guérie.
— Quand vous avez sauté, croyiez-vous vous tuer ?

JEANNE : Non, mais en sautant je me suis recommandée à Dieu et je croyais en faisant ce saut échapper de façon à ce qu'on ne me livre pas aux Anglais. » (C 143-145)

Du temps où elle fut prisonnière il ne nous reste guère de témoignages. Pourtant, lors du procès de réhabilitation, un chevalier bourguignon vint déposer. Il s'agit d'Haimond de Macy, qui était au service de Jean de Luxembourg.

« J'ai vu Jeanne pour la première fois quand elle était enfermée au château de Beaurevoir pour le seigneur comte de Ligny (Jean de Luxembourg). Je l'ai vue plusieurs fois en prison et à plusieurs reprises, j'ai conversé avec elle. J'ai tenté plusieurs fois en jouant de lui toucher les seins, essayant de mettre ma main sur sa poitrine, ce que Jeanne ne voulait souffrir, mais elle me repoussait de tout son pouvoir. Jeanne était en effet d'honnête tenue, tant dans ses paroles que dans ses gestes.

« Jeanne fut conduite au château du Crotoy où était détenu prisonnier un homme tout à fait notable, appelé maître Nicolas de Queuville, chancelier de l'église d'Amiens, docteur en l'un et l'autre droit (droit civil et droit canonique) qui souvent célébrait la messe dans la prison et Jeanne, le plus souvent, entendait sa messe. J'ai entendu dire ensuite à ce maître Nicolas qu'il avait entendu Jeanne en confession et qu'elle était bonne chrétienne et très pieuse. Il disait beaucoup de bien de Jeanne. » (R 186)

A Beaurevoir résidait la femme de Jean de Luxembourg, Jeanne de Béthune, et sa tante, la vieille Demoiselle de Luxembourg, qui devait mourir avant Jeanne elle-même, le 13 novembre 1430. Les deux femmes paraissent avoir manifesté quelque bonté à Jeanne qui gardait d'elles un souvenir sympathique.

« Aviez-vous été requise à Beaurevoir (de prendre l'habit de femme) ?

JEANNE : Oui, vraiment, et je répondis que je ne changerais point d'habit sans le congé (la permission) de Notre Seigneur. La demoiselle de Luxembourg et la dame de Beaurevoir m'offrirent un habit de femme ou de l'étoffe pour en faire, en me demandant de prendre cet habit, et je répondis que je n'en avais pas permission de Dieu et qu'il n'en était pas encore temps... Si j'avais dû prendre habit de femme, je l'aurais fait plus volontiers à la requête de ces femmes que d'aucune autre femme qui soit en France, excepté ma reine... La dame de Luxembourg avait requis à monseigneur de Luxembourg que je ne fusse point livrée aux Anglais. »

Jeanne devait demeurer dans la forteresse de Beaurevoir jusqu'à la fin de novembre 1430. Dans l'intervalle, les Anglais n'étaient pas restés inactifs : il s'agissait de se faire livrer la prisonnière. Pour mener les négociations, ils s'adressèrent à un homme que ses antécédents rendaient particulièrement apte à la besogne : l'évêque de Beauvais, Pierre Cauchon. En 1430, il a environ soixante ans et a fourni une brillante carrière tant comme diplomate que comme universitaire. Dès 1403, il était recteur de l'Université de Paris et avait joué un rôle prépondérant lors des troubles à travers lesquels l'Université parisienne avait pris fait et cause pour les Bourguignons contre les Armagnacs. En 1419, au moment où s'élaborait au sein de l'Université la théorie de la double monarchie qui plaçait les deux royaumes de France et d'Angleterre sous une seule couronne, celle du roi d'Angleterre, il était conservateur des privilèges de l'Université. Il a été l'un des négociateurs désignés pour le fameux traité de Troyes et aussitôt après, le 21 août 1420, il était nommé évêque de Beauvais; en 1424, on le voit recevoir au nom du roi d'Angleterre la capitulation de la ville de Vitry, qui succombe malgré la défense opposée par La Hire, l'un des capitaines qui allaient, cinq ans plus tard, se trouver aux côtés de Jeanne d'Arc. On imagine ce qu'avait dû être pour lui cette année 1429 qui l'avait vu fuir précipitamment d'abord de Reims, où il résidait peu avant le sacre et avait conduit les cérémonies de la Fête-Dieu, puis de Beauvais, au moment où la ville avait ouvert ses portes à Charles VII. Les négociations menées par lui vont lui permettre de se venger de cette double humiliation tout en justifiant les théories politiques chères à l'Université parisienne, et qu'il a soutenues tout au cours de son existence : mise en échec par l'éblouissante campagne de Jeanne et le sacre de Reims, la théorie de la double monarchie retrouvera son prestige lorsqu'il sera démontré que l'instrument de la cause française n'était qu'une misérable hérétique et sorcière; enfin, une autre cause plus secrète aiguillonne son activité de négociateur : l'archevêché de Rouen est vacant depuis peu et il espère bien le recevoir en récompense de ses bons offices, lui qui se trouve aujourd'hui chassé de son propre diocèse.

La nouvelle de la capture de Jeanne a été, nous l'avons vu, connue le 25 mai à Paris et enregistrée ce jour-là sur le Registre du Parlement. Dès le lendemain 26 mai, l'Université de Paris adresse une lettre au duc de Bourgogne au nom de l'Inquisiteur de France pour que Jeanne lui soit livrée.

« Comme tous loyaux princes chrétiens et tous autres vrais catholiques sont tenus d'extirper toutes erreurs venant contre la foi et les scandales qui s'ensuivent dans le simple peuple chrétien, et qu'il soit à présent de commune renommée que par certaine femme nommée Jeanne, que les adversaires de ce royaume appellent la Pucelle, ont été en plusieurs cités, bonnes villes et autres lieux de ce royaume, semées et publiées... diverses erreurs... nous vous supplions de bonne affection, vous, très puissant prince... que, le plus tôt que sûrement et convenablement faire se pourra, soit envoyée et amenée prisonnière par devers nous la dite Jeanne, soupçonnée véhémentement de plusieurs crimes sentant l'hérésie, pour comparaître par devant nous et un procureur de la Sainte Inquisition, répondre et procéder comme raison devra avec le bon conseil, faveur et aide des bons docteurs et maîtres de l'Université de Paris et autres notables conseillers. » (C 8-9)

Le 14 juillet suivant, l'Université s'adressera en son nom propre à Jean de Luxembourg et au duc de Bourgogne lui-même. Et Pierre Cauchon se présentera au camp de Compiègne devant Jean de Luxembourg avec des lettres de sommation émanant de l'Université pour que Jeanne lui soit remise.

« C'est ce que requiert l'évêque de Beauvais à monseigneur le duc de Bourgogne et à monseigneur Jean de Luxembourg et au bâtard de Wandomme, de par le roi notre sire et de par lui comme évêque de Beauvais : que cette femme que l'on nomme communément Jeanne la Pucelle, prisonnière, soit envoyée au roi pour la remettre à l'Église pour lui faire son procès parce qu'elle est soupçonnée et diffamée d'avoir commis plusieurs crimes, sortilèges, idolâtrie, invocations d'ennemis (démons) et autres plusieurs cas touchant notre foi et contre cette foi. » (C 9)

Il offrait, de la part du roi d'Angleterre, une somme de six mille francs à ceux qui l'avaient capturée, et au bâtard de Wandomme une rente de deux à trois cents livres; pour la rançon même de la Pucelle, une somme de dix mille francs était offerte.

Comme on le voit, on n'avait épargné ni temps ni argent. A cette activité du côté anglais ne correspond, de la part du roi de France, qu'une totale inertie. On lit bien dans le *Journal* d'Antonio Morosini que, selon les rumeurs que lui avait rapportées l'un de ses parents venant de Bruges, Charles VII aurait mandé aux Bourguignons « qu'ils ne devaient se prêter pour chose du monde à une pareille transaction ou que, sinon, il infligerait pareil traitement à ceux de leur parti qu'il avait entre les mains ». (Herval, p. 14)

Dans la lettre de l'Université à Jean de Luxembourg, on note qu'il pourrait advenir « que cette femme soit délivrée ou perdue, car on dit que quelques-uns des adversaires (du roi d'Angleterre) se veulent efforcer de faire et appliquer à cela tous leurs entendements par voie exquise (extraordinaire) et qui pis est par argent ou rançon ». (C 7) Ce sont là les seules allusions, bien lointaines et indirectes, à un effort émanant du roi de

France pour secourir celle à qui il devait sa couronne.

Faut-il beaucoup s'en étonner ? Les divers portraits qui nous ont été tracés du roi Charles VII s'accordent à nous le montrer faible de caractère et à nous dire qu'il était « de condition muable » (changeante). « Il y eut fréquentes et diverses mutations autour de sa personne, car c'était son habitude... quand on s'était bien haut élevé auprès de lui jusqu'au sommet de la roue, alors commençait à s'en ennuyer et, à la première occasion qui pouvait donner quelque apparence, volontiers la renversait de haut en bas »; Georges Chastellain, qui nous trace ce portrait, ajoute qu'« il savourait du fruit ce qu'il en pouvait tirer ». On le voit d'autre part prendre un soin extrême de sa gloire personnelle toutes les fois que l'occasion s'en présente : il fera frapper d'innombrables médailles dans lesquelles il s'intitule « Charles le Victorieux » après le recouvrement de son royaume. Peut-être, après tout, n'était-il pas fâché, une fois reçus, contre toute espérance, la couronne et le sacre qui faisaient de lui le roi de France, de voir écarter celle à qui il devait l'un et l'autre.

Et, dans son entourage, les envieux ne manquaient pas, qui pouvaient aller jusqu'à se réjouir de la capture de Jeanne; à la tête de ceux-ci il faut placer l'archevêque de Reims, Regnault de Chartres, qui avait partie liée avec La Trémoïlle et qu'on a vu à la tête de la délégation qui s'était présentée le 16 août 1429, un mois juste après le sacre, à Arras, devant le duc de Bourgogne, à l'insu de Jeanne, pour signer des trêves qui constituaient à son endroit une véritable trahison; les faits étaient venus démentir sa politique et l'on peut se demander s'il n'en voulait pas à Jeanne d'avoir dû, bon gré, mal gré, reconnaître la duperie de ses négociations et se joindre à elle lorsque l'action des armes était de nouveau apparue comme seule efficace. On possède mention d'une lettre de lui, adressée à ses diocésains, dans laquelle il insinue « que Dieu avait souffert que Jeanne la Pucelle soit prise parce qu'elle s'était constituée en orgueil et à cause des riches habits qu'elle avait pris, et parce qu'elle n'avait fait ce que

Dieu lui avait commandé, mais avait fait sa volonté ». (Q,v,169)

Les négociations concernant Jeanne allaient occuper Pierre Cauchon pendant plus de quatre mois, comme l'atteste la quittance qu'il signe à Pierre Surreau, receveur général (trésorier) de Normandie, déclarant avoir reçu la somme de sept cent soixante-cinq livres tournois « pour sept vingt treize (153) jours que nous affirmons avoir vaqué au service du roi, notre seigneur, pour ses affaires, tant en la ville de Calais comme en plusieurs voyages en allant vers monseigneur le duc de Bourgogne ou vers messire Jean de Luxembourg en Flandre, au siège devant Compiègne, à Beaurevoir, pour le fait de Jeanne qu'on dit la Pucelle, comme pour plusieurs autres besognes et affaires du roi, notre sire ». Cauchon était, en effet, de ceux qui savent faire payer leurs services : les diverses prébendes et bénéfices qu'il accumulait représentaient environ deux mille livres par an.

Au procès de réhabilitation, l'un des rares clercs de Rouen qui avaient su résister à toutes les pressions, Nicolas de Houppeville, racontait comment il avait vu Cauchon revenir de ses diverses ambassades et avec quelle joie celui-ci rendait compte de ses tractations : « Je sais bien, dit-il alors, que Jeanne a été amenée en cette cité de Rouen par les Anglais et qu'elle a été mise en prison au château de Rouen ; le procès a été fait aux frais des Anglais, à ce que je crois. Quant aux craintes et aux pressions, je n'en crois rien en ce qui concerne les juges, je pense qu'au contraire ils l'ont fait volontairement et surtout l'évêque de Beauvais, que j'ai vu revenir après être allé la chercher, et rendre compte de sa légation au roi et au seigneur de Warwick, disant avec joie et en exultant des mots que je n'ai pas compris. Puis il a parlé ensuite en secret au seigneur de Warwick ; ce qu'il lui a dit, je n'en sais rien. » (R 261-262)

Le dernier itinéraire de Jeanne allait la conduire du château de Beaurevoir à Rouen où devait lui être fait un procès d'hérésie. L'Université de Paris aurait désiré que ce procès eût lieu à Paris, mais Paris restait trop exposé, trop proche du territoire nouvellement rendu au roi de France; à Rouen, au contraire, les Anglais se sentaient sûrs d'eux-mêmes, dans cette Normandie qui avait été, pendant deux siècles, un fief des rois d'Angleterre; la ville était en leur possession depuis plus de dix ans; c'était là que résidait leur jeune roi et son gouverneur, Richard Beauchamp, comte de Warwick.

Le moment où Jeanne est livrée aux Anglais coïncide avec la mort de la « dame de Luxembourg », que sans doute son neveu, Jean, comte de Luxembourg-Ligny, hésitait à mécontenter. C'est à Arras qu'elle fut remise entre les mains de l'escorte anglaise; puis elle est conduite au château-fort du Crotoy. Une chronique contemporaine, celle de Jean de La Chapelle, signale qu'elle passa une nuit au château de Drugy, près de l'abbaye de Saint-Riquier. Lui-même, alors aumônier de l'abbaye, et maître Nicolas Bourdon, prévôt de la même abbaye, allèrent lui rendre visite lors de son passage. (Q,v,360) Des études faites d'après le mouvement des marées ont permis de déterminer les jours et heures auxquels le passage de la baie de Somme était possible : elle a dû la franchir le 20 décembre 1430, vers neuf heures du matin, pour arriver à Saint-Valéry. Les deux portes de cette ville : porte du Bas (aujourd'hui porte de Nevers) et porte du Haut (porte Guillaume) par lesquelles elle a dû passer subsistent aujourd'hui. De là, elle aura été conduite au château d'Eu, pour repartir par Dieppe et Bosc-le-Haut, et arriver enfin le 23 décembre, à la tombée du jour, à Rouen; c'est là qu'elle fut enfermée au château de Bouvreuil sous la garde de geôliers anglais.

Dès le 21 novembre, lorsque Jeanne fut remise entre les mains des Anglais, l'Université de Paris avait adressé au roi d'Angleterre une nouvelle lettre, témoignant de la joie que manifestent les dignes maîtres à la savoir enfin entre ses mains :

« A très excellent prince, le roi de France et d'Angleterre... Nous avons nouvellement entendu qu'en votre puissance est rendue à présent cette femme dite la Pucelle, ce dont nous sommes fort joyeux, confiants que par votre bonne ordonnance cette femme sera mise en justice pour réparer les grands maléfices et scandales advenus notoirement en ce royaume à l'occasion d'elle, au grand préjudice de l'honneur divin, de notre sainte foi et de tout votre bon peuple. »

Ils demandent que mission de la juger soit donnée à l'évêque de Beauvais et à l'Inquisiteur de France, et c'est alors qu'ils expriment le souhait qu'elle soit jugée à Paris. Le roi d'Angleterre, on l'a vu, devait en décider autrement, mais entendait bien qu'elle soit déférée devant l'évêque de Beauvais. Le 3 janvier 1431, il lui confiait officiellement ce soin. En principe, un hérétique devait être jugé par l'évêque de son pays d'origine, ou dans le diocèse où l'hérésie avait été commise; on prenait ici prétexte de ce que Jeanne avait été prise à Compiègne, relevant de l'évêché de Beauvais, pour faire de Cauchon son juge; la difficulté était que Cauchon, évêque de Beauvais, n'avait pas qualité pour exercer fonction de juge à Rouen. Mais dès le 28 décembre précédent, Bedford lui avait fait donner, par le chapitre de Rouen, une « commission de territoire » lui permettant de déroger à la règle.

La lettre du 3 janvier écrite au nom du roi d'Angleterre précisait : « C'est notre intention de ravoir et reprendre par devers nous cette Jeanne si ainsi était qu'elle ne fût convaincue ou atteinte du cas (d'hérésie) ou autre touchant ou regardant notre foi. » (C 15).

C'est dire clairement que, quelle que fût l'issue du procès, les Anglais entendaient se réserver la prisonnière. Ainsi apparaissait la duplicité de la cause : Jeanne était, en principe, jugée par l'Église pour fait d'hérésie; en réalité, elle était une prisonnière de guerre dont le sort dépendait entièrement du roi d'Angleterre.

Au reste, le caractère politique du procès de Rouen n'a fait de doute pour personne à l'époque. Lorsqu'au procès de réhabilitation, les langues se délièrent – Rouen étant enfin libérée après trente années d'occupation anglaise –, les témoignages recueillis sont unanimes à ce sujet. Citons, en premier lieu, ceux des notaires (nous dirions : greffiers) qui furent désignés pour consigner par écrit le procès de condamnation.

Guillaume Manchon : « Si les juges procédaient par haine ou autrement, je m'en rapporte à leur conscience. Je sais cependant et crois fermement que si elle avait été du parti des Anglais, ils ne l'auraient pas ainsi traitée et n'auraient pas fait tel procès contre elle. Elle a été, en effet, amenée à la ville de Rouen et non à Paris, car, à ce que je crois, le roi d'Angleterre était dans la ville de Rouen ainsi que les principaux de son conseil et elle a été placée dans les prisons du château de Rouen. J'ai été forcé, en cette affaire, d'agir comme notaire et je l'ai fait malgré moi, car je n'aurais pas osé contredire à l'ordre des seigneurs du conseil du roi. Et les Anglais poursuivaient ce procès et c'est à leurs frais qu'il fut instruit. Je crois cependant, ajoutet-il, que l'évêque de Beauvais n'a pas été obligé de mener le procès contre Jeanne, ni non plus le promoteur, Jean d'Estivet. Mais c'est volontairement qu'ils l'ont fait. Quant aux assesseurs et autres conseillers, je crois qu'ils n'auraient pas osé contredire, et il n'y avait personne qui ne fût dans la crainte. » (R 193-197)

Boisguillaume, second notaire : « Je sais bien que le seigneur évêque de Beauvais entreprit le procès contre elle parce qu'il disait qu'elle avait été faite prisonnière dans les limites du diocèse de Beauvais; si ce fut par haine ou autrement, je m'en rapporte à sa conscience. Je sais cependant que tout se faisait aux frais du roi d'Angleterre et sur l'initiative des Anglais, et je sais bien que l'évêque lui-même et les autres qui se mêlaient de ce procès obtinrent du roi d'Angleterre des lettres de garantie, car je les ai vues. » (R 197)

L'un des assesseurs, qui devait jouer un grand rôle auprès de Jeanne, frère Isambart de la Pierre, dominicain du couvent de Saint-Jacques de Rouen, résume ainsi la situation : « Quelques-uns de ceux qui assistèrent au déroulement du procès étaient poussés, comme l'évêque de Beauvais, par leur partialité. Certains, comme quelques-uns des docteurs anglais, par appétit de vengeance. D'autres, les docteurs de Paris, par l'appât du gain. D'autres encore étaient poussés par la crainte, comme le sous-inquisiteur et quelques autres dont je ne me souviens pas; et tout cela fut fait sur l'initiative du roi d'Angleterre, du cardinal de Winchester, du comte de Warwick et des autres Anglais qui payèrent les dépenses faites à l'occasion de ce procès. » (R 199)

COMMENTAIRE

L'exposé des événements militaires tient dans ce chapitre, par la force des choses, plus de place que dans les autres. Donnons ici, sur les points qui n'ont pu être traités en détail, une rapide bibliographie qui permettra au lecteur de les éclaircir :

SUR LES ÉVÉNEMENTS MILITAIRES EN GÉNÉRAL :

Éd. Perroy, *La Guerre de Cent ans,* Paris, 1945.
Calmette et Deprez, *La France et l'Angleterre en conflit,* dans *Histoire générale* publiée sous la direction de G. Glotz, t. VII, Paris, 1937.

SUR CEUX DE L'ANNÉE 1430 EN PARTICULIER :

A. Bossuat, *Perrinet Gressart et François de Surienne, agents de l'Angleterre,* Paris, 1936.

SUR L'ÉPISODE DE COMPIÈGNE :

P. Champion, *Guillaume de Flavy,* Paris, 1906.
J. M. Mestre, *Guillaume de Flavy n'a pas trahi Jeanne d'Arc,* Paris, 1934.

Sur les lettres de Jeanne :

C. de Maleissye, *Les Lettres de Jehanne d'Arc*, Paris, 1911.

Et, bien entendu, on pourra se reporter aux diverses histoires de Jeanne d'Arc, celles qui offrent le plus de garanties du point de vue historique demeurant celles de Hanotaux (1911), de P. H. Dunand (la plus complète, en 3 vol., 1899), ainsi que l'excellent petit résumé donné par J. Calmette pour la collection *Que sais-je ? Jeanne d'Arc* (nᵒ 211 de la collection).

Il faut dire un mot de l'assertion selon laquelle les armoiries données à Jeanne et à sa famille contiendraient la « preuve » de sa « bâtardise » (et pourquoi, en ce cas, les aurait-on données aussi bien à sa famille qu'à Jeanne elle-même ? Ses frères auraient-ils été aussi des bâtards d'Isabeau de Bavière ?). On a prétendu que, si des fleurs de lys ont été octroyées à Jeanne, c'était pour affirmer qu'elle était de sang royal. La méprise provient de la même ignorance que celle qui a été relevée à propos de la « livrée d'Orléans » : le roi octroie en cette circonstance, comme dans beaucoup d'autres, le droit de porter l'emblème royal à ceux qu'il veut particulièrement honorer, parce que leurs exploits ont été particulièrement glorieux; sans aller très loin il suffira de citer, à la même époque et pour les mêmes raisons, les armoiries octroyées en septembre 1429 à Gilles de Rais, qui consisteront en fleurs de lys semées en orle (Acte original conservé aux Archives nationales et visible au Musée de l'Histoire de France, AE II 1715).

D'autre part, on a voulu soutenir que l'épée que comportent ces armes constitue une « brisure », signe indiquant la bâtardise. C'est faux. L'épée, en héraldique, n'a *jamais* été une brisure; c'est un « meuble », exactement comme la couronne, les fleurs de lys, etc. En revanche, tout bâtard porte alors sur ses armes la brisure habituelle, c'est-à-dire la barre de bâtardise, que l'on voit, par exemple, sur les armes de Dunois, bâtard d'Orléans. Renvoyons ici aux principaux traités d'héraldique, entre autres l'ouvrage de Rémy Mathieu, *Le Système héraldique français,* ceux de Meurgey de Tupigny, etc.

7. *Le procès de condamnation.*

Le procès de condamnation allait durer cinq mois, du 9 janvier au 30 mai 1431, et comprendre trois phases. D'abord ce qu'on appelait le procès d'office, que nous appellerions aujourd'hui l'instruction de l'affaire, comprenant enquêtes et interrogatoires qui se déroulent du 9 janvier au 26 mars; puis le procès ordinaire qui se termine le 24 mai par la scène de l' « abjuration » de Jeanne; ensuite eut lieu le très court procès de relapse ou de rechute, les 28 et 29 mai.

Dans les procès en matière de foi, jugeaient ensemble l'évêque et l'inquisiteur. Nous avons vu comment Pierre Cauchon avait été désigné comme juge moyennant quelques artifices de procédure; son passé, fait tout entier d'attachement à la cause anglaise, tout comme sa qualité de juriste, docteur « en l'un et l'autre droit » (droit civil et droit canon) garantissaient d'avance le zèle et l'habileté qu'il allait y déployer. A ses côtés devait siéger Jean Lemaître, vicaire de l'Inquisition à Rouen, désigné pour cela par maître Jean Graverent, inquisiteur de France. Lemaître fait d'ailleurs piètre figure : il assiste le moins possible au procès; un mois après son ouverture, il n'y a pas encore paru; le 20 février, il s'y rend sur la convocation expresse de Cauchon et déclare « qu'il ne voudrait se mettre en la matière tant pour le scrupule de sa conscience que pour la sûreté de la déduction du procès, si ce n'est le fait qu'on lui en avait donné le pouvoir et pour autant qu'il l'avait » (C 29); il ne reparaît ensuite que le 13 mars et si les procès-verbaux mentionnent à plusieurs reprises sa présence, il n'intervient jamais.

Ce sont là les deux seuls juges de Jeanne. Mais conformément aux habitudes de l'Inquisition, auxquelles on doit l'introduction de la notion de jury dans les procès, un certain nombre d'assesseurs devaient y assister, lesquels n'avaient d'ailleurs qu'une voix consultative. Cauchon n'allait pas manquer, pour donner plus d'éclat à son tribunal, de faire appel à un grand nombre d'entre eux : une soixantaine, sur lesquels on en voit environ quarante siéger assez régulièrement; ce sont des prélats de Normandie et d'Angleterre, des chanoines de Rouen, des maîtres en droit canon et en droit civil, avocats de l'officialité (tribunal ecclésiastique existant dans chaque évêché), etc. Parmi les plus assidus de ces membres du tribunal, figurent les maîtres délégués à Rouen par l'Université de Paris : Jean Beaupère, Nicolas Midy, Jacques de Touraine, Gérard Feuillet, Pierre Maurice et Thomas de Courcelles. On se doute qu'ils apportaient à ce procès l'esprit qui animait la docte Université; il faut signaler aussi la présence, dans ce tribunal, du cardinal de Winchester, Henri Beaufort, le grand-oncle du roi, celui que les textes appellent le cardinal d'Angleterre, et l'évêque de Thérouanne, Louis de Luxembourg, frère de celui qui avait livré Jeanne. Dès le 9 janvier, à l'ouverture du procès, Cauchon avait désigné comme promoteur un homme à lui, Jean d'Estivet, qu'on surnommait par dérision maître Jean Benedicite à cause de son langage ordurier. Comme commissaire, il choisit un clerc du diocèse de Bayeux, maître Jean de La Fontaine. Enfin, il fait choix de trois notaires de l'officialité de Rouen : maître Guillaume Manchon, maître Guillaume Colles dit Boisguillaume et maître Nicolas Taquel. Et c'est un prêtre de Rouen, Jean Massieu, qui remplit la fonction d'huissier.

Il est fort instructif, pour bien mesurer la valeur de ces hommes auxquels Jeanne va faire face pendant le cours de son procès, de se reporter à quelques textes postérieurs, et notamment aux rôles de comptes du roi d'Angleterre. On s'aperçoit par exemple que Louis de Luxembourg, en sa qualité de chancelier de France, émarge à ces comptes pour une somme de deux mille livres tournois; l'abbé de Fécamp, Gilles de Duremort, touche chaque année mille livres, et autant l'abbé du Mont Saint-Michel, Robert Jolivet (depuis longtemps il avait fui sa vaillante abbaye dont on connaît la résistance qu'elle opposa aux assauts anglais pendant tout le cours de cette dernière phase de la Guerre de Cent Ans). Plusieurs autres assesseurs, notamment André Marguerie, Raoul Roussel, Denis Gastinel, désignés par Cauchon dès le début du procès, sont également inscrits régulièrement aux rôles de comptes pour des sommes diverses. (Voir Joseph Stevenson, *Letters and papers illustrative of the wars of the English...*, Londres, 1864, Vol. II, 2e p., p. 561 et s.). Les honneurs d'ailleurs n'allaient pas leur être ménagés : Gilles de Duremort sera nommé évêque de Coutances; un autre assesseur Robert Guillebert, deviendra évêque de Londres en 1436; Louis de Luxembourg sera archevêque de Rouen, et Raoul Roussel lui succédera en 1444; Jean Fabri ou Lefèvre (il survivait lors de la Réhabilitation) obtiendra le titre d'évêque de Démétriade, etc. Cauchon lui-même pourtant n'obtiendra pas ce qu'il avait espéré. Hanotaux faisait remarquer à ce sujet qu'il lui arriva ce qui arrive aux serviteurs par trop complaisants, qui en fin de compte ne s'attirent que mépris; il avait convoité l'archevêché de Rouen, mais dut se contenter de l'évêché de Lisieux.

Durant le cours du procès d'office, ouvert, nous l'avons vu, le 9 janvier 1431, des enquêtes et examens divers allaient précéder les interrogatoires proprement dits. C'est ainsi qu'une enquête fut faite, comme l'exigeait la procédure, au pays d'origine de Jeanne. Mais il n'en est rien consigné dans le texte du Procès de Condamnation, dont ce n'est pas la seule lacune, nous le verrons. Cette enquête n'a été connue que beaucoup plus tard. Au procès de réhabilitation, en effet, allaient comparaître quelques-uns de ceux qui y avaient été commis, entre autres Nicolas Bailly, tabellion royal en la prévôté d'Andelot :

« Jeanne est originaire de Domremy et de la paroisse de ce lieu et son père était Jacques d'Arc, bon et honnête laboureur, tel que je l'ai vu et connu; je le sais aussi par ouï-dire et sur le rapport de plusieurs, car j'ai été tabellion désigné par messire Jean de Torcenay, alors bailli de Chaumont, tenant son pouvoir de celui qu'on appelait roi de France et d'Angleterre, en même temps qu'un nommé Gérard Petit, défunt, alors prévôt du lieu d'Andelot, pour faire une enquête sur le fait de Jeanne la Pucelle qui était alors, à ce qu'on disait, détenue en prison dans la cité de Rouen... C'est moi, tabellion, qui ai fait en son temps l'information à laquelle j'ai été commis par messire Jean de Torcenay... quand moi-même et Gérard,... fîmes cette information sur Jeanne, par notre diligence, nous fîmes tant que de nous procurer douze ou quinze témoins pour certifier cette information. Nous la fîmes devant Simon de Thermes, écuyer, se portant comme lieutenant du capitaine de Chaumont, au sujet de Jeanne la Pucelle; nous fûmes soupçonnés parce que nous n'avions pas mal fait cette information; ces témoins, devant le lieutenant, attestèrent avoir témoigné comme ils avaient témoigné et comme il était porté dans leur interrogatoire; alors le lieutenant récrivit à messire Jean, bailli de Chaumont, que ce qui avait été écrit dans cet interrogatoire fait par nous, tabellion et prévôt, était vrai. Et quand ce bailli vit le rapport du lieutenant, il dit que, nous autres commissaires, nous étions de faux Armagnacs. » (R 89-90)

C'est assez dire que Nicolas Bailly et Gérard Petit, ayant fait leur enquête, furent soupçonnés de l'avoir conduite malignement en esprit de parti et d'avoir présenté de Jeanne une image trop favorable; ils durent rappeler les témoins devant le lieutenant du bailli de Chaumont pour que leur bonne foi fût attestée. D'autres dépositions devaient faire foi de cette enquête, et aussi du résultat, tout négatif au regard des juges, qu'elle avait eu.

Jean Moreau, marchand : « Je sais qu'au moment où Jeanne était à Rouen et où l'on faisait un procès contre elle, quelqu'un d'important du pays de Lorraine vint à Rouen. Comme j'étais du même pays, j'ai fait sa connaissance. Il me dit qu'il venait de Lorraine et qu'il était allé à Rouen parce qu'il avait été spécialement commis à faire des informations dans le pays d'origine de Jeanne pour savoir quelle réputation elle y avait. Ce qu'il avait fait. Et il avait rapporté au seigneur évêque de Beauvais ses informations, croyant avoir compensation de son travail et de ses dépenses; mais l'évêque lui dit qu'il était traître et mauvais homme et qu'il n'avait pas fait ce qu'il devait en ce qu'on lui avait ordonné. Cet homme s'en plaignait à moi, car, à ce qu'il disait, il ne pouvait pas se faire payer son salaire, parce que ses informations ne semblaient pas utiles à l'évêque. Il ajoutait qu'au cours de ses informations, il n'avait rien trouvé sur Jeanne qu'il n'eût voulu trouver en sa propre sœur, bien qu'il eût fait son enquête en cinq ou six paroisses proches de Domremy et dans cette ville même. » (R 88-89)

Le fait est encore confirmé par d'autres témoins :

Michel Lebuin : « Quand Jeanne fut prise, j'ai vu un nommé Nicolas, bailli d'Andelot, qui est venu avec beaucoup d'autres à Domremy et sur la demande de messire Jean de Torcenay, alors bailli de Chaumont, au nom du soi-disant roi de France et d'Angleterre, fit une enquête sur la renommée et les habitudes de Jeanne à ce qu'on disait. Et, à ce qu'il semble, il n'osait forcer personne à jurer, par crainte de ceux de Vaucouleurs. Je crois que Jean Bégot de cette ville fut examiné, car ils étaient logés dans sa maison. Je crois aussi que lorsqu'ils firent cette enquête, ils ne trouvèrent rien de mal en ce qui concerne Jeanne. » (R 87)

D'autre part, Jeanne dut subir un examen de virginité qui fut fait probablement dans les premiers jours de janvier; le duc et la duchesse de Bedford résident à Rouen du 1er au 13 janvier et c'est la duchesse de Bedford qui s'occupa de cet examen, qu'elle fit faire par des matrones désignées par elle. Ainsi en fut-il témoigné au procès de réhabilitation.

Jean Fabri ou Lefèvre (l'un des assesseurs au procès de condamnation) : « Je sais bien qu'une fois, comme on demandait à Jeanne pourquoi elle s'appelait la Pucelle et si elle était telle, elle répondit : « Je puis bien dire que je suis telle, et si vous ne me croyez pas, faites-moi examiner par des femmes »; et elle se disait prête à subir cet examen pourvu qu'il soit fait par des femmes honnêtes, comme c'est la coutume. »

Boisguillaume (le notaire) : « J'ai entendu dire par plusieurs, dont je ne me souviens plus, que Jeanne fut examinée par des matrones et qu'elle fut trouvée vierge et que cet examen avait été fait sur l'ordre de la duchesse de Bedford et que le duc de Bedford se tenait en un lieu secret d'où il voyait examiner Jeanne. »

Jean Massieu : « Je sais bien qu'elle a été examinée pour savoir si elle était vierge ou non par des matrones et sages-femmes et cela sur l'ordre de la duchesse de Bedford et notamment par Anna Bavon et une autre matrone dont je ne me rappelle pas le nom. Après cet examen, elles ont déclaré qu'elle était vierge et intacte et cela je l'ai entendu dire par Anna elle-même; à cause de quoi, la duchesse de Bedford a fait défendre aux gardiens et aux autres qu'ils ne lui fissent quelque violence. » (R 224-225)

De cet examen de virginité, on ne trouve pas trace non plus dans le texte du procès de condamnation.

Jeanne, pendant tout le cours du procès, sera gardée en prison laïque, surveillée par des geôliers anglais et tenue enferrée; ce qui était en contradiction flagrante avec les règlements des tribunaux d'Inquisition : l'accusée aurait dû être détenue dans la prison de l'Archevêché et gardée par des femmes.

Autre irrégularité : Jeanne n'a pas eu d'avocat et l'on verra que ceux qui tentèrent de l'aiguiller et de la conseiller le firent à leurs risques et périls.

Les interrogatoires devaient commencer le 21 février; ils eurent lieu d'abord en public dans la chapelle du

château de Rouen, puis, à partir du 10 mars, dans la prison même, à huis clos et en petit comité. L'huissier, Jean Massieu, raconte comment on procédait :
« Par plusieurs fois, j'amenai Jeanne du lieu de la prison au lieu de la juridiction, et, passant par devant la chapelle du château, je permis, à la requête de Jeanne, qu'en passant elle fît son oraison; pour cela je fus repris par le dit *Benedicite,* promoteur de la cause, qui me dit : « Truand, qui te fait si hardi de laisser approcher cette putain excommuniée de l'Église sans permission ? Je te ferai mettre en telle tour que tu ne verras lune ni soleil d'ici un mois si tu le fais encore. » Et quand le dit promoteur aperçut que je n'obéissais point, il se mit plusieurs fois devant la porte de la chapelle et Jeanne demandait expressément : « Ici est le corps de Jésus-Christ ? »

Les interrogatoires étaient conduits selon les procédés qui sont toujours ceux des juges d'instruction : les questions se succèdent sans ordre apparent, les unes destinées à égarer l'accusé; d'autres, revenant soudainement sur des sujets déjà explorés, ont pour objet d'amener l'accusé à se contredire. Jeanne, sans aucune assistance, soutiendra superbement ces assauts.

Jean Massieu : « Quand monseigneur de Beauvais, qui était juge en la cause, accompagné de six clercs, c'est à savoir de Beaupère, Midy, Maurice, Touraine, Courcelles et Feuillet, ou quelque autre en sa place, premièrement l'interrogeait, avant qu'elle eût donné sa réponse à un, un autre des assistants lui interjetait une autre question, par quoi elle était souvent précipitée et troublée en ses réponses... Les assesseurs avec les juges lui posaient des questions et parfois, au moment où l'un l'interrogeait et où elle répondait à sa question, un autre interrompait sa réponse, si bien que plusieurs fois elle dit à ceux qui l'interrogeaient : « Beaux seigneurs, faites l'un après l'autre. »... Et je m'étonnais de voir comment elle pouvait répondre aux interrogations subtiles et captieuses qui lui étaient faites, auxquelles un homme lettré aurait eu peine à bien répondre. L'exa-

men durait généralement de huit heures à onze heures. »
(R 208)

Guillaume Manchon, le notaire, décrit de même les
interrogatoires : « Durant le procès, Jeanne fut har-
celée de nombreuses et diverses interrogations et
presque chaque jour avaient lieu des interrogatoires le
matin, qui duraient environ trois ou quatre heures, et
parfois, de ce qu'avait dit Jeanne, on extrayait des interrogations difficiles et subtiles au sujet desquelles ils
l'interrogeaient de nouveau après déjeuner durant
deux ou trois heures et souvent il y avait translation
d'un interrogatoire à l'autre en changeant la manière
d'interroger. Et nonobstant ce changement, elle répondait prudemment et avec une très bonne mémoire,
car très souvent elle disait : « Je vous ai ailleurs répondu
à ce sujet », ou encore : « Je m'en rapporte au clerc »,
en me désignant. » (R 209)

Et le même nous donne quelques éclaircissements
sur les circonstances dans lesquelles il remplit son
office : « Dans les premiers interrogatoires de Jeanne,
il y eut grand tumulte au premier jour dans la chapelle du château de Rouen et presque chaque parole
de Jeanne était interrompue quand elle parlait de ses
apparitions, car il y avait là certains secrétaires du roi
d'Angleterre, deux ou trois, qui enregistraient comme
ils le voulaient les dits et dépositions de Jeanne, omet-
tant ses excuses et ce qui pouvait être à sa décharge.
Je me suis donc plaint de cela, disant que, à moins
qu'on n'introduise un autre ordre, je ne me chargerais
plus de la tâche d'écrire en cette matière. A cause de
cela, le lendemain, on changea d'endroit et l'on se
réunit dans une cour du château près de la grande cour.
Et il y avait deux Anglais pour garder la porte. Et comme
quelquefois il y avait difficulté sur les réponses et les
dits de Jeanne et que certains disaient qu'elle n'avait pas
répondu comme je l'avais écrit, là où il y avait difficulté,
je mettais : *nota*, en tête, de façon qu'elle soit interrogée
de nouveau et que la difficulté soit éclaircie. »

Les réponses de Jeanne était donc enregistrées au

fur et à mesure, puis collationnées et examinées par les juges et assesseurs qui cherchaient le point faible et les réponses pouvant servir de base aux interrogatoires suivants.

Certains procédés peu avouables sont employés à l'audience même. C'est toujours Guillaume Manchon qui nous le révèle : « Au commencement du procès, pendant cinq ou six jours, comme je mettais par écrit les réponses et excuses de la Pucelle, quelquefois les juges me voulaient contraindre, en traduisant en latin, à mettre en d'autres termes, en changeant le sens de ses paroles ou d'autre manière que je ne l'entendais, et furent mis deux hommes du commandement de monseigneur de Beauvais en une fenêtre près du lieu où étaient les juges. Et il y avait un rideau de serge passant devant la fenêtre afin qu'ils ne fussent pas vus. Ces hommes écrivaient et rapportaient ce qui était à la charge de Jeanne, en taisant ses excuses. Il me semble que c'était Loiseleur (qui était caché). Et après la séance, en faisant collation de ce qu'ils avaient écrit, les deux autres rapportaient en une autre manière et ne mettaient point les excuses de Jeanne. A ce sujet, monseigneur de Beauvais se courrouça grandement contre moi. » (R 49)... « Moi-même, j'étais au pied des juges avec Guillaume Colles et le clerc de maître Jean Beaupère qui écrivait. Mais il y avait de grandes différences entre nos écritures, si bien qu'entre nous naissaient de vives contestations. » (R 49)

En dehors de ce qui se passait à l'audience, on essayait d'extorquer à Jeanne des aveux par moyens détournés.

Guillaume Manchon : « Un nommé maître Nicolas Loiseleur, qui était familier de monseigneur de Beauvais et tenait extrêmement le parti des Anglais, – car autrefois, le roi étant devant Chartres (allusion au siège de Chartres en 1421) il alla quérir le roi d'Angleterre pour faire lever le siège – feignit d'être du pays de la Pucelle et, par ce moyen, trouva manière d'avoir actes, entretiens et familiarités avec elle, en lui disant des nouvelles du pays à elle plaisantes et demanda à être son confesseur. Et ce qu'elle lui disait en secret, il trouvait moyen de le faire venir à l'ouïe des notaires. Et de fait, au commencement du procès, moi-même, et Boisguillaume, avec témoins, fûmes mis secrètement en une chambre proche où était un trou par lequel on pouvait écouter, afin que nous puissions rapporter ce qu'elle disait ou confessait au dit Loiseleur. Et il me semble que ce que la Pucelle disait ou rapportait familièrement à Loiseleur, il nous le rapportait, et de ce était fait mémoire pour trouver moyen de la prendre captieusement. » (R 48)

Pour mieux restituer l'atmosphère de ce procès, nous donnons ci-dessous le texte complet d'une journée d'interrogatoires : celle du samedi 17 mars 1431. On se rendra mieux compte ainsi de la manière dont se poursuivaient les débats.

Ce jour-là, Jeanne est interrogée par deux fois, le matin et l'après-midi. C'est maître Jean de La Fontaine qui est chargé par l'évêque de l'interroger en présence de lui-même, Cauchon, du vice-inquisiteur, Jean Lemaître, de deux maîtres de l'Université de Paris, Nicolas Midy et Gérard Feuillet, de frère Isambart de la Pierre et de l'huissier Jean Massieu. Il s'agit, on voit, d'un de ces interrogatoires à huis clos devant un nombre restreint d'assesseurs qui se passent dans la chambre même de Jeanne. Jeanne est d'abord requise, selon l'usage, de prêter serment, puis l'interrogatoire commence.

« JEAN DE LA FONTAINE : En quels forme, grandeur, apparence et habit saint Michel vient-il à vous ?

JEANNE : Il était en la forme d'un vrai prud'homme[1] et quant à l'habit et autres choses, je ne vous en dirai plus rien d'autre. Quant aux anges je les ai vus de mes yeux et vous n'en aurez pas davantage de moi là-dessus.

1. Prud'homme, dans la langue du temps, est à peu près équivalent à : gentilhomme.

Je crois aussi fermement les dits et les faits de saint Michel qui m'est apparu comme je crois que Notre Seigneur Jésus-Christ a souffert mort et passion pour nous. Et ce qui me meut à le croire, c'est le bon conseil, le bon réconfort et la bonne doctrine qu'il m'a faits et donnés.

J. DE LA F. : Voulez-vous mettre en la détermination de notre Sainte Mère l'Église tous vos faits, soit en bien soit en mal ?

JEANNE : Quant à l'Église, je l'aime et je voudrais la soutenir de tout mon pouvoir pour notre foi chrétienne. Et ce n'est pas moi qu'on devrait empêcher d'aller à l'Église et d'entendre messe. Quant aux bonnes œuvres que j'ai faites et à ma venue, je dois m'en rapporter au Roi du Ciel qui m'a envoyée à Charles, fils de Charles, roi de France, qui est roi de France. Et vous verrez que les Français bientôt gagneront une grande affaire que Dieu enverra à ces Français, et tant qu'il branlera tout le royaume de France. Je le dis pour que, quand cela arrivera, vous ayez mémoire que je vous l'ai dit.

J. DE LA F. : En quel terme cela arrivera-t-il ?

JEANNE : Je m'en attends à Notre Seigneur.

J. DE LA F. : Vous en rapporterez-vous pour vos dits et vos faits à la détermination de l'Église ?

JEANNE : Je m'en rapporte à Dieu qui m'a envoyée, à la Sainte Vierge et à tous les saints et saintes du paradis. Et m'est avis que c'est tout un et même chose, de Dieu et de l'Église, et que de cela on ne doit faire difficulté. Pourquoi faites-vous difficulté sur cela ?

J. DE LA F. : Il y a une Église triomphante où sont Dieu, les saints, les anges et les âmes déjà sauvées. Et il y a une Église militante en laquelle est le pape, vicaire de Dieu sur terre, les cardinaux et prélats de l'Église, le clergé et tous les bons chrétiens et catholiques. Cette Église bien assemblée ne peut errer et elle est régie par le Saint-Esprit. C'est pourquoi je vous demande si vous voulez vous en rapporter à l'Église militante, c'est-à-dire celle qui est sur terre, comme je vous l'ai expliqué.

JEANNE : Je suis venue au roi de France de par Dieu, de par la Vierge Marie et tous les saints et saintes du paradis et l'Église victorieuse d'en haut et par leur commandement. Et à cette Église je soumets tous mes bons faits et tout ce que j'ai fait et ferai. Quant à me soumettre à l'Église militante, je ne vous en répondrai autre chose pour l'instant.

J. DE LA F. : Que dites-vous de cet habit de femme qui vous est offert pour que vous puissiez aller entendre la messe ?

JEANNE : Quant à l'habit de femme, je ne le prendrai jusqu'à ce qu'il plaise à Dieu; et s'il en est ainsi que je doive être conduite jusqu'en jugement, je m'en rapporte aux seigneurs de l'Église qu'ils me fassent la grâce d'avoir une chemise de femme et un couvre-chef en ma tête. Et j'aimerais mieux mourir que de révoquer ce que Dieu m'a fait faire, car je crois fermement que Dieu ne laissera pas advenir que je sois mise si bas sans que j'aie aussitôt secours, et par miracle.

J. DE LA F. : Puisque vous dites que vous portez l'habit du commandement de Dieu, pourquoi demandez-vous chemise de femme à l'article de la mort ?

JEANNE : Il me suffit qu'elle soit longue.

J. DE LA F. : Votre marraine qui a vu les dames fées est-elle réputée femme sage ?

JEANNE : Je la tiens et répute prude femme et non pas devine ou sorcière.

J. DE LA F. : Puisque vous avez dit que vous prendriez habit de femme si on vous permettait de vous en aller, est-ce que cela plairait à Dieu ?

JEANNE : S'il m'était donné congé de me retirer en habit de femme, aussitôt je me mettrais en habit d'homme et ferais ce qui m'est commandé par Dieu; et j'ai ailleurs répondu que pour quoi que ce soit je ne ferais serment de ne pas m'armer et de ne pas porter habit d'homme pour faire le commandement du Seigneur.

J. DE LA F. : Quels âges et quels vêtements portent saintes Catherine et Marguerite ?

JEANNE : De cela vous aurez la réponse que vous avez

eue de moi et n'en aurez pas d'autre. Je vous ai répondu au plus certain que je sache.

J. DE LA F. : Est-ce que vous croyiez avant ce jour que les dames fées fussent de mauvais esprits.

JEANNE : Je n'en sais rien.

J. DE LA F. : Est-ce que vous savez que si saintes Catherine et Marguerite haïssent les Anglais ?

JEANNE : Elles aiment ce que Dieu aime et haïssent ce que Dieu hait.

J. DE LA F. : Dieu hait-il les Anglais ?

JEANNE : De l'amour ou de la haine que Dieu a pour les Anglais et de ce qu'il fait à leurs âmes, je n'en sais rien; mais je sais bien qu'ils seront chassés de France, excepté ceux qui y mourront, et que Dieu enverra victoire aux Français contre les Anglais.

J. DE LA F. : Dieu était-il pour les Anglais quand ils avaient prospérité en France ?

JEANNE : Je ne sais pas si Dieu haïssait les Français, mais je crois qu'il voulait permettre qu'ils soient frappés pour leurs péchés s'il y en avait en eux.

J. DE LA F. : Quelle garantie et quel secours attendez-vous d'avoir de Dieu pour ce que vous portez l'habit d'homme ?

JEANNE : Tant de l'habit que des autres choses que j'ai faites, je n'attends autre récompense que le salut de mon âme.

J. DE LA F. : Quelles armes avez-vous offertes en l'église Saint-Denis de Paris ?

JEANNE : J'ai offert un blanc harnais entier tel qu'il convient à un homme d'armes, avec une épée que j'ai gagnée devant la ville de Paris.

J. DE LA F. : Dans quel but avez-vous offert ces armes ?

JEANNE : Ce fut par dévotion, comme il est coutume aux hommes d'armes quand ils sont blessés; et parce que j'avais été blessée devant la ville de Paris, je les ai offertes à Saint-Denis, parce que c'est le cri de France.

J. DE LA F. : Avez-vous fait cela pour que ces armes fussent adorées ?

JEANNE : Non.

J. DE LA F. : A quoi servaient ces cinq croix qui étaient sur l'épée que vous avez trouvée à Sainte-Catherine de Fierbois ?

JEANNE : Je n'en sais rien.

J. DE LA F. : Qui vous a poussée à faire peindre des anges avec bras, pieds, jambes et vêtements sur votre étendard ?

JEANNE : Vous en êtes répondu.

J. DE LA F. : Aviez-vous fait peindre ces anges tels qui viennent à vous ?

JEANNE : Je les ai fait peindre à la manière qu'ils sont peints dans les églises.

J. DE LA F. : Les avez-vous vus en telle manière qu'ils furent peints ?

JEANNE : Je ne vous en dirai autre chose.

J. DE LA F. : Pourquoi n'avez-vous pas fait peindre là la clarté qui vient à vous avec l'ange ou avec les voix ?

JEANNE : Cela ne me fut pas commandé. »

L'interrogatoire est ici suspendu et reprend l'après-midi. Les assesseurs sont alors plus nombreux puisque se trouvent là Jean Beaupère, Jacques de Touraine, Pierre Maurice et Thomas de Courcelles, en plus de ceux qui étaient rassemblés le matin. Jean de La Fontaine reprend ses questions :

« J. DE LA F. : Les deux anges qui étaient peints sur votre étendard représentaient-ils saint Michel et saint Gabriel ?

JEANNE : Ils n'étaient là que pour l'honneur de Dieu qui était peint sur l'étendard. Je n'ai fait faire la représentation de deux anges que seulement en l'honneur de Dieu qui était là figuré tenant le monde.

J. DE LA F. : Ces deux anges figurés sur votre étendard étaient-ils les deux anges gardant le monde ? Pourquoi n'y en avait-il pas davantage là puisqu'il vous avait été commandé de par Dieu de prendre cet étendard ?

JEANNE : Tout l'étendard était commandé de par Dieu par les voix de saintes Catherine et Marguerite qui m'avaient dit : « Prends l'étendard de par le Roi du Ciel. » Et parce qu'elles m'avaient dit « Prends l'étendard de par le Roi du Ciel », j'ai fait faire cette figure de Dieu et des anges, et en couleurs. Et j'ai tout fait par le commandement de Dieu.

J. DE LA F. : Aviez-vous alors demandé à ces deux saintes si, par la vertu de cet étendard, vous gagneriez toutes les guerres dans lesquelles vous seriez, et si vous auriez la victoire ?

JEANNE : Elles me dirent de le prendre hardiment et que Dieu m'aiderait.

J. DE LA F. : Est-ce vous qui aidiez l'étendard plutôt que l'étendard ne vous aidait, ou au contraire ?

JEANNE : De ma victoire ou de celle de l'étendard, c'était tout en Notre Seigneur.

J. DE LA F. : L'espoir d'avoir victoire était-il fondé sur l'étendard ou sur vous-même ?

JEANNE : Il était fondé en Notre Seigneur, et non ailleurs.

J. DE LA F. : Si quelqu'un d'autre avait porté cet étendard, aurait-il eu aussi bonne fortune que quand vous l'aviez ?

JEANNE : Je n'en sais rien ; je m'en rapporte à Dieu.

J. DE LA F. : Si quelqu'un de votre parti vous avait donné son étendard à porter, l'auriez-vous porté et auriez-vous eu en celui-là aussi bon espoir que dans votre propre étendard qui vous était donné de par Dieu, en particulier pour l'étendard de votre roi si vous l'aviez eu ?

JEANNE : Je portais plus volontiers celui qui m'avait été ordonné de par Dieu, et pourtant de tout je m'en rapporte à Dieu.

J. DE LA F. : A quoi servait ce signe que vous mettiez sur vos lettres et ces noms : Jhesus-Maria ?

JEANNE : Les clercs qui écrivaient mes lettres le mettaient et ils disaient qu'il convenait de mettre ces deux noms : Jhesus-Maria.

J. DE LA F. : Vous a-t-il été révélé que si vous perdiez votre virginité, vous perdriez votre fortune et que vos voix ne viendraient plus à vous ?

JEANNE : Cela ne me fut pas révélé.

J. DE LA F. : Croyez-vous que si vous étiez mariée, les voix viendraient à vous ?

JEANNE : Je n'en sais rien et je m'en rapporte à Dieu

J. DE LA F. : Pensez-vous et croyez-vous fermement que votre roi a bien fait de tuer le seigneur duc de Bourgogne ?

JEANNE : Ce fut un grand dommage pour le royaume de France; et quoi qu'il se soit passé entre les deux princes, Dieu m'a envoyée au secours du roi de France.

J. DE LA F. : Puisque vous nous avez répondu, et aussi à l'évêque, que vous répondriez autant à nous et à nos délégués que vous le feriez à notre Très Saint Père le pape et qu'il y a pourtant beaucoup d'interrogatoires auxquels vous ne voulez pas répondre, en répondriez-vous plus pleinement devant le pape que vous ne le faites devant nous ?

JEANNE : J'ai répondu du tout aussi vrai que je l'ai pu et si je savais en quelque chose dont je me souvienne que je ne l'ai dit, je le dirais volontiers.

J. DE LA F. : Vous semble-t-il que vous soyez tenue de répondre plus pleinement la vérité à notre seigneur pape, vicaire de Dieu, de tout ce qu'il vous demanderait touchant la foi et le fait de votre conscience, que d'en répondre à nous ?

JEANNE : Je demande à être conduite devant notre seigneur le pape et après je répondrai devant lui tout ce que je devrai répondre.

J. DE LA F. : En quelle matière était l'un de vos anneaux sur lequel étaient écrits ces noms : Jhesus-Maria ?

JEANNE : Je ne le sais au juste; et s'il était d'or, ce n'était pas d'or pur, et je ne sais s'il était d'or ou de laiton; et je crois que sur lui il y avait trois croix et non autre signe que je sache, excepté Jhésus-Maria.

J. DE LA F. : Pourquoi regardiez-vous volontiers cet anneau quand vous alliez à quelque fait de guerre ?

JEANNE : C'était par plaisance et pour l'honneur de mon père et de ma mère; et moi, ayant cet anneau en ma main et au doigt, j'ai touché à sainte Catherine qui m'est apparue visiblement.

J. DE LA F. : En quelle partie de cette sainte Catherine l'avez-vous touchée ?

JEANNE : Vous n'aurez d'autre chose sur cela.

J. DE LA F. : Avez-vous baisé ou accolé saintes Catherine et Marguerite ?

JEANNE : Je les ai accolées toutes les deux.

J. DE LA F. : Avaient-elles bonne odeur ?

JEANNE : Il est bon à savoir qu'elles avaient bonne odeur.

J. DE LA F. : En les embrassant, sentiez-vous quelque chaleur ou quelque autre chose ?

JEANNE : Je ne pouvais les embrasser sans les sentir et les toucher.

J. DE LA F. : En quelle partie les avez-vous embrassées, par en haut ou par en bas ?

JEANNE : Il convient mieux les embrasser par en bas que par en haut.

J. DE LA F. : Aviez-vous donné à ces saintes quelques guirlandes ou chapelets ?

JEANNE : En l'honneur d'elles, plusieurs fois j'ai mis de ces guirlandes à leurs images ou représentations dans les églises; et quant à celles qui me sont apparues, je ne leur en ai pas donné que je me souvienne.

J. DE LA F. : Quand vous mettiez des guirlandes de cette sorte à l'arbre dont il a été parlé auparavant, les mettiez-vous en l'honneur de celles qui vous apparaissaient ?

JEANNE : Non.

J. DE LA F. : Quand ces saintes venaient à vous, leur faisiez-vous révérence en fléchissant le genou et en vous inclinant ?

JEANNE : Oui, et autant que je le pouvais, je leur faisais révérence, car je sais bien qu'elles sont de ceux qui sont au royaume de paradis.

J. DE LA F. : Savez-vous quelque chose de ceux qui vont en l'erre avec les fées ?

JEANNE : Je n'y ai jamais été et n'en sais autre chose; mais je l'ai bien entendu dire et qu'elles y allaient le jeudi; mais en cela je ne crois pas et je crois qu'il n'y a là rien si ce n'est sorcellerie.

J. DE LA F. : Quelqu'un a-t-il fait flotter les autres étendards autour de la tête du roi lorsqu'il était consacré à Reims ?

JEANNE : Non que je sache.

J. DE LA F. : Pourquoi votre étendard fut-il plus porté à l'église de Reims à la consécration du roi que l'étendard des autres capitaines ?

JEANNE : Cet étendard avait été à la peine, c'était bien raison qu'il fût à l'honneur. » (C 164-178)

A travers ces questions et réponses qui se succèdent, apparaissent les principaux chefs d'accusation sur lesquels on tente de prendre Jeanne. Il y a l'accusation de sorcellerie à laquelle se rattachent les questions relatives à l'étendard qu'on aurait fait tournoyer, aux anneaux porteurs d'une vertu magique. Il y a les accusations qui peuvent convaincre Jeanne d'impureté, de commerce trouble avec les êtres qu'elle dit lui apparaître; il y a la question de ses faits et gestes à la guerre dans lesquels on tente de surprendre un mot de haine ou de cruauté. Enfin, les deux chefs d'accusation qui, habilement confondus, permettront de mener Jeanne à sa perte : l'habit d'homme et la soumission à l'Église. C'est sur ce point et en faisant de l'habit d'homme le signe de la soumission qu'on parviendra à donner un semblant de justification à la sentence finale, car les réponses de Jeanne écartaient d'emblée tout ce qui aurait pu servir de base à un procès de mœurs et plus encore à un procès en sorcellerie. D'ailleurs, ne l'oublions pas, au XVe siècle, les procès de sorcellerie sont encore assez rares. Il y en aura de retentissants, comme celui de Gilles de Rais (affaire de mœurs autant que de magie), mais c'est peu fréquent; les procès en sorcellerie ne deviennent nombreux qu'à la fin du siècle et plus encore au XVIe et dans la première moitié du XVIIe siècle; les procès d'hérésie, en revanche, étaient nombreux depuis qu'avaient été institués les tribunaux d'Inquisition au milieu du XIIIe siècle.

En reprenant le cours des interrogatoires, ces divers chefs d'accusation apparaissent plus clairement. Nous donnons ici le calendrier complet de ces séances, avec les principales réponses de Jeanne, – ces réponses qui, à travers les siècles, nous frappent encore d'admiration.

Elle comparaît pour la première fois le mercredi 21 février. C'est en cette première séance que Cauchon l'adjure de prêter serment de dire la vérité, à quoi Jeanne se dérobe, précisant qu'il y a des questions sur lesquelles elle ne prêtera pas serment. Elle accepte de jurer en tout ce qui concerne son père, sa mère, le lieu où elle est née et les choses de son enfance, mais non sur les révélations qu'elle a eues; elle ne reviendra jamais sur cette réserve faite par elle expressément.

« PIERRE CAUCHON : Jurez de dire vérité en touchant les Saints Évangiles en toutes choses sur lesquelles vous serez interrogée.

JEANNE : Je ne sais sur quoi vous voulez m'interroger. Peut-être pourrez-vous me demander telle chose que je ne vous dirai pas.

P. C. : Vous jurerez de dire la vérité sur ce qui vous sera demandé concernant matière de foi et que vous saurez.

JEANNE : De mon père, de ma mère, de tout ce que j'ai fait depuis que je suis arrivée en France, je jurerai volontiers, mais les révélations à moi faites de par Dieu, je ne les ai dites ni ne les ai révélées à quiconque, si ce n'est au seul Charles, mon roi, et je ne les révèlerai, quand on devrait me couper la tête. J'ai eu cela par mes visions et mon conseil secret, de ne les révéler à quiconque. Dans les huit jours prochains je saurai bien si je dois les révéler.

P. C. : Jurez de dire la vérité en tout ce qui touche notre foi. »

C'est alors, nous l'avons vu plus haut, que Jeanne prête serment en maintenant sa réserve sur ses révélations. Elle se plaint alors d'être enferrée, à quoi Cauchon précise que c'est pour prévenir une évasion et pour la garder plus sûrement qu'il a été ordonné de l'enferrer.

« JEANNE : Il est vrai qu'autrefois j'ai bien voulu m'échapper de la prison comme il est licite à tout prisonnier. Quand bien même je pourrais m'échapper, on ne pourrait me reprocher d'avoir faussé ou violé la foi que j'aurais prêtée, car je ne l'ai jamais donnée à personne (la promesse de ne pas s'évader). »

Sur quoi l'évêque fit jurer à ses geôliers, John Grey, John Bernard et Guillaume Talbot, de la garder sûrement et au secret, sans permettre à personne de l'approcher. Ce qu'ils jurent les mains sur le missel. Un autre débat avec l'évêque de Beauvais marque cet interrogatoire dans lequel Jeanne montre immédiatement qu'elle est de taille à confondre plus d'un adversaire.

« PIERRE CAUCHON : Récitez *Pater Noster* et *Ave Maria*.

JEANNE : Je le dirai volontiers pourvu que vous m'entendiez en confession. »

Cauchon, comme bien on pense, éluda cette requête qui, en tant que prêtre, le mettait dans un singulier embarras : entendre Jeanne en confession, c'était se trouver, par la suite, empêché, en son âme et conscience, de la déclarer coupable; d'autre part, refuser de l'entendre, c'était se dérober à son ministère sacerdotal. Le compte rendu du procès mentionne que l'évêque est obligé de l'admonester « par plusieurs fois » et finit par trouver un moyen terme.

« PIERRE CAUCHON : Volontiers nous vous ordonnerons un ou deux notables hommes parlant français auxquels vous pourrez dire *Pater Noster*.

JEANNE : Je ne le leur dirai s'ils ne m'entendent en confession. »

Force fut de passer à un autre sujet.

Jeudi 22 février.

Le second interrogatoire a lieu le lendemain, jeudi 22 février. C'est maître Jean Beaupère qui est délégué pour la questionner.

L'interrogatoire, mené par Jean Beaupère, porte surtout sur les voix de Jeanne et sur le récit des événements qui se déroulèrent à Vaucouleurs. Cela après que Cauchon ait vainement tenté d'obtenir de l'accusée un serment plus complet que celui qu'elle avait fait la veille.

« Jean Beaupère : Allez-vous dire la vérité ?

Jeanne : Vous pourrez bien me demander telle chose à propos de laquelle je vous répondrai la vérité et d'une autre je ne répondrai pas. Si vous étiez bien informé de moi, vous devriez vouloir que je sois hors de vos mains. Je n'ai rien fait si ce n'est par révélation. »

Samedi 24 février.

De nouveau Pierre Cauchon tente d'obtenir un serment sans réserve. Par trois fois, il l'en requiert et finit par s'attirer ces réponses :

« Jeanne : Par ma foi, vous pourriez me demander chose que je ne vous dirais pas...

Jeanne : Il se peut bien que sur beaucoup de choses que vous pourriez me demander, je ne vous dirais pas le vrai en ce qui touche mes révélations, car peut-être vous pourriez me forcer à dire telle chose que j'ai juré de ne pas dire et ainsi je serais parjure, ce que vous ne devriez pas vouloir. Et moi, je vous le dis, avisez-vous bien de ce que vous dites être mon juge, car vous assumez une grande charge, et vous me chargez trop. J'ai assez juré de deux fois en jugement. »

Les questions et réponses se succèdent à propos de ce serment que Jeanne ne veut pas prêter.

« Jeanne : Je dirai volontiers ce que je saurai et non pas tout. Je suis venue de par Dieu et n'ai rien à faire ici, et demande qu'on me renvoie à Dieu d'où je suis venue. »

Ce jour-là, près de la moitié de l'interrogatoire est consacré à cette question du serment sur laquelle Jeanne reste inébranlable. Après quoi, Jean Beaupère l'interroge, notamment sur ses voix :

« Jean Beaupère : Depuis quelle heure n'avez-vous bu ou mangé ?

Jeanne : Depuis hier après-midi.

J. B. : Depuis quand avez-vous entendu votre voix ?

Jeanne : Je l'ai entendue hier et aujourd'hui.

J. B. : A quelle heure l'avez-vous entendue ?

Jeanne : Je l'ai entendue trois fois, l'une au matin,

l'une à l'heure de vêpres et la troisième fois lorsqu'on sonnait pour l'*Ave Maria* du soir. Et encore je l'ai entendue plus souvent que je ne le dis.

J. B. : Que faisiez-vous hier matin quand la voix est venue à vous ?

JEANNE : Je dormais et la voix m'a réveillée.

J. B. : La voix vous a-t-elle réveillée en vous touchant le bras ?

JEANNE : J'ai été éveillée par la voix sans toucher.

J. B. : La voix était-elle dans votre chambre ?

JEANNE : Non, que je sache, mais elle était dans le château.

J. B. : Avez-vous remercié cette voix et vous êtez-vous mise à genoux ?

JEANNE : Je l'ai remerciée en me dressant et en m'asseyant sur mon lit et j'ai joint les mains et après cela je lui ai demandé d'avoir secours. La voix m'a dit que je réponde hardiment... (se tournant vers l'évêque) vous dites que vous êtes mon juge, avisez-vous bien de ce que vous faites, car, en vérité, je suis envoyée de par Dieu et vous vous mettez en grand danger.

J. B. : Cette voix a-t-elle parfois changé sa délibération ?

JEANNE : Jamais je ne l'ai trouvée en deux paroles contraire...

J. B. : Cette voix que vous dites vous apparaître, est-ce un ange ou vient-elle de Dieu immédiatement, ou bien est-ce la voix de quelque saint ou sainte ?

JEANNE : Cette voix vient de par Dieu et je crois que je ne vous dis pas pleinement ce que je sais; et j'ai plus grande peur de faire faute en disant quelque chose qui déplaise à ces voix que je n'en ai de vous répondre...

J. B. : Croyez-vous que cela déplaise à Dieu qu'on dise la vérité ?

JEANNE : Les voix m'ont dit que je dise quelque chose au roi et non à vous. Cette nuit même, elle m'a dit beaucoup de choses pour le bien de mon roi, que je voudrais que mon roi sache à présent, dussé-je ne pas boire de vin jusqu'à Pâques, car lui en serait plus joyeux au dîner...

J. B. : Ne pourriez-vous faire en sorte auprès de cette voix qu'elle veuille vous obéir et porter message à votre roi ?

JEANNE : Je ne sais si la voix voudrait obéir, à moins que ce ne soit la volonté de Dieu et que Dieu y consentît... N'était la grâce de Dieu, je ne saurais rien faire...

J. B. : Cette voix à laquelle vous demandez conseil, a-t-elle un visage et des yeux ?

JEANNE : Vous n'aurez pas cela encore. Le dicton des petits enfants est que parfois des hommes sont pendus pour avoir dit la vérité.

J. B. : Savez-vous si vous êtes en la grâce de Dieu ?

JEANNE : Si je n'y suis, Dieu m'y mette, et si j'y suis, Dieu m'y garde. Je serais la plus dolente de tout le monde si je savais n'être pas en la grâce de Dieu; et si j'étais en péché, je crois que la voix ne viendrait pas à moi, et je voudrais que chacun l'entende aussi bien que moi. »

Après cette réponse, l'interrogatoire change brusquement de sujet. Cela peut être simple procédé, mais cela peut provenir aussi d'une de ces omissions voulues dans le procès-verbal des questions et réponses. Cette réponse lumineuse sur l'état de grâce avait en effet frappé plusieurs des assistants comme elle nous frappe encore aujourd'hui. Lors du procès de réhabilitation, l'un des notaires en témoignait :

Boisguillaume : « Pendant le procès, Jeanne s'est plainte, très souvent, de ce qu'on lui posait des questions subtiles et sans rapport avec le procès. Je me souviens bien qu'une fois il lui fut demandé si elle était en état de grâce. Elle répondit que c'était chose grande que de répondre sur un tel sujet. Et à la fin, elle répondit : « Si j'y suis, Dieu m'y garde; si je n'y suis, Dieu veuille m'y mettre, car j'aimerais mieux mourir que de ne pas être en l'amour de Dieu. » De cette réponse, ceux qui l'interrogeaient furent stupéfaits et sur l'heure ils s'arrêtèrent et ne l'interrogèrent pas davantage cette fois-là. » (R 211)

Il se peut que sa mémoire ait été défaillante et que l'interrogatoire ait été seulement suspendu. En tout cas, la suite porte sur les événements de sa jeunesse, sur l'arbre des fées à Domremy et ne comporte plus aucune question importante si ce n'est que, tout à fait à la fin, apparaît celle de l'habit de femme auquel Jeanne, visiblement, n'accorde encore aucune importance.

« JEAN BEAUPÈRE : Voulez-vous porter habit de femme ?

JEANNE : Donnez-m'en un, je le prendrai et m'en irai. Autrement, je ne le prendrai pas. Je suis contente de celui-ci puisqu'il plaît à Dieu que je le porte. »

Mardi 27 février.

L'interrogatoire est de nouveau mené par Jean Beaupère et, après les traditionnels débats sur le serment, celui-ci pose des questions de nouveau sur les voix et sur certains détails comme l'épée de Jeanne...

« JEAN BEAUPÈRE : Voyez-vous saint Michel et les anges corporellement et réellement ?

JEANNE : Je les vois de mes yeux corporels aussi bien que je vous vois, et quand ils s'éloignaient de moi, je pleurais et j'aurais bien voulu qu'ils m'emportassent avec eux...

J. B. : Est-ce sainte Catherine et sainte Marguerite avec lesquelles vous parlez ?

JEANNE : Je vous l'ai assez dit que ce sont sainte Catherine et sainte Marguerite. Et croyez-moi si vous voulez.

J. B. : Vous est-il défendu de le dire ?

JEANNE : Je n'ai pas encore bien compris si cela m'était défendu ou non.

J. B. : Comment savez-vous faire la distinction si vous répondrez sur certains points et d'autres non ?

JEANNE : Sur certains points, j'ai demandé la permission et je l'ai eue. J'aimerais mieux être tirée par quatre chevaux que d'être venue en France sans la permission de Dieu.

J. B. : Vous a-t-il commandé de prendre l'habit d'homme ?

JEANNE : L'habit, c'est peu, c'est la moindre des choses. Je n'ai pris cet habit d'homme par le conseil d'homme au monde et je n'ai pris cet habit et je n'ai rien fait si ce n'est par le commandement de Dieu et des anges...

J. B. : Croyez-vous avoir bien fait de prendre l'habit d'homme ?

JEANNE : Tout ce que j'ai fait, je l'ai fait par commandement de Dieu et crois l'avoir bien fait, et j'en attends bon garant et bon secours.

J. B. : Dans le cas particulier de prendre l'habit d'homme, croyez-vous avoir bien fait ?

JEANNE : Je n'ai rien fait au monde de ce que j'ai fait si ce n'est par le commandement de Dieu.

J. B. : Quand vous voyez cette voix qui vient à vous, y a-t-il de la lumière ?

JEANNE : Il y a beaucoup de lumière de toutes parts, et cela convient bien. Toute lumière ne vient pas que pour vous. »

Par la suite, Jean Beaupère fait expliquer par Jeanne de quelle manière avait été trouvée l'épée de Sainte-Catherine de Fierbois.

« JEAN BEAUPÈRE : Avez-vous jamais fait quelque prière pour que cette épée soit bien fortunée ?

JEANNE : Il est bon à savoir que j'aurais aimé que mon harnois fût bien fortuné !

J. B. : Aviez-vous votre épée quand vous avez été faite prisonnière ?

JEANNE : Non, mais j'avais une épée qui avait été prise à un Bourguignon.

J. B. : Où est demeurée cette épée, dans quelle ville ?

JEANNE : J'ai offert une épée à Saint-Denis et un armement, mais ce n'était pas cette épée. J'avais cette épée à Lagny et de Lagny j'ai porté l'épée du Bourguignon à Compiègne. C'était bonne épée de guerre et bonne à donner de bonnes buffes et de bons torchons...

J. B. : Qu'aimiez-vous mieux : votre étendard ou votre épée ?

JEANNE : J'aimais beaucoup mieux, voire quarante fois, mon étendard que mon épée.

J. B. : Qui vous fit faire une peinture sur l'étendard ?
JEANNE : Je vous l'ai assez dit, que je n'ai rien fait
sans le commandement de Dieu. »

Jeudi 1ᵉʳ mars.

Ce jour-là, on espère confondre Jeanne en lui
rappelant certaine lettre du comte d'Armagnac lui
demandant à quel pape il fallait obéir. On a ici un
écho de ce grand schisme qui, pendant des années, a
désolé la chrétienté, deux, puis trois papes s'étant
disputé le pouvoir pontifical, jusqu'au moment où
l'élection de Martin V mit fin à tous ces déchirements,
bien que tous n'aient pas voulu se ranger aussitôt à
son magistère.

« JEANNE : Sur ce qu'il me demandait : savoir à qui
Dieu voulait que lui, comte d'Armagnac, obéisse, je
lui ai répondu que je ne savais pas, mais je lui ai
mandé plusieurs choses qui n'ont pas été mises en
écrit, et quant à ce qui est de moi, je crois au seigneur
pape qui est à Rome...

PIERRE CAUCHON : Aviez-vous coutume de mettre
sur vos lettres les noms de Jhesus-Maria avec une croix ?

JEANNE : Sur certaines, je les mettais et quelquefois
non; et quelquefois je mettais une croix en signe
que celui de mon parti à qui j'écrivais ne fasse pas ce
que je lui écrivais. »

Ruse de guerre donc, que cette croix que Jeanne
traçait sur les lettres qu'elle avait dictées lorsque leur
contenu était faux et visait simplement à égarer l'adversaire. Le détail a son importance, nous verrons pourquoi à la fin de ce chapitre.

Dans cette séance, d'ailleurs, Jeanne allait lancer à
ses juges un véritable défi, et cela sur le mode ironique
qui est volontiers le sien.

« JEANNE : Avant qu'il soit sept ans, les Anglais perdront plus grand gage qu'ils ont eu devant Orléans et
ils perdront tout en France. Et même les Anglais
auront plus grande perte qu'ils eurent jamais en France
et ce sera par grande victoire que Dieu enverra aux
Français.

Comment savez-vous cela ?

JEANNE : Je le sais bien par révélation qui m'a été faite, et que cela arrivera avant sept ans; et je serais bien fâchée que cela fût tant différé. Je le sais aussi bien que je sais que vous êtes là devant moi.

Quand cela arrivera-t-il ?

JEANNE : Je ne sais le jour ni l'heure.

En quelle année cela arrivera ?

JEANNE : Vous n'aurez pas cela encore, mais je voudrais bien que ce fût avant la Saint-Jean. »

A propos de ces paroles notées et enregistrées au mois de mars 1431, il faut se rappeler que la délivrance de Paris se produira le 13 avril 1436. Et l'on peut penser qu'elle fait allusion à la levée du siège de Compiègne à laquelle le duc de Bourgogne sera contraint le 25 octobre 1431, lorsqu'elle ajoute :

JEANNE : J'ai dit qu'avant la fête de Saint-Martin l'hiver on verrait beaucoup de choses, et il se pourrait bien qu'il y ait des Anglais qui soient jetés à terre. »

C'était Cauchon lui-même qui, ce jour-là, procédait à l'interrogatoire. On peut se demander si Jeanne ne s'en trouvait pas stimulée dans sa verve insolente, car rarement elle aura poussé plus loin le défi et aussi l'ironie. Ainsi, à propos de ses voix :

Quelles figures voyez-vous ?

JEANNE : Je vois leurs visages.

Ces saintes qui vous apparaissent ont-elles des cheveux ?

JEANNE : C'est bon à savoir!...

Comment parlent-elles ?

JEANNE : Cette voix est belle, douce et humble et elle parle le langage français.

Sainte Marguerite ne parle-t-elle pas la langue anglaise ?

JEANNE : Comment parlerait-elle anglais puisqu'elle n'est pas du parti des Anglais...

Avez-vous des anneaux ?

JEANNE : Vous en avez un à moi. Rendez-le moi. Les Bourguignons ont un autre anneau. Vous avez cet anneau, montrez-le moi.

– Qui vous a donné l'anneau qu'ont les Bourguignons ?

JEANNE : Mon père ou ma mère, et je crois qu'il y avait écrit dessus les noms Jhesus-Maria. Je ne sais qui les a fait écrire; il n'y avait pas de pierre, à ce qu'il me semble; il m'a été donné en la ville de Domremy. C'est mon frère qui m'a donné cet anneau...

– Qu'avez-vous fait de votre mandragore ?

JEANNE : Je n'ai pas de mandragore et je n'en ai jamais eu. J'ai entendu dire que près de ma ville, il y en a une, mais je n'en ai jamais vu. J'ai entendu dire que c'est chose mauvaise et dangereuse à garder. Mais je ne sais pas à quoi ça sert... J'ai entendu dire que c'est chose à faire venir l'argent. Mais je ne crois pas à cela.

– En quelle figure était saint Michel quand il vous est apparu ?

JEANNE : Je ne lui ai pas vu de couronne; et de ses vêtements je ne sais rien.

– Était-il nu ?

JEANNE : Pensez-vous que Dieu n'ait pas de quoi le vêtir ?

– Avait-il des cheveux ?

JEANNE : Pourquoi les lui aurait-on coupés ? »

Et enfin, en ce qui touche le roi :

« JEANNE : Je sais bien que mon roi gagnera le royaume de France et je le sais aussi bien que je sais que vous êtes devant moi comme mon juge. Je serais morte si ce n'est la révélation qui me conforte chaque jour...

– Quel signe avez-vous donné à votre roi de ce que vous veniez de par Dieu ?

JEANNE : Je vous ai toujours dit que vous ne me tirerez pas cela de la bouche. Allez le lui demander !

Samedi 3 mars.

C'est Jean Beaupère qui reprend l'interrogatoire; il le fait porter sur diverses questions comme la rencontre de Jeanne avec Catherine de la Rochelle, ses relations avec frère Richard; il tâche de lui faire avouer des faits de sorcellerie comme d'avoir fait tournoyer les étendards autour des places fortes, etc.; il revient aussi sur la question des révélations sur laquelle Jeanne est toujours aussi ferme, et tente d'obtenir d'elle quelque prédiction sur son propre sort.

« JEAN BEAUPÈRE : Avez-vous vu ou su par révélation que vous vous échapperiez ?

JEANNE : Cela ne touche pas votre procès. Voulez-vous que je dise quelque chose contre moi ?

J. B. : Vos voix ne vous en ont-elles rien dit ?

JEANNE : Ce n'est pas de votre procès. Je m'en rapporte à Notre Seigneur qui en fera son plaisir. Je ne sais l'heure ni le jour; le plaisir de Dieu soit fait.

J. B. : Vos voix vous ont-elles dit quelque chose de cela en général ?

JEANNE : Oui, vraiment. Elles m'ont dit que je serai délivrée, mais je ne sais le jour ni l'heure, et que je fasse hardiment gai visage. »

Les interrogatoires sont ensuite suspendus pendant une semaine.

Samedi 10 mars.

L'interrogatoire a lieu dans la prison devant un petit nombre d'assesseurs. C'est Jean de La Fontaine qui interroge et ses questions portent surtout sur les circonstances de la dernière campagne qui l'avait amenée à Melun, Crépy-en-Valois et à Compiègne. Il fait aussi allusion à ce que Jeanne a pu avoir du roi : chevaux, argent, et c'est là qu'est évoqué l'anoblissement de la famille de Jeanne.

« JEAN DE LA FONTAINE : Aviez-vous un écu et des armes ?

JEANNE : Je n'en ai jamais eu, mais mon roi a donné à mes frères des armes, à savoir un écu d'azur où étaient deux fleurs de lys d'or et une épée au milieu. J'ai décrit à un peintre ces armes parce qu'il m'avait demandé quelles armes je portais. Elles ont été données par mon roi à mes frères, sans requête de moi et sans révélation. »

C'est au cours de cet interrogatoire, qu'interrogée à nouveau sur « le signe » donné au roi, sans doute

pour dérouter ses juges, elle commence à faire allusion
au signe comme à une chose concrète : une couronne
apportée par un ange; elle amplifie l'image comme à
plaisir au cours des interrogatoires suivants; il est
aisé d'en saisir la portée symbolique.

« JEAN DE LA FONTAINE : Quel est ce signe que vous
avez donné à votre roi quand il vint à vous ?

JEANNE : Il est bon et honorable et bien croyable et
le plus riche qui soit au monde... Le signe est dans le
trésor de mon roi.

J. DE LA F. : Est-il d'or, d'argent, de pierres précieuses ou une couronne ?

JEANNE : Je ne vous dirai autre chose. Personne ne
saurait décrire chose aussi riche que le signe. »

Lundi 12 mars.

Jean de La Fontaine l'interroge de nouveau. Il
revient sur les débuts de sa mission, sur son vœu de
virginité, sur son départ pour Vaucouleurs, et pose à
nouveau la question que lui avait posée Pierre Cauchon : réciter le *Pater Noster.*

« JEAN DE LA FONTAINE : Vos voix ne vous ont-elles
pas appelée « fille de Dieu », « fille de l'Église »,
« fille au grand cœur » ?

JEANNE : Avant la levée du siège d'Orléans et depuis
chaque jour, quand elles me parlent, elles m'ont appelée
souvent « Jeanne la Pucelle, fille de Dieu. »

Et d'ajouter, à propos des anges : « Ils viennent
beaucoup de fois entre les chrétiens, qu'on ne les
voit pas. Et je les ai beaucoup de fois vus entre les
chrétiens. »...

« J. DE LA F. : Puisque vous vous dites fille de Dieu,
pourquoi ne voulez-vous pas dire *Pater Noster ?*

JEANNE : Je le dirai volontiers et autrefois, quand
j'ai refusé de le dire, je ne l'ai fait que dans l'intention
que l'évêque de Beauvais m'entendît en confession. »

Mardi 13 mars.

Jean de La Fontaine poursuit son interrogatoire.
« JEAN DE LA FONTAINE : Comment l'ange apporta

t-il la couronne ? L'a-t-il posée sur la tête du roi ?

JEANNE : La couronne lui a été remise par un archevêque, à savoir l'archevêque de Reims, à ce qu'il me semble, en présence de mon roi. Et l'archevêque l'a reçue et l'a remise à mon roi. J'étais présente et la couronne a été déposée dans le trésor de mon roi...

J. DE LA F. : Le jour où vous-même avez vu ce signe, votre roi l'a-t-il vu ?

JEANNE : Oui, et c'est mon roi lui-même qui l'a eu.

J. DE LA F. : De quelle matière était la couronne ?

JEANNE : Il est bon à savoir qu'elle était de fin or et cette couronne était si riche et opulente que je ne saurais dénombrer ou apprécier toutes les richesses qui sont en elle, et cette couronne signifiait que le roi tiendrait le royaume de France.

J. DE LA F. : Y avait-il là des pierres précieuses ?

JEANNE : Je vous ai dit tout ce que j'en sais. »

L'interrogatoire se poursuit sur ce thème. A l'une des questions, Jeanne fait la réponse qui livre sans doute le secret de sa personne :

« Pourquoi vous, plutôt qu'une autre ?

JEANNE : Il plut à Dieu ainsi faire, par une simple Pucelle, pour rebouter les ennemis du roi. »

Mercredi 14 mars.

C'est toujours Jean de La Fontaine qui interroge; revenant aux événements qui ont pu marquer dans la vie de Jeanne, il la questionne spécialement sur le saut de la tour de Beaurevoir et aussi sur ses voix et ce qu'elles peuvent lui prédire.

« JEANNE : Sainte Catherine m'a dit que j'aurais secours et je ne sais si ce sera en étant libérée de la prison ou bien si, étant en jugement, il y aurait quelque trouble par le moyen duquel je puisse être libérée; je pense que ce sera ou l'un ou l'autre, et par plusieurs fois les voix m'ont dit que je serais délivrée par grande victoire. Et ensuite me disent mes voix : « Prends tout en gré, ne te chaille de ton martyre, tu t'en viendras enfin au royaume de Paradis », et cela mes voix me le disent simplement et absolument, c'est à savoir sans faillir. J'appelle cela martyre pour la peine et l'adversité que je souffre en prison et je ne sais si je souffrirai plus grande peine, mais je m'en rapporte à Dieu.

JEAN DE LA FONTAINE : Puisque vos voix vous ont dit que finalement vous iriez en paradis, tenez-vous pour assuré d'être sauvée et de n'être pas damnée en enfer ?

JEANNE : Je crois fermement ce que mes voix m'ont dit, à savoir que je serai sauvée, aussi fermement que si j'y étais déjà.

J. DE LA F. : Après cette révélation, croyez-vous que vous ne pussiez pécher mortellement ?

JEANNE : Je n'en sais rien, mais du tout je m'en rapporte à Dieu.

J. DE LA F. : Cette réponse est de grand poids.

JEANNE : Aussi je la tiens pour un grand trésor. »

Ce jour-là, comme d'ailleurs le lundi précédent, l'interrogatoire se poursuit dans l'après-midi. Jean de La Fontaine tente de la prendre en défaut sur cette assurance qu'elle semble avoir de son salut.

« JEAN DE LA FONTAINE : Est-il besoin que vous vous confessiez puisque vous avez révélation de vos voix que vous serez sauvée ?

JEANNE : Je ne sais si j'ai péché mortellement, mais si j'étais en péché mortel, je pense que saintes Catherine et Marguerite me délaisseraient aussitôt. Je crois qu'on ne peut trop nettoyer sa conscience. »

On voit alors se préciser l'accusation qui prendra corps plus tard : sur la question de la soumission à l'Église.

Jeudi 15 mars.

C'est sur cette question de la soumission à l'Église que s'ouvre l'interrogatoire :

« S'il arrive que vous avez fait quelque chose qui soit contre la foi, voulez-vous vous en rapporter à la détermination de notre Sainte Mère l'Église à laquelle vous devez vous en rapporter ?

JEANNE : Que mes réponses soient vues et examinées par des clercs et qu'on me dise ensuite s'il y a là quelque chose qui soit contre la foi chrétienne. Je saurai bien dire ce qu'il en sera et ensuite, je dirai ce que j'en aurai trouvé par mon conseil. S'il y a quelque chose de mal contre la foi chrétienne que Dieu ordonne, je ne voudrais pas le soutenir et je serais bien irritée de venir au contraire.

– On vous a expliqué la distinction entre l'Église triomphante et militante et ce qu'il en est de celle-ci et de celle-là. Je vous demande, à présent, de vous soumettre à la détermination de l'Église sur ce que vous avez fait et dit, soit en bien, soit en mal.

JEANNE : Je ne vous répondrai pas autre chose pour le présent. »

Le reste de l'interrogatoire porte en particulier sur l'habit d'homme et sur les apparitions, notamment celles de saint Michel.

Samedi 17 mars.
L'interrogatoire a été rapporté en entier au début du chapitre.

Enfin, les 24 et 25 mars, Jeanne est de nouveau visitée dans sa prison, toujours par un nombre restreint d'assesseurs parmi lesquels figurent d'ailleurs tous les délégués de l'Université de Paris. On lui fait préciser certaines questions : notamment celle de l'habit d'homme qu'elle refuse de changer pour un habit de femme. C'est alors qu'elle fait la réponse qui résume pour elle la question : « Cet habit ne charge pas mon âme et le porter n'est pas contre l'Église. » (C 181-183)

L'instruction du procès est alors terminée.

Jean Beaupère était encore en vie (il avait alors soixante-dix ans) lors de la réhabilitation. Il fut interrogé au cours de l'enquête royale de 1450. La rancune perce dans ses souvenirs : « Elle était bien subtile, de subtilité appartenante à femme. » (R 251)

Quant aux autres assesseurs, ils éprouvaient visiblement l'impression que nous éprouvons nous-mêmes lorsque nous lisons les réponses de Jeanne telles qu'elles nous ont été conservées.

Martin Ladvenu (c'est un frère dominicain du couvent de Rouen que nous verrons assister Jeanne à ses derniers moments) : « A mon jugement, elle pouvait avoir dix-neuf ou vingt ans; de tenue, elle était très simple et dans ses réponses, pleine de discernement et de prudence. »

Certains autres renchérissent encore.

Jean Riquier (il n'a pas assisté personnellement au procès, mais rapporte ce qu'il a ouï dire) : « J'ai entendu dire qu'elle répondait avec tant de prudence que si certains des docteurs avaient été interrogés comme elle, ils eussent à peine aussi bien répondu. »

Jean Fabri ou Lefèvre : « Ils la fatiguaient beaucoup par de longs interrogatoires qui duraient de deux à trois heures... Parfois, ceux qui l'interrogeaient coupaient leurs interrogatoires, si bien qu'elle pouvait à peine y répondre. L'homme le plus sage du monde y eût répondu avec peine. Je me souviens qu'une fois, pendant le procès, tandis que Jeanne était examinée sur ses apparitions et qu'on lui lisait un article contenant ses réponses, il me parut que cela avait été mal enregistré et qu'elle n'avait pas répondu ainsi; je dis à Jeannette de faire attention. Elle demanda au notaire qui écrivait qu'il le lui lise de nouveau et cela fait elle dit au notaire qu'elle avait dit le contraire et qu'il n'avait pas bien écrit. Et cette réponse fut corrigée. Alors, maître Guillaume Manchon dit à Jeanne qu'à l'avenir il ferait attention. »

Pierre Daron : « J'ai entendu dire par quelques-uns durant ce procès que Jeanne faisait merveille dans ses réponses et qu'elle avait une mémoire admirable, car une fois qu'on l'interrogeait sur une question à propos de laquelle elle avait déjà été interrogée huit jours plus tôt, elle répondit : « J'ai déjà été interrogée tel jour » ou « Il y a huit jours que l'on m'a interrogée là-dessus et j'ai répondu de telle façon », bien que Boisguillaume, l'un des notaires, lui dît qu'elle n'avait pas répondu, quelques-uns des assistants dirent que Jeanne disait vrai. On lut la réponse de ce jour et l'on trouva que Jeanne avait dit juste. Elle s'en réjouit fort, disant à ce Boisguillaume que s'il se trompait une autre fois, elle lui tirerait les oreilles... » (R 212-213)

La deuxième phase du procès, le procès ordinaire, commence le lundi 26 mars. Ce jour-là et le lendemain 27, devant les assesseurs réunis, on donne lecture de l'acte d'accusation rédigé par le promoteur Jean d'Estivet.

Cet acte d'accusation en soixante-dix articles reprend interminablement (C 192-286) les principaux points des interrogatoires, sans d'ailleurs tenir compte des réponses de Jeanne, laquelle, à la fin de chaque article ou presque, nie ce qui y est contenu ou répond : « Je m'en rapporte à ce que j'ai dit ailleurs. » Il a pour nous l'intérêt de contenir en français quelques-unes de ses réponses, entre autres, la prière même de Jeanne que ne donne pas ailleurs le texte du procès :
« Interrogée de quelle manière elle requiert ses voix. Elle répond : « Je réclame Dieu et Notre Dame qu'ils m'envoient conseil et réconfort et ensuite ils me l'envoient. » Interrogée par quels mots précis elle les requiert, elle répond de cette façon en français : « Très doux Dieu, en l'honneur de Votre Sainte Passion, je Vous requiers, si Vous m'aimez, que Vous me révéliez comment je dois répondre à ces gens d'Église. Je sais bien, quant à l'habit, le commandement comment je l'ai pris, mais je ne sais point par quelle manière je le dois laisser. Pour ce, plaise Vous me l'enseigner. » (C 252)

Le samedi 31 mars, Jeanne était de nouveau interrogée dans sa prison sur le point particulier de la soumission à l'Église.
« Voulez-vous vous en rapporter au jugement de l'Église qui est en terre de tout ce que vous avez dit et fait, soit bien, soit mal, et spécialement des cas, crimes

et délits dont vous êtes accusée et de tout ce qui touche votre procès ?

JEANNE : Sur ce qu'on me demande, je m'en rapporte à l'Église militante pourvu qu'elle ne me commande quelque chose d'impossible à faire, et ce que j'appelle impossible c'est que je révoque les faits que j'ai faits et dits et ce que j'ai déclaré dans ce procès à propos des visions et révélations qui m'ont été faites de par Dieu; je ne les révoquerai pour quoi que ce soit; ce que Notre Seigneur m'a fait faire et commandé et commandera, je ne manquerai à le faire pour homme qui vive, et au cas que l'Église voudrait que je fasse autre chose au contraire du commandement qui m'a été fait par Dieu, je ne le ferais pour quoi que ce soit.

– Si l'Église militante vous dit que vos révélations sont illusions ou choses diaboliques, vous en rapporterez-vous à l'Église ?

JEANNE : De cela je m'en rapporterai toujours à Dieu dont j'ai toujours fait le commandement, et je sais bien que ce qui est contenu au procès vient par le commandement de Dieu, et ce que j'affirme dans ce procès avoir fait par commandement de Dieu, il m'eût été impossible d'en faire le contraire. Et au cas que l'Église militante me commanderait de faire le contraire, je ne m'en rapporterais à homme au monde, hors à notre Sire, dont j'ai toujours fait le bon commandement.

– Croyez-vous que vous n'êtes pas soumise à l'Église de Dieu qui est sur terre, c'est-à-dire à notre seigneur le pape, aux cardinaux, archevêques, évêques et autres prélats de l'Église ?

JEANNE : Oui, notre Sire premier servi.

– Avez-vous commandement de vos voix de ne pas vous soumettre à l'Église militante qui est sur terre ni à son jugement ?

JEANNE : Je ne répondrai autre chose que je prenne en ma tête, mais ce que je réponds, c'est du commandement de mes voix; elles ne me commandent pas que je n'obéisse à l'Église, Dieu premier servi. » (C 286-288)

Sur ces entrefaites était dressé un autre acte d'accusation, plus précis que la prose touffue et verbeuse de Jean d'Estivet, et qui allait servir de base au reste du procès.

Lors du procès de réhabilitation, d'intéressantes précisions allaient être données à ce sujet par les notaires.

« GUILLAUME MANCHON : Il fut décidé par les conseillers, et surtout par ceux qui étaient venus de Paris, que, comme de coutume, de tous les articles et réponses, il fallait faire quelques courts articles et résumer les principaux points pour présenter la matière en bref afin que les délibérations pussent se faire mieux et plus rapidement. C'est pour cela que furent rédigés les douze articles, mais ce n'est pas moi qui les ai faits et je ne sais qui les a composés ou extraits.

— Comment a-t-il pu se faire (c'est le promoteur de la réhabilitation qui parle) qu'une telle multitude d'articles et de réponses aient été réduits en douze articles, surtout dans une forme si éloignée des confessions de Jeanne; il paraît peu vraisemblable que des hommes aussi importants aient voulu composer ainsi ces articles.

G. M. : Je crois que dans le texte principal du procès fait en français, j'ai inséré la vérité des interrogatoires et des articles dressés par le promoteur et les juges, et des réponses de Jeanne. Quant aux douze articles, je m'en rapporte à ceux qui les ont composés à qui je n'aurais pas osé contredire, pas plus que mon compagnon.

— Quand ces douze articles ont été insérés, avez-vous fait collation de ces articles avec les réponses de Jeanne pour voir s'ils correspondaient à ses réponses ?

G. M. : Je ne me souviens pas. »

Or, on allait mettre à l'instant sous les yeux de Manchon, une feuille écrite de sa main, extraite du dossier que lui-même avait déposé devant le tribunal de la réhabilitation et datée du 4 avril 1431. Sur cette feuille, il avait noté les discordances entre certains de ces articles et les réponses de Jeanne; comme dans l'acte d'accusation précédent, en effet, certains de ces articles allaient exactement au contraire de ce qu'avait répondu Jeanne. Ainsi la réponse donnée sur la soumission à l'Église devient : « Elle ne veut pas se soumettre à la détermination de l'Église militante, mais à Dieu seul. »

« Croyez-vous que ces articles ont été composés en esprit de vérité, car il y a une grande différence entre ces articles et les réponses de Jeanne ?

G. M. : Ce qui est dans mon texte du procès est vrai. Quant aux articles, je m'en rapporte à ceux qui les ont faits, car ce n'est pas moi qui les ai faits.

– Les délibérations furent-elles faites sur tout le procès ou sur ces douze articles ?

G. M. : Je crois que les délibérations n'ont pas été faites sur tout le procès, car il n'était pas encore mis en forme et ne fut rédigé dans la forme dans laquelle il est qu'après la mort de Jeanne, mais les délibérations ont été faites sur les douze articles.

– Ces douze articles ont-ils été lus à Jeanne ?

G. M. : Non. »

Ses dires sont confirmés par les deux autres notaires, Boisguillaume et Nicolas Taquel, qui se récusent devant ces articles dont ils déclarent n'être pas responsables, et qui attestent qu'ils ont servi de base aux consultations faites par la suite. Un témoin très bien informé, puisqu'il s'agit de Thomas de Courcelles lui-même, allait achever de donner des précisions à ce sujet : « Certains articles, au nombre de douze, furent rédigés et extraits des aveux et réponses de Jeanne. Ils furent faits, autant que j'en puisse vraisemblablement conjecturer, par le défunt maître Nicolas Midy. C'est sur les douze articles ainsi extraits que toutes les délibérations et opinions furent faites et données, mais je ne sais pas s'il fut délibéré qu'on les corrigerait ou s'ils furent corrigés. » (R 256)

Ainsi, la procédure suivie pouvait bien être régulière en apparence : on ne manqua pas de faire appel pour consultation à des docteurs et juristes étrangers au tribunal, comme c'était d'usage, et d'appeler les assesseurs à délibérer en toute liberté sur les accusations dont Jeanne était chargée, mais le texte même qui servait de base aux consultations et délibérations était un texte tronqué, faussé, et dont on n'avait pas donné lecture à l'accusée.

Consultations et délibérations se déroulent à partir du 5 avril. Le 12 a lieu une délibération dans laquelle les maîtres de l'Université de Paris tiennent une place prépondérante; une lettre est ensuite par eux rédigée, accusant Jeanne de se fier à de fausses révélations, d'errer dans la foi en prétendant que les articles de foi ne sont pas plus assurés que ses propres révélations à elle (singulier retournement, on le voit, des protestations réellement faites par Jeanne), enfin d'être coupable d'idolâtrie, de schisme, d'hérésie, de blasphème, de jactance, etc. Cauchon devait prendre soin par la suite de joindre cette lettre aux douze articles pour les consultations qu'il demande aux autres assesseurs.

Nous ne nous étendrons pas ici sur l'attitude de ceux-ci. En tout état de cause, on peut remarquer que le plus grand nombre d'entre eux n'avaient assisté qu'au début des interrogatoires d'instruction et jugeaient de l'affaire sur des articles d'accusation qui travestissaient la vérité. Il reste qu'une bonne partie d'entre eux, choisis par Cauchon en raison de leur dévouement à la cause anglaise et à la théorie de la double monarchie, pouvaient sans peine se ranger à l'avis des représentants de l'Université de Paris. Mentionnons ainsi, parmi les plus nets dans leurs réponses hostiles à Jeanne, l'évêque de Lisieux, Zanon de Castiglione, et celui de Coutances, Philibert de Montjeu, ainsi que Denis Gastinel et l'aumônier de l'abbaye de la Trinité de Fécamp, Jean de Bouesgue. On pouvait attendre les mêmes sentiments de la part de l'abbé de cette abbaye, Gilles de Duremort, dont les services, nous l'avons vu, étaient largement rémunérés par le roi d'Angleterre. De même pour plusieurs autres parmi lesquels nous mentionnerons seulement maître Nicolas de Venderès, archidiacre d'Eu, que nous retrouverons par la suite.

Certains pourtant se montrèrent plus réticents. A

travers leurs réponses perce le sentiment qu'ils ont sur l'ensemble de l'affaire. Ainsi les abbés de Jumièges et de Cormeilles demandent qu'auparavant tout le procès soit porté devant l'Université de Paris. Puis dans une seconde lettre, requise par Cauchon qui n'avait pas été satisfait de la précédente, ils demandent que Jeanne soit mieux instruite sur la question et qu'on lui expose nettement le danger qu'elle court ; ils ajoutent : « Comme il y a des faits que nous ne pouvons pas connaître,... d'autant plus que nous n'avons pas été présents à l'examen de la dite femme, nous nous en rapportons aux maîtres en théologie pour un jugement ultérieur. »

D'autre part, onze avocats de l'Officialité de Rouen expriment des réserves et trois des assesseurs, bacheliers en théologie, Pierre Minier, Jean Pigache et Richard de Grouchet, sont en désaccord avec Cauchon : « Si ces révélations procèdent de Dieu ou d'un bon esprit, ce qui toutefois n'est pas évident pour nous, elles ne sauraient être interprétées en mauvaise part. » Richard de Grouchet, chanoine d'Évreux, en témoignait lors de la réhabilitation : « Moi-même, disait-il, et les nommés Pigache et Minier, nous donnâmes notre opinion par écrit selon notre conscience. Elle ne fut pas agréable à l'évêque et à ses assesseurs qui nous dirent : Est-ce là ce que vous avez fait ? » (R 198)

Enfin, Raoul le Sauvage, bachelier en théologie, bien que peu favorable à Jeanne, estimait que le procès devait être soumis au Saint-Siège.

Ce n'est que par certains indices et par les témoignages donnés au procès de réhabilitation, lorsque, Rouen ayant été libérée, les langues purent se délier, que nous connaissons les résistances rencontrées par Cauchon. Notons tout d'abord que les chanoines de Rouen montrent peu d'empressement à répondre. Réunis une première fois le 13 avril, ils se trouvent en nombre insuffisant pour pouvoir délibérer. Le lendemain 14 avril, réunis de nouveau, ils s'accordent à demander que les douze articles soient lus à Jeanne en français et qu'elle soit mieux informée pour ce qui concerne la soumission à l'Église. Leur lettre, comme par hasard, ne figure pas dans le texte définitif du procès. En revanche, Cauchon les invite à se réunir de nouveau; lors de cette troisième réunion, qui a lieu le 4 mai, les chanoines – on imagine assez à la suite de quelles interventions – se prononcent pour la culpabilité de Jeanne.

A disparu également du texte du procès, la lettre de l'évêque d'Avranches, Jean de Saint-Avit. Nous ne la connaissons que par la déposition d'Isambart de la Pierre, lors de la réhabilitation.

« Moi-même en personne, déclare-t-il, je fus par devers l'évêque d'Avranches, fort ancien et bon clerc, qui comme les autres avait été requis et prié sur ce cas de donner son opinion. Pour cela, l'évêque m'interrogea, demandant ce que disait et déterminait monseigneur saint Thomas touchant la soumission que l'on doit faire à l'Église. Je donnai par écrit à cet évêque la détermination de saint Thomas, lequel dit : « En choses douteuses qui regardent la foi, on doit toujours recourir au pape ou au général concile. » Le bon évêque fut de cette opinion et sembla être tout mal content de la délibération qu'on avait faite par-deçà de cela. Cette délibération n'a pas été mise par écrit, ce qu'on a laissé par malice. » (R 269)

L'évêque d'Avranches avait, de ce fait, encouru la rancune de Cauchon et des Anglais. L'année suivante, en 1432, accusé d'avoir pris part à un complot qui avait pour but de libérer Rouen, il devait être emprisonné en dépit de son grand âge. Et c'est ici l'occasion de mentionner deux autres personnages qui, en dépit du danger qu'ils couraient, eurent le courage de tenir tête à Cauchon : « Des menaces furent portées contre maître Jean Lohier et maître Nicolas de Houppeville, sous peine d'être noyés parce qu'ils n'avaient pas voulu assister au procès », déclarait Guillaume de La Chambre, l'un des témoins de la réhabilitation. (R 220)

Guillaume Manchon lui-même devait donner des détails sur la conduite tenue en cette occasion par Jean Lohier :

« Quand le procès fut commencé, dit-il, maître Jean

Lohier, solennel clerc normand, vint en cette ville de Rouen et il lui fut communiqué, par l'évêque de Beauvais, ce qui en était écrit. Lohier demanda délai de deux ou trois jours pour le voir. Il lui fut répondu qu'il devait donner sur-le-champ son opinion et à ce fut contraint. Et maître Jean Lohier, quand il eut vu le procès, dit qu'il ne valait rien pour plusieurs causes : pour ce qu'il n'y avait point forme de procès ordinaire. Il était traité en lieu clos et fermé où les assistants n'étaient pas en pleine et pure liberté de dire leur pleine et pure volonté; – on traitait en cette matière l'honneur du roi de France dont Jeanne tenait le parti sans l'appeler lui-même ni aucun qui fût de par lui; – libelles ni articles n'avaient été remis et cette femme, qui était une simple fille, n'avait aucun conseil pour répondre à tant de maîtres et docteurs et sur grandes matières, spécialement celles qui touchaient ses révélations comme elle disait. Et pour tout cela, il lui semblait que le procès n'était pas valable.

« Monseigneur de Beauvais, poursuivait-il, fut fort indigné contre Lohier, et bien qu'il lui eût dit de demeurer pour voir mener le dit procès, Lohier répondit qu'il ne demeurerait pas, et aussitôt monseigneur de Beauvais... vint trouver les maîtres (de l'Université) auxquels il dit : « Voilà Lohier qui nous veut bailler belles interlocutoires en notre procès. Il veut tout calomnier et dit qu'il ne vaut rien. Qui le voudrait croire, il faudrait tout recommencer et tout ce que nous avons fait ne vaudrait rien. » Et en rapportant les causes pour lesquelles Lohier le voulait faire annuler; et disant : « On voit bien de quel pied il cloche! Par Saint-Jean, nous n'en ferons rien et continuerons notre procès comme il est commencé. » C'était alors le samedi de relevée en Carême. Le lendemain matin, je parlai à Lohier en l'église Notre-Dame de Rouen et lui demandai ce qu'il lui semblait du procès de Jeanne. Il répondit : « Vous voyez la manière dont ils procèdent. Ils la prendront s'ils le peuvent par ses paroles, c'est à savoir dans les assertions où elle dit : « Je sais de certain » (certainement) ce qui touche les apparitions, mais si elle disait « il me semble » au lieu de « je sais de certain », il m'est avis qu'il n'est homme qui la pût condamner. Il semble qu'ils procèdent plus par haine qu'autrement, et pour cette cause, je ne me tiendrai plus ici car je n'y veux plus être. » Et de fait, il a toujours demeuré depuis en cour de Rome et il y est mort doyen de la rote (tribunal où se jugent les appels en cour de Rome). » (R 259-261)

Lors du procès de réhabilitation survivait l'une de ces âmes droites pour lesquelles la justice avait un sens : maître Nicolas de Houppeville. Lui-même a pu raconter les sanctions dont il a été l'objet. « Moi-même, j'ai été appelé un jour au début du procès et je ne suis pas venu parce que j'en ai été empêché pour autre cause. Lorsque je suis venu le second jour, je n'ai pas été reçu ; j'ai même été mis à la porte par le seigneur évêque de Beauvais, cela parce que j'avais dit auparavant, lorsque j'en conférais avec maître Colles, qu'il y avait danger à intenter ce procès pour plusieurs causes. Cette parole fut rapportée à l'évêque. C'est pourquoi l'évêque me fit mettre dans les prisons royales à Rouen dont j'ai été délivré à la prière du seigneur alors abbé de Fécamp. J'ai entendu dire que, par conseil de certaines gens que l'évêque avait convoquées pour cela, il fut délibéré de m'envoyer en exil, en Angleterre ou ailleurs, hors de la cité de Rouen, ce qui aurait été fait sans l'intervention de l'abbé et de quelques-uns de mes amis. » (R 262)

On sait enfin comment, après le supplice de Jeanne, un frère dominicain, Pierre Bosquier, allait être jeté en prison pour avoir dit son opinion sur sa condamnation.

Entre temps, Jeanne, dans sa prison, était tombée malade. Le médecin de la duchesse de Bedford, Jean Tiphaine, fut envoyé pour la soigner. Il racontait la scène lors du procès de réhabilitation.
« Quand Jeanne fut malade, les juges m'ont mandé de la visiter et j'ai été conduit vers elle par le nommé d'Estivet. En présence de d'Estivet, de maître Guillaume de La Chambre, maître en médecine, et de

plusieurs autres, je lui ai tâté le pouls pour savoir la cause de sa maladie et je lui ai demandé ce qu'elle avait et où elle avait mal. Elle m'a répondu qu'une carpe lui avait été envoyée par l'évêque de Beauvais, qu'elle en avait mangé et qu'elle pensait que c'était la cause de sa maladie. Alors d'Estivet la rabroua disant que c'était faux et il l'appela paillarde, disant : « C'est toi, paillarde, qui as mangé de l'alose et d'autres choses qui t'ont fait du mal. » Elle répondit que non et il y eut beaucoup de paroles injurieuses échangées entre Jeanne et d'Estivet. Par la suite, voulant en savoir davantage sur la maladie de Jeanne, j'ai entendu dire par les gens qui étaient là qu'elle avait eu beaucoup de vomissements. » (R 204-205)

L'autre médecin, Guillaume de La Chambre, survivait aussi lors de la réhabilitation et a été appelé à témoigner :

« En ce qui concerne sa maladie, le cardinal d'Angleterre (Henri Beaufort) et le comte de Warwick m'envoyèrent chercher. J'ai comparu devant eux avec maître Guillaume Desjardins, maître en médecine, et d'autres médecins. Alors, le comte de Warwick nous dit que Jeanne avait été malade, à ce qu'on lui avait rapporté, et qu'il nous avait fait mander pour que nous prenions soin d'elle, car pour rien au monde le roi ne voulait qu'elle meure de sa mort naturelle. Le roi en effet la tenait pour chère et l'avait cher achetée, et il ne voulait pas qu'elle meure, si ce n'est des mains de la justice, et qu'elle fût brûlée. Et nous fîmes tant, la visitant avec soin, qu'elle guérit. J'allai la voir, ainsi que maître Desjardins et les autres. Nous la palpâmes du côté droit et la trouvâmes fiévreuse. C'est pourquoi nous décidâmes de la saigner. En rendant compte de la chose au comte de Warwick, il nous dit : « Faites attention à la saignée, car elle est rusée et pourrait se tuer. » Néanmoins elle fut saignée, ce qui la soulagea immédiatement. Une fois ainsi guérie, un certain maître Jean d'Estivet survint, qui échangea avec Jeanne des paroles injurieuses et l'appela « putain, paillarde ». Elle en fut irritée si bien qu'elle eut de nouveau la fièvre et retomba malade. Cela parvint à la connaissance du comte qui défendit à d'Estivet d'injurier Jeanne dorénavant. » (R 205-206)

Du point de vue de la procédure, on devait alors passer à ce qu'on appelait les « admonitions charitables ». C'est ce qui avait lieu régulièrement dans le cours des procès d'Inquisition : quand l'instruction avait fait ressortir la culpabilité de l'accusé, on devait l'amener soit à l'aveu, soit au repentir. C'est à quoi étaient destinées ces admonitions. Lorsqu'il y avait eu commencement de preuve à l'encontre de l'accusé, il était permis de lui appliquer la torture.

Le mercredi 18 avril, Jeanne était encore malade et alitée lorsque lui fut faite la première admonition charitable. Dans sa cellule entrèrent, en dehors de Cauchon et du vice-inquisiteur, Jean Lemaître, trois des universitaires parisiens, Jacques de Touraine, Nicolas Midy et Gérard Feuillet, un clerc anglais, Guillaume Haiton, et trois autres personnages dont les noms apparaissent assez rarement sur les procès-verbaux : Guillaume Boucher, Maurice Du Chêne, Guillaume Adelie. C'est Cauchon lui-même qui procède aux admonitions. Il lui propose de choisir parmi les assesseurs composant le tribunal quelqu'un qui puisse la conseiller. Si elle ne veut prendre conseil et agir selon le conseil de l'Église, elle-même, lui fait-il remarquer, est en grand péril.

« JEANNE : Il me semble, vu la maladie que j'ai, que je suis en grand péril de mort; et s'il est ainsi que Dieu veuille faire son plaisir de moi, je demande à avoir confession et le sacrement de l'Eucharistie et à être enterrée en terre sainte.

— Si vous voulez avoir les sacrements de l'Église, il faut vous déclarer bonne catholique et vous soumettre à l'Église...

JEANNE : Je ne vous en saurais dire autre chose à présent.

— Plus vous craignez pour votre vie à cause de la maladie que vous avez, plus vous devez amender votre vie...

JEANNE : Si mon corps meurt en prison, je m'attends à ce que vous le fassiez mettre en terre sainte et si vous ne l'y faites pas mettre, je m'en attends à Dieu...
– Puisque vous demandez que l'Église vous donne le sacrement de l'Eucharistie, voulez-vous vous soumettre à l'Église militante, et on vous promettrait de vous remettre ce sacrement.

JEANNE : Je ne m'y prendrai pas autrement pour cette soumission. Dieu, je l'aime, je le sers et je suis bonne chrétienne et je voudrais aider et soutenir l'Église de tout mon pouvoir.
– Voulez-vous que soit ordonnée une belle et notable procession pour vous remettre en bon état si vous n'y êtes pas ?

JEANNE : Je veux bien que l'Église et les catholiques prient pour moi. » (C 329-333)

Une autre admonition a lieu le 2 mai. Avec sa santé, Jeanne a retrouvé son attitude de défi. Il est très probable qu'il faut placer immédiatement avant cet interrogatoire solennel un épisode que le procès officiel laisse de côté, comme il omet les réponses de Jean de Saint-Avit ou de Jean Lohier. Cet épisode a été connu par la suite, grâce au procès de réhabilitation.

Guillaume Manchon : « Maître Jean de La Fontaine, depuis le commencement du procès jusqu'à la semaine d'après Pâques 1431, fut lieutenant (substitut) de monseigneur de Beauvais pour l'interroger en l'absence de l'évêque. Néanmoins, il était toujours présent avec l'évêque aux débats du procès, et la Pucelle était fort sommée de se soumettre à l'Église par ce La Fontaine et frère Isambart de la Pierre et Martin Ladvenu, par lesquels elle fut avertie qu'elle devait croire et tenir que c'était notre Saint Père le pape et ceux qui président en l'Église militante et qu'elle ne devait point faire de doute de se soumettre à notre Saint Père le pape et au saint concile, car il y avait, tant de son parti que d'ailleurs, plusieurs notables clercs; et que, si ainsi elle ne faisait, elle se mettrait en grand danger; et le lendemain qu'elle fut ainsi avertie, elle dit qu'elle se vou-

drait bien soumettre à notre Saint Père le pape et au
sacré concile. Quand monseigneur de Beauvais ouït
cette parole, il demanda qui avait été lui parler le jour
d'avant. Il manda le garde anglais de la Pucelle auquel
il demanda qui lui avait parlé. Ce garde répondit que
ç'avait été le dit La Fontaine et les deux religieux; et
pour ce, en l'absence de La Fontaine et des religieux,
l'évêque se courrouça très fort contre Jean Lemaître,
vicaire de l'Inquisiteur, en les menaçant très fort de
leur faire déplaisir. Et quand La Fontaine eut de ce
connaissance et qu'il était menacé pour cette cause, il
partit de cette cité de Rouen et depuis n'y retourna.
Et quant aux deux religieux, si ce n'eût été Lemaître
qui les excusa et supplia pour eux, en disant que,
si on leur faisait déplaisir, jamais il ne viendrait au
procès, ils eussent été en péril de mort. Et dès lors, il
fut défendu de par monseigneur de Warwick que nul
n'entrât vers la Pucelle, sinon monseigneur de Beauvais ou de par lui et toutes les fois qu'il plaisait à
l'évêque d'aller vers elle. Mais le vicaire n'y eut point
d'entrée sans lui. » (R 218-219)

Enfin, Guillaume Duval, appartenant comme les
deux autres dominicains et le vice-inquisiteur au couvent
Saint-Jacques de Rouen, confirme ses dires. Effectivement Jean de La Fontaine ni Martin Ladvenu ne
figurent parmi les soixante-trois assesseurs qui, le mercredi 2 mai, assistent aux admonitions charitables, ce
qui laisse penser que la scène en question a pu prendre
place la veille 1er mai.

L'interrogatoire est mené par Jean de Châtillon.
« Voulez-vous vous corriger et amender selon la délibération des docteurs ?

JEANNE : Lisez votre livre et puis je vous répondrai.
Je m'en attends à Dieu, mon créateur, de tout. Je
l'aime de tout mon cœur.
– Voulez-vous répondre davantage à cette admonition
générale ?

JEANNE : Je m'en attends à mon Juge, c'est le Roi
du ciel et de la terre...
– Voulez-vous vous soumettre à l'Église militante ?

JEANNE : Je crois bien en l'Église d'ici-bas, mais de mes faits et dits, ainsi qu'autrefois j'ai dit, je m'en attends et rapporte à notre Seigneur. Je crois bien que l'Église militante ne peut errer ni faillir, mais quant à mes dits et faits, je les mets et rapporte du tout à Dieu qui m'a fait faire tout ce que j'ai fait...
— Voulez-vous dire que vous n'avez juge sur terre ? Notre Saint Père le pape n'est-il pas votre juge ?
• JEANNE : Je ne vous en dirai autre chose; j'ai bon maître, c'est à savoir Dieu, à qui je m'en attends de tout et non à autre.
— Si vous ne voulez croire l'Église et croire en cet article *Unam sanctam Ecclesiam catholicam,* vous êtes hérétique en soutenant cela et d'autres juges pourraient vous punir de la peine du feu.
JEANNE : Je ne vous en dirai autre chose, et si je voyais le feu, je dirais tout ce que je vous dis et ne ferais autre chose.
— Si le saint concile général, comme notre Saint Père le pape, les cardinaux et autres de l'Église étaient ici, voudriez-vous vous en référer et soumettre à ce saint concile ?
JEANNE : Vous ne tirerez de moi autre chose.
— Voulez-vous vous soumettre à notre Saint Père le pape ?
JEANNE : Menez-moi vers lui et je lui répondrai. »
(C 342-343)

Cet interrogatoire s'est-il déroulé absolument comme il est contenu dans ce procès-verbal ? On peut en douter si l'on s'en rapporte à certains des témoins du procès de réhabilitation. Ils sont plusieurs en effet à affirmer que Jeanne a dit plusieurs fois qu'elle s'en rapportait au pape.

Entre autres, citons la déposition de Richard de Grouchet : « J'ai vu et entendu, lors du jugement, que, comme on demandait à Jeanne si elle voulait se soumettre à l'évêque de Beauvais et à certains de ceux qui étaient là en les nommant, Jeanne répondait que non et qu'elle se soumettait au pape et à l'Église catholique, demandant qu'on la conduise au pape. Comme on lui disait que l'on enverrait son procès au pape pour qu'il en juge, elle répondait qu'elle ne voulait pas qu'on fasse ainsi, car elle ne savait pas ce qu'ils mettraient dans le procès, mais qu'elle voulait qu'on l'y conduise pour qu'elle soit interrogée par le pape. Je ne sais pas, ajoute-t-il, s'il fut mis ou écrit dans le procès qu'elle ne se soumettait pas à l'Église et je n'ai pas vu qu'on ait empêché de le mettre, mais je sais qu'en ma présence, Jeanne s'est toujours soumise au jugement du pape et de l'Église. »

Citons aussi la déposition d'Isambart de la Pierre : « Jeanne, interrogée si elle voulait se soumettre à notre Saint Père le pape, répondit que oui pourvu qu'elle soit menée et conduite à lui, mais qu'elle ne voulait pas se soumettre à ceux qui étaient présents, c'est-à-dire à l'évêque de Beauvais, car c'étaient ses ennemis mortels. Et comme je la persuadais qu'elle se soumette au concile général alors rassemblé, auquel étaient beaucoup de prélats et docteurs du parti du roi de France, cela entendu, Jeanne dit qu'elle se soumettait au concile. Alors, l'évêque de Beauvais m'interpella violemment en disant : « Taisez-vous, par le diable! » Cela entendu, maître Guillaume Manchon, notaire du procès, demanda à l'évêque s'il devait écrire cette soumission. Cet évêque répondit que non, que ce n'était pas nécessaire. Et Jeanne lui dit : « Ah, vous écrivez bien ce qui est contre moi, et vous ne voulez pas écrire ce qui est pour moi » et je crois que cela ne fut pas écrit, d'où il y eut grand murmure dans l'assemblée. » (R 222-223)

Le procès-verbal atteste qu'Isambart assistait bien à cette séance du 2 mai. Après la réponse de Jeanne « Menez-moi vers lui et je lui répondrai », le texte du procès note simplement : « et autrement n'en a voulu répondre »; puis on passe à un interrogatoire tout différent : l'habit de femme, le signe du roi, etc. Cette rupture – du style direct au style indirect, et d'une question à une autre – laisse penser qu'ici se place l'incident rapporté par frère Isambart.

Le mercredi 9 mai, Jeanne était amenée dans la grosse tour du château de Rouen – celle qui subsiste encore en notre temps, seul vestige de l'ancienne forteresse du Bouvreuil. Il n'y avait là, avec les juges, qu'un nombre restreint d'assesseurs en présence desquels Jeanne fut menacée de la torture.

Jeanne est alors sommée de dire la vérité sur divers points du procès « qu'elle a niés ou dans lesquels elle a répondu de façon mensongère ».

« JEANNE : Vraiment, si vous me deviez faire détraire (arracher) les membres et faire partir l'âme du corps, je ne vous en dirais autre chose; et si je vous en disais autre chose, je dirais toujours ensuite que vous me l'avez fait dire par force.

Et d'ajouter :

« A la dernière fête de Sainte-Croix (3 mai), j'ai eu confort de saint Gabriel et je crois que c'était saint Gabriel, et je l'ai su par mes voix, que c'était saint Gabriel. J'ai demandé conseil à mes voix si je me soumettrais à l'Église, puisque des gens d'Église me pressaient fortement de me soumettre à l'Église; et ces voix m'ont dit que si je voulais que Dieu m'aide je m'en rapporte à lui de tous mes faits. Je sais bien que Dieu a été toujours le maître de tout ce que j'ai fait, et que le diable n'a jamais eu puissance sur mes faits. J'ai demandé à mes voix si je serais brûlée et mes voix m'ont répondu que je m'en attende à Notre Seigneur et que lui m'aiderait.

– Sur le signe de la couronne dont vous dites qu'elle vous a été remise par l'archevêque de Reims, voulez-vous vous en rapporter à cet archevêque ?

JEANNE : Faites-le venir et puis je vous répondrai. Il n'oserait pas dire le contraire de ce que je vous ai dit. »

Sur ce, les maîtres présents décidèrent de surseoir à la torture et de délibérer d'abord pour savoir si elle devrait ou non lui être appliquée.

Le procès-verbal mentionne la présence des « officiers » qui étaient alors prêts à mettre Jeanne à la torture et se trouvaient présents à la scène. Le prin-

cipal d'entre eux, le bourreau, Maugier Leparmentier, vivait encore à l'époque de la réhabilitation et se souvenait parfaitement de l'épisode :
« J'ai connu Jeanne au moment où elle fut amenée à la ville de Rouen et je l'ai vue au château de Rouen où moi et mon compagnon fûmes mandés pour mettre Jeanne à la torture. Elle fut alors interrogée quelque peu et elle répondait avec beaucoup de prudence, tant que les assistants s'en émerveillaient. Enfin, nous nous retirâmes, moi et mon compagnon, sans avoir attenté à sa personne. » (R 215)

Le samedi 12 mai, Cauchon réunissait douze des assesseurs pour délibérer sur la question de savoir si Jeanne serait mise ou non à la torture. Trois seulement d'entre eux opinent pour l'affirmative : l'universitaire Thomas de Courcelles, Nicolas Loiseleur, – dont on a vu par ailleurs quel fut le rôle joué par lui auprès de Jeanne lorsqu'il se faisait passer pour un de ses compatriotes et tentait de lui extraire des aveux en confession, – enfin, un nommé Aubert Morel, docteur en droit canonique qui, du reste, apparaît assez rarement dans le tribunal. Le détail des délibérations ne figure pas dans le texte définitif du procès mis en forme par Thomas de Courcelles; on ne le trouve que dans le texte de la « minute française » donné par le manuscrit d'Urfé et celui d'Orléans. (Voir Commentaire, p. 269.)

Les Anglais pourtant s'impatientaient. Un document récemment mis au jour, le *Livre des comptes du maître d'hôtel de Warwick* (*Beauchamp Household Book* actuellement conservé dans les archives du comté de Warwick et encore inédit[1]) apporte ici une confirmation aux textes que nous possédions déjà. Dans ce livre de comptes pour l'année 1431-1432 sont inscrits jour par jour tous les invités du seigneur anglais qui, nous l'avons vu, résidait à Rouen avec la charge de gouverneur du roi d'Angleterre. Or, le dimanche 13 mai, il

---

1. Nous nous permettons de renvoyer à ce sujet à notre article : " *Jeanne d'Arc prisonnière* ", dans la *Revue de Paris,* juin 1960.

donne un grand dîner; en tête des invités se trouvent l'évêque de Beauvais, Pierre Cauchon, et l'évêque de Noyon, Jean de Mailly; avec eux des personnages qui ont joué le rôle le plus actif dans l'histoire de Jeanne d'Arc puisqu'il y avait là Jean de Luxembourg et son frère, Louis de Luxembourg, chancelier de France, ainsi que l'un des principaux capitaines anglais, Humphrey, comte de Stafford. Y assistait également la femme du capitaine John Talbot qui était à ce moment encore retenu dans les prisons françaises puisqu'il avait été fait prisonnier à Patay; c'était la propre fille de Richard Beauchamp, comte de Warwick.

Après l'énumération des invités, le maître d'hôtel consigne chaque jour sur son registre les frais nécessités par leur entretien; nous connaissons ainsi les détails d'une réception qui semble avoir été fort soignée, si l'on en juge par les achats importants faits pour ce jour-là (fol. 68 v° et 69 du manuscrit).

Il est très probable qu'il faut dater de ce dimanche 13 mai la scène racontée par l'un des témoins de la réhabilitation, Haimond de Macy, dont nous avons vu qu'il avait déjà conversé avec Jeanne dans sa prison de Beaurevoir; parmi les invités du jour, le Livre de comptes mentionne « duo milites Burgonie », deux chevaliers de Bourgogne, dont l'un doit être Haimond lui-même. Voici ce qu'il raconte à ce sujet :

« (Après sa station au château de Beaurevoir et au château du Crotoy) Jeanne a été conduite au château de Rouen dans une prison du côté de la campagne. Dans cette ville, au moment où Jeanne était détenue, le comte de Ligny (Jean de Luxembourg) vint la voir et moi avec lui. Un jour, ce comte de Ligny voulut voir Jeanne. Il alla vers elle, accompagné des seigneurs comtes de Warwick et de Stafford et de l'actuel chancelier d'Angleterre, alors évêque de Thérouanne et frère du comte de Ligny (Jean de Luxembourg) et moi-même. Ce comte de Ligny s'adressa à Jeanne en lui disant : « Jeanne, je suis venu ici pour vous mettre à rançon pourvu que vous vouliez bien nous promettre que vous ne vous armerez jamais contre nous. » Elle répondit : « En nom Dieu, vous vous moquez de moi, car je sais bien que vous n'en avez ni le vouloir ni le pouvoir. » Et elle répéta cela à plusieurs reprises parce que le comte persistait dans ses dires; et elle dit ensuite : « Je sais bien que ces Anglais me feront mourir, parce qu'ils croient, après ma mort, gagner le royaume de France. Mais seraient-ils cent mille « godons » (sobriquet par lequel on désigne les Anglais) de plus qu'ils ne sont à présent, ils n'auront pas le royaume. » A ces paroles, le comte de Stafford fut indigné et il tira sa dague à moitié pour la frapper, mais le comte de Warwick l'en empêcha. » (R 187)

Ce comte de Stafford, l'un des familiers de Warwick (son nom revient à chaque instant sur les pages du registre) semble avoir été aussi l'un des plus acharnés contre Jeanne. Un épisode rapporté par Guillaume Manchon le montre comme un homme emporté et violent : « Un jour, quelqu'un dont je ne me rappelle pas le nom disait quelque chose de Jeanne qui déplut au seigneur de Stafford; ce sire de Stafford poursuivit celui qui avait parlé jusqu'à un endroit d'immunité, l'épée tirée; au point que, si l'on n'avait dit au sire de Stafford que le lieu où était cet homme était lieu saint et jouissant du droit d'asile, il aurait frappé cet homme. » (R 194)

Quelles décisions furent prises au cours de ce dîner du 13 mai ? Ce qu'il y a de certain, c'est qu'ensuite les événements vont se précipiter. Le lendemain 14 mai, l'Université de Paris se réunissait en séance plénière pour délibérer sur le texte des douze articles d'accusation qui lui avait été adressé avec une lettre de Cauchon et une autre du roi d'Angleterre, lesquelles ne devaient pas laisser de doute sur le sens de la délibération à prendre. Il n'y avait d'ailleurs aucun besoin de faire pression sur l'assemblée pour qu'elle se décide dans le sens exigé, étant donné les preuves non équivoques de dévouement que l'Université avait toujours montrées à la cause anglaise. Les délibérations concluaient à l'entière culpabilité de Jeanne, accusée d'être schismatique, apostate, menteuse, devineresse, suspecte d'hérésie, errante en la foi, blasphématrice de Dieu et des saints. Une lettre fut rédigée par les maîtres à l'adresse du roi d'Angleterre pour appuyer ces conclusions : « Votre Très Noble Magnificence, écrivaient-ils,... a fort bonne œuvre commencé touchant notre sainte foi : c'est à savoir le procès judiciaire contre cette femme qu'on nomme la Pucelle et ses scandales, fautes et offenses aussi manifestes en tout ce royaume... » et d'ajouter : « Nous supplions humblement votre Excellente Hautesse, que très diligemment cette matière soit par justice menée à fin brièvement, car, en vérité, la longueur et dilation est très périlleuse et il est très nécessaire de faire sur ce notable et grande réparation pour ce que le peuple qui, par cette femme, a été fort scandalisé, soit ramené à bonne et sainte doctrine et croyance. » (C 355-356)

Dès réception de ces conclusions si favorables à la cause qu'il poursuivait, Cauchon s'empressa de réunir les assesseurs du tribunal le samedi 19 mai. Après avoir donné lecture des lettres et conclusions, chacun fut appelé à donner son avis. La plupart, comme on peut s'en douter, opinent dans le sens de cette autorité qu'est alors l'Université de Paris. Quelques-uns seulement font des réserves, comme frère Isambart de la Pierre qui s'en réfère aux premières délibérations qu'il a données et insiste pour que Jeanne soit à nouveau avertie.

Le mercredi 23 mai, Jeanne comparaît dans une chambre du château proche de sa prison pour être solennellement exhortée par l'un des universitaires, maître Pierre Maurice, à renoncer à ses « erreurs et scandales ». Longue et verbeuse exhortation à laquelle Jeanne répond :
« La manière que j'ai toujours dite et tenue en ce procès, je la veux maintenir quant à cela. Et si j'étais en jugement et voie le feu allumé et les bourrées prêtes,

et le bourreau prêt à bouter le feu et que je sois dedans le feu, je n'en dirais pourtant autre chose et soutiendrais ce que j'ai dit au procès jusqu'à la mort. » (C 384)

C'est alors qu'on décide d'une mise en scène propre à l'impressionner. Le jeudi 24 mai, dans le cimetière Saint-Ouen, un échafaud et des tribunes sont dressés. Jeanne va y être conduite et sera menacée du feu si elle n'abjure pas en public.

A cette scène de l'abjuration assistent les principaux prélats; elle est présidée par celui qu'on appelle le « cardinal d'Angleterre », Henri Beaufort, évêque de Winchester, oncle de Bedford et grand-oncle du petit Henri VI; à ses côtés prennent place l'évêque de Beauvais et celui de Noyon, ainsi que Louis de Luxembourg, évêque de Thérouanne, et William Alnwick, garde du sceau privé et membre du Grand Conseil de la Couronne; les principaux assesseurs sont aussi présents, et la foule s'est amassée aux abords de l'estrade. Jeanne est amenée sur une tribune faisant face aux prélats; à ses côtés est l'huissier Jean Massieu qui est délégué comme toujours à l'accompagner.

Un sermon lui est fait, pour lequel a été désigné maître Guillaume Érard, universitaire ami de Cauchon et très dévoué à l'Angleterre où il devait mourir en 1439.

Isambart de la Pierre : « Je me suis trouvé à la première prédication que lui fit maître Guillaume Érard qui prit pour thème : le rameau ne peut produire de fruits s'il ne demeure à la vigne, – disant qu'en France il n'y avait jamais eu tel monstre comme l'était Jeanne, qui était magicienne, hérétique, schismatique, et que le roi qui lui était favorable était semblable à elle et qu'il avait voulu récupérer son royaume grâce à une telle femme hérétique; à cause de cela, ajoute-t-il, je crois qu'ils furent poussés, entre autres, par le désir de diffamer la majesté royale. » (R 226)

L'impression est confirmée par d'autres témoins comme Martin Ladvenu et Jean Massieu lui-même.

Jean Massieu : « Quand elle fut menée à Saint-Ouen

pour être prêchée par maître Guillaume Érard, durant le prêchement, environ la moitié, après que Jeanne eût été fort blâmée par les paroles du prêcheur, il commença à s'écrier à haute voix disant : « Ah! France, tu es bien abusée, tu as toujours été le pays très chrétien; et Charles, qui se dit roi et de toi gouverneur, a adhéré comme hérétique et schismatique aux paroles et faits d'une femme vaine, diffamée et de tout déshonneur pleine; et non pas lui seulement, mais tout le clergé de son obéissance et seigneurie, par lequel elle a été examinée et non reprise, ainsi qu'elle l'a dit. »... Puis s'adressant à Jeanne, il dit en levant le doigt : « C'est à toi, Jeanne, à qui je parle, et te dis que ton roi est hérétique et schismatique. » A quoi elle répondit : « Par ma foi, sire, révérence gardée, car je vous ose bien dire et jurer sur peine de ma vie que c'est le plus noble chrétien de tous les chrétiens et qui mieux aime la foi et l'Église, et n'est pas tel que vous dites. » Et alors le prêcheur me dit : « Fais-la taire. » (R 227)

« Après son sermon, lisons-nous sur le procès-verbal de cette séance, le prédicateur dit à Jeanne : Voici messeigneurs les juges, qui plusieurs fois vous ont sommée et requise que vous vouliez soumettre tous vos faits et dits à notre sainte Mère l'Église et que, en ces dits et faits, il y avait plusieurs choses qui, à ce qu'il semble aux clercs, n'étaient pas bonnes à dire et soutenir.

JEANNE : Je vous répondrai. Quant à ce qui est de la soumission à l'Église, j'ai répondu sur ce point : de toutes les œuvres que j'ai faites, qu'il soit envoyé à Rome vers notre Saint Père le Souverain Pontife, à qui, et à Dieu en premier, je me rapporte. Quant à mes dits et faits, je les ai faits de par Dieu. Et je n'en charge personne, ni mon roi ni autre; et s'il y a quelque faute, c'est à moi et non autre.

— Voulez-vous révoquer tous vos dits et faits qui sont réprouvés par les clercs ?

JEANNE : Je m'en rapporte à Dieu et à notre Saint Père le pape.

« Et il lui fut dit, poursuit le texte du procès, que cela

ne suffisait pas et qu'il ne pouvait se faire que l'on aille quérir notre Saint Père le pape aussi loin, que les ordinaires étaient juges chacun dans son diocèse et qu'il était nécessaire qu'elle s'en rapporte à la sainte Église et qu'elle s'en tienne à ce que les clercs et autres hommes savants disaient et avaient déterminé sur ses dits et faits. »

Il faut noter qu'à l'époque même de Jeanne, on a plusieurs exemples d'hérétiques qui, ayant fait appel au pape, ont été effectivement traduits devant son tribunal à Rome, ainsi qu'il était de règle dans les jugements d'Inquisition.

Par trois fois, Guillaume Érard allait répéter son exhortation. Laissons la parole à Jean Massieu, chargé de lire à Jeanne la cédule d'abjuration qu'elle devait signer :

« Quand Jeanne fut requise de signer cette cédule, il y eut grand murmure parmi ceux qui étaient présents, au point que j'ai entendu l'évêque dire à quelqu'un : « Vous ferez réparation pour cela », assurant qu'une injure lui avait été faite et qu'il ne procéderait pas davantage si on ne lui en faisait excuse. Pendant ce temps, j'avertissais Jeanne du péril qui la menaçait au sujet de la signature de cette cédule. Et je voyais bien que Jeanne ne comprenait pas cette cédule ni le péril qui la menaçait. Alors Jeanne, pressée de la signer, répondit : « Que cette cédule soit vue par les clercs et par l'Église entre les mains desquels je dois être mise. S'ils me donnent conseil que je la doive signer et de faire ce qui m'est dit, je le ferai volontiers. » Alors maître Guillaume Érard lui dit : « Fais-le maintenant; sinon aujourd'hui tu finiras tes jours par le feu. » Alors Jeanne répondit qu'elle préférait signer plutôt que d'être brûlée, et à ce moment-là il y eut grand tumulte dans la foule qui était là et des pierres furent jetées; par qui ? Je n'en sais rien. » (R 227-228)

D'autres détails sont donnés par l'un de ceux qui se tenaient sur la tribune des prélats : Jean Monnet qui était alors « clerc » (secrétaire) de maître Jean Beaupère.

« J'ai été au sermon fait à Saint-Ouen et me trouvais moi-même sur la tribune, assis aux pieds de maître Jean Beaupère. Quand le sermon fut fini, comme on commençait à lire la sentence, Jeanne dit que si elle était conseillée par des clercs et selon leur conscience, à ce qu'il lui semblerait, elle ferait volontiers ce qui lui serait conseillé. Cela entendu, l'évêque de Beauvais demanda au cardinal d'Angleterre qui était là ce qu'il devait faire étant donné la soumission de Jeanne. Le cardinal répondit alors à l'évêque qu'il devait recevoir Jeanne à pénitence. Alors, on retira cette sentence qu'on avait commencé à lire et Jeanne fut reçue à pénitence. J'ai vu alors une cédule d'abjuration qu'on lut et il me semble que c'était une petite cédule d'environ six ou sept lignes; et je me souviens bien qu'elle s'en rapportait à la conscience des juges pour savoir si elle devait se rétracter ou non. » (R 228-229)

L'intervention des Anglais est constante en cette scène, comme, en arrière-plan, dans tout le procès.

C'est ce qu'atteste Haimond de Macy : « Quelque temps après (après la scène racontée plus haut pour le 13 mai), j'étais encore à Rouen, dit-il; Jeanne fut amenée sur une place devant Saint-Ouen où lui fut fait un sermon que fit maître Nicolas Midy (il confond ici avec celui qui allait faire le sermon au Vieux-Marché). Entre autres, il lui dit, à ce que j'ai entendu : « Jeanne, nous avons telle pitié de vous; il faut que vous rétractiez ce que vous avez dit ou alors que nous vous remettions à la justice séculière. » Mais elle répondait qu'elle n'avait rien fait de mal et qu'elle croyait aux douze articles de la foi et aux dix préceptes du Décalogue, disant ensuite qu'elle s'en rapportait à la cour de Rome et voulait croire tout ce que croyait la Sainte Église. Malgré cela, elle fut très pressée de se rétracter; mais elle leur disait : « Vous prenez grand-peine pour me séduire »; et pour éviter le danger elle dit qu'elle voulait bien faire tout ce qu'ils voudraient. Alors, le secrétaire du roi d'Angleterre qui était là, appelé Laurent Calot, tira de sa manche une petite cédule écrite qu'il tendit à Jeanne pour qu'elle la signe; et elle répondit qu'elle ne savait ni lire ni écrire. Malgré cela, ce Laurent Calot, secrétaire, tendit à Jeanne la cédule et une plume pour qu'elle signe, et, par manière de dérision, Jeanne traça un rond. Alors, Laurent Calot prit la main de Jeanne avec la plume et fit faire à Jeanne un signe dont je ne me souviens plus. »

Ce Laurent Calot est un personnage bien connu par ailleurs; secrétaire du roi d'Angleterre, on le voit à plusieurs reprises signer des actes relatifs à l'approvisionnement des armées anglaises et il figure parmi les familiers du comte de Warwick, souvent invité en son hôtel, comme en témoigne le *Beauchamp Household Book*.

Qu'est-ce que Jeanne avait abjuré au juste ?

Le procès-verbal est très bref sur les circonstances mêmes dans lesquelles Jeanne se soumet : « Comme la sentence fut commencée à lire, elle dit qu'elle voulait tenir tout ce que les juges et l'Église voudraient dire et prononcer, disant qu'en tout elle obéirait à notre ordre. Elle dit plusieurs fois que puisque les gens d'Église disaient que les apparitions et révélations qu'elle disait avoir eues n'étaient pas à soutenir ni à croire, elle ne les voulait soutenir et du tout s'en rapportait à la sainte Mère l'Église et à nous, juges. Alors, en présence des sus-nommés et à la vue d'une grande multitude de clercs et de peuple, elle fit et produisit sa révocation et abjuration selon la forme d'une cédule qui lui fut lue, rédigée en français, qu'elle répéta; et signa cette cédule de sa propre main sous la forme qui suit. » (C 388-389)

Or, la cédule d'abjuration qui suit dans le texte du procès est un très long texte (quarante-sept lignes d'impression pour le texte en français) dans laquelle Jeanne s'accuse avec force détails d'avoir « feint mensongèrement avoir eu révélations et apparitions de par Dieu », d'avoir blasphémé Dieu et ses saints et ses saintes, d'avoir porté « habit dissolu, difforme et déshonnête contre la décence de nature », d'avoir « désiré cruelle effusion de sang humain... méprisé Dieu et ses sacrements... été schismatique et en plusieurs manières, avoir erré en la foi... » Elle déclare « abjurer, détester, renier et du tout (entièrement) renoncer et se séparer » de ses « crimes et erreurs » (C 388-389).

Or, lors du procès de réhabilitation, les notaires et autres témoins révélèrent l'existence d'une autre cédule d'abjuration que celle qui était contenue dans le texte officiel du procès.

Nicolas Taquel : « J'étais présent à Rouen quand fut faite la première prédication, mais je n'ai pas été sur la tribune avec les autres notaires. J'étais pourtant assez près et à un endroit où je pouvais entendre ce qui se faisait et disait. Je me souviens bien que j'ai vu Jeanne quand lui a été lue la cédule d'abjuration. C'est messire Jean Massieu qui la lui a lue. Il y avait en tout six lignes de grosse écriture. Cette lettre d'abjuration était en français, commençant par « Je, Jeanne, etc. »

Un autre témoin, Guillaume de La Chambre, confirme ces dires : « J'ai été présent au sermon fait par maître Guillaume Érard. Je ne me souviens pas de l'abjuration que fit Jeanne, bien qu'elle eût beaucoup différé à la faire. Maître Guillaume Érard la décida pourtant à la faire et lui disant qu'elle fasse ce qui lui était conseillé, qu'après elle serait délivrée de la prison; et c'est sous cette condition et non autrement qu'elle la fit, lisant ensuite une autre petite cédule contenant six ou sept lignes sur une feuille de papier pliée en deux. J'étais si près que je pouvais facilement voir les lignes et comment elles étaient disposées. » (R 60-61)

Mieux que personne, l'huissier Jean Massieu, chargé de lire la fameuse cédule, pouvait se souvenir de la scène : « En ce qui concerne l'abjuration, quand elle fut prêchée par maître Guillaume Érard à Saint-Ouen, Érard tenait en main une cédule d'abjuration et dit à Jeanne : « Tu abjureras et signeras cette cédule. » Alors cette cédule me fut remise pour que je la lise et je l'ai lue à Jeanne; et je me souviens bien que dans cette cédule il était noté qu'à l'avenir elle ne porterait plus ni armes, ni habit d'homme, ni les cheveux rasés, et beaucoup d'autres choses dont je ne me souviens plus. Et je sais bien que cette cédule contenait environ huit lignes et pas davantage. Et je sais absolument que ce n'était pas celle dont il est fait mention au procès, car celle que je lui ai lue est différente de celle qui fut insérée dans le procès, et c'est celle-là que Jeanne a signée. » (R 62)

Aussi les juges de la réhabilitation invitèrent-ils Thomas de Courcelles, celui qui avait rédigé et mis en forme le texte du procès de condamnation, à fournir des explications sur la teneur réelle de l'abjuration : « Qui a fait la cédule qui est contenue au procès et commence par « Je, Jeanne... » ?

Thomas de Courcelles : Je ne sais pas. Je ne sache pas non plus qu'elle ait été lue à Jeanne ou qu'on la lui ait expliquée. Un sermon lui fut fait à Saint-Ouen par maître Guillaume Érard; je me trouvais sur la tribune derrière les prélats. Je ne me souviens cependant pas des paroles du prédicateur, si ce n'est qu'il disait : « l'orgueil de cette femme ». Ensuite l'évêque commença à lire la sentence. Je ne me souviens pas de ce qui fut dit à Jeanne ni de ce qu'elle répondit. Cependant, je me souviens bien que maître Nicolas de Venderès fit une cédule qui commençait par « Quand l'œil du cœur »; mais si c'est celle-là qui est contenue dans le procès, je n'en sais rien. Je ne sais pas si j'ai vu cette cédule entre les mains de maître Nicolas avant l'abjuration de la Pucelle ou après, mais je crois que c'est avant. Et j'ai bien entendu dire que quelques-uns des assistants parlèrent à l'évêque de Beauvais parce qu'il n'appliquait pas sa sentence et qu'il recevait Jeanne à se repentir. Mais quant aux paroles dites et qui les a dites, je ne me souviens pas. » (R 61-63)

Si peu précises que soient les explications de Thomas de Courcelles dont la mémoire, au procès de réhabilitation, devait se révéler fâcheusement défaillante toutes les fois que son action était mise en cause, ce qu'il disait était suffisant pour attester qu'il y avait eu substitution de textes : la cédule insérée dans le procès officiel n'était pas celle qui avait été réellement lue à Jeanne au cimetière Saint-Ouen. Le promoteur de la réhabilitation, Simon Chapitault, dans son réquisitoire, déclarait qu'il s'agissait d'une abjuration « fabriquée artificiellement ».

De nos jours, le P. Doncœur a cru retrouver le texte de la cédule qui fut réellement lue à Jeanne et signée par elle d'une croix dans le texte de l'abjuration – contenant en effet six ou sept lignes et correspondant à ce qu'en dit Jean Massieu – contenu dans le manuscrit d'Orléans; ce serait vraisemblable, si, comme on peut le présumer, ce manuscrit est une copie des notes prises à l'audience par Guillaume Manchon. (Voir Commentaire, p. 269.) La question toutefois demeure indécise; tous les historiens ne se sont pas rangés à cette opinion.

Les circonstances mêmes au milieu desquelles se passe l' « abjuration » ont été racontées par divers témoins dont les dires évoquent la curieuse attitude de Jeanne et les malentendus qui se produisent alors entre Cauchon et les Anglais présents.

Guillaume Manchon : « Il y avait deux sentences de composées : une d'abjuration et une autre de condamnation que l'évêque avait avec lui et, tandis que l'évêque lisait la sentence de condamnation, maître Nicolas Loiseleur disait à Jeanne qu'elle fasse ce qu'on lui avait dit et qu'elle prenne habit de femme. Et comme il y eut alors un petit intervalle de temps, l'un des Anglais qui étaient là dit à l'évêque qu'il trahissait. L'évêque lui répondit qu'il mentait. Et pendant ce temps, Jeanne répondit qu'elle était prête à obéir à l'Église; ils lui firent alors dire une abjuration qui lui fut lue, et je ne sais pas si elle parlait après celui qui lisait ou si, une fois qu'on la lui eût lue, elle dit qu'elle l'acceptait. Elle riait. Il y avait le bourreau avec un char dans le voisinage, attendant qu'on la lui livre pour la brûler. Je n'ai pas vu faire la lettre d'abjuration, ajoute-t-il, mais elle a été faite après conclusion des délibérations et avant qu'ils n'arrivent à cet endroit. Je ne me souviens pas que cette lettre d'abjuration ait jamais été expliquée à Jeanne ni qu'on la lui ait donnée à comprendre ni lue, si ce n'est à l'instant même où elle a fait cette abjuration. » (R 60)

Un autre témoin, Guillaume du Désert, assesseur au procès, déclare : « J'ai été présent au sermon fait à Saint-Ouen. J'y ai vu et entendu l'abjuration faite par Jeanne se soumettant à la détermination, jugement et mandement de l'Église. Il y avait là un docteur anglais qui assistait à ce sermon et qui était mécontent de ce qu'on reçoive l'abjuration de Jeanne. Et comme elle riait en prononçant certains mots de cette abjuration, il dit à l'évêque de Beauvais, le juge, qu'il faisait mal d'admettre cette abjuration et que c'était une dérision. L'évêque furieux répondit qu'il mentait et qu'étant juge en cause de foi, il devait plutôt chercher son salut que sa mort. »

Ce rire de Jeanne, si inattendu en pareil moment, n'en doit-on pas trouver l'explication dans le détail donné plus haut, à savoir que Jeanne – nous avons vu qu'elle savait signer son nom – est obligée par le secrétaire du roi d'Angleterre à signer d'une croix; cette croix qu'elle traçait autrefois sur les lettres et qui était le signe convenu avec ceux de son parti quand ils ne devaient pas croire ce qui était contenu dans la lettre, n'était-ce pas curieux de voir qu'à présent les Anglais eux-mêmes la lui faisaient tracer sur un acte dont elle ne pouvait croire le contenu ? Ainsi s'expliquerait ce rire insolite et qui, par ailleurs, a dû exaspérer les Anglais présents, ne comprenant plus rien à l'attitude de Cauchon et voyant leur proie leur échapper. On se trouvait en plein malentendu.

Jean Favé (l'un des témoins de la scène) : « Après la première prédication... à ce que j'ai entendu dire, les principaux Anglais étaient très indignés contre l'évêque de Beauvais, les docteurs et autres assesseurs au procès, parce qu'elle n'avait pas été convaincue et condamnée et livrée au supplice. J'ai même entendu dire que certains Anglais, dans leur indignation, levèrent leur épée pour frapper l'évêque et les docteurs revenant du château – mais ils ne les frappèrent pas – disant que le roi avait bien mal dépensé son argent avec eux. J'ai entendu des gens raconter en outre que, comme le comte de Warwick après cette prédication se plaignait à l'évêque et aux docteurs, disant qu'il en allait mal pour le roi, parce que Jeanne leur échappait, l'un d'entre eux lui répondit : « Seigneur, n'ayez souci, nous la rattraperons bien. »

A la suite de cette scène et contre son attente, Jeanne allait être condamnée à la prison perpétuelle. Lors de la réhabilitation, les juges s'en étonnèrent et posèrent la question au notaire Guillaume Manchon.
« Qu'est-ce qui poussa les juges à la condamner à la prison perpétuelle, attendu qu'ils lui avaient promis qu'elle n'aurait pas de châtiment ?

GUILLAUME MANCHON : Je crois que cela arriva à cause de la diversité des puissances (les deux puissances qui se partageaient alors la France) et parce qu'ils craignaient qu'elle ne s'évadât. »
Et le même précise, au cours d'un autre interrogatoire :
« Au départ du prêchement de Saint-Ouen, après l'abjuration de la Pucelle, pour ce que Loiseleur lui disait : « Jeanne, vous avez fait une bonne journée, s'il plaît à Dieu, et vous avez sauvé votre âme », elle demanda : « Or çà, entre vous, gens d'Église, menez-moi en vos prisons et que je ne sois plus en la main de ces Anglais. » Sur quoi monseigneur de Beauvais répondit : « Menez-là où vous l'avez prise »; pourquoi elle fut ramenée au château d'où elle était partie. » (R 231)

Ce mot de Pierre Cauchon, c'est la véritable condamnation de Jeanne. Car il y a un fait qui domine tout l'ensemble du procès, c'est le fait que Jeanne ait été détenue en prison laïque et gardée par des geôliers anglais tout en étant poursuivie pour cause d'hérésie; or elle aurait dû être détenue en prison ecclésiastique – dans la prison de l'archevêché où elle eût été gardée par des femmes. Telle est la contradiction fondamentale qui fait qu'on ne peut voir en ce procès un procès d'hérésie régulier – caractère que Cauchon s'appliquait à lui donner –, et qui souligne au contraire, à l'évidence, son caractère politique. Jeanne est une condamnée politique que ses adversaires ont voulu livrer au supplice des hérétiques pour détruire le prestige dont l'auréolait sa sainteté personnelle aussi bien que ses exploits extraordinaires.

D'ailleurs, Cauchon, en sa qualité d'avocat rompu au maniement du droit, savait que, selon les règles des tribunaux d'Inquisition, ne pouvaient être condamnés à la peine de feu que les relaps, c'est-à-dire ceux qui, ayant une première fois abjuré leurs fautes, y retombaient ensuite. Et, ayant réussi à faire de l'habit d'homme – il est certain, nous l'avons vu par la déposition de Jean Massieu, que le port de cet habit était expressément mentionné dans la cédule d'abjuration – le signe même de la soumission de Jeanne à l'Église, il pouvait se douter qu'elle allait, sans tarder, se mettre dans un cas de relapse. Très tôt, les événements allaient lui donner raison.

L'importance donnée à l'habit d'homme pour la conclusion du procès et la condamnation de Jeanne a été parfaitement sentie par cet observateur impartial et très bien informé que fut Aeneas Sylvius Piccolomini, futur pape Pie II. Il résume ainsi l'affaire dans ses mémoires : « On sait que, prise dans la guerre, la Pucelle fut vendue pour dix mille écus d'or aux Anglais et conduite à Rouen. En ce lieu elle fut examinée diligemment pour savoir si elle usait de sortilèges ou d'une aide démoniaque ou si elle errait de quelque manière en la religion. On ne trouva en elle rien qui fût digne d'être censuré, si ce n'est le vêtement d'homme qu'elle portait. Et cela ne fut pas jugé digne du dernier supplice. Ramenée dans sa prison, elle fut menacée de mort si elle revêtait de nouveau des vêtements d'homme. » (Q 517) Et d'ajouter que là ses geôliers ne lui apportèrent plus que des vêtements d'homme.

En fait, deux versions différentes ont été données à

propos de l'habit d'homme que Jeanne allait reprendre dès le dimanche suivant, 27 mai. L'une par Jean Massieu selon laquelle Jeanne, ce jour-là, à son réveil, n'aurait plus retrouvé que l'habit d'homme, ses geôliers ayant caché l'habit de femme :

« Ce jour (jeudi) après dîner, en la présence du conseil de l'Église, elle déposa l'habit d'homme et prit habit de femme, ainsi qu'il lui était ordonné. C'était alors jeudi ou vendredi après la Pentecôte, et fut mis l'habit d'homme en un sac en la même chambre. Et quand vint le dimanche matin suivant, qui était jour de la Trinité, qu'elle dut se lever, comme elle me le rapporta, elle demanda aux Anglais, ses gardes : « Déferrez-moi et je me lèverai. » Et alors, un des Anglais lui ôta ses habillements de femme qu'elle avait sur elle et ils vidèrent le sac dans lequel était l'habit d'homme et jetèrent cet habit sur elle en lui disant : « Lève-toi. » Et cachèrent l'habit de femme dans le sac. Et, à ce qu'elle disait, elle se vêtit de l'habit d'homme qu'ils lui avaient donné, en disant : « Messieurs, vous savez qu'il m'est défendu, sans faute je ne le prendrai point. » Et néanmoins ne lui en voulurent donner d'autre, tant qu'en ce débat demeura jusqu'à l'heure de midi; et finalement, pour nécessité de corps, fut contrainte de sortir dehors et de prendre cet habit, et après qu'elle fut retournée, ne lui en voulurent point donner d'autre, nonobstant quelque supplication ou requête qu'elle en fît. »

L'autre version est donnée par plusieurs témoins. Entre autres un nommé Pierre Cusquel, bourgeois de Rouen, qui, vraisemblablement, était un maître maçon au service du « maître de l'œuvre de maçonnerie du château », car c'est par la permission de celui-ci, dit-il, qu'il est entré deux fois dans la prison de Jeanne et a pu lui parler. Il déclare : « Les gens disaient que sa condamnation n'avait pas d'autre cause sinon qu'elle avait repris l'habit d'homme; et qu'elle n'avait pas porté et ne portait cet habit d'homme si ce n'est pour ne pas se rendre aux soldats avec qui elle était. Une fois, dans la prison, je lui ai demandé pourquoi elle portait cet habit d'homme et c'est ce qu'elle m'a répondu. » (R 232)

C'est dans le même sens que dépose Martin Ladvenu : « Quant à savoir si quelqu'un s'approcha d'elle secrètement de nuit, j'ai entendu de la bouche de Jeanne qu'un grand seigneur anglais entra dans sa prison et tenta de la prendre par force. Cela était cause, disait-elle, qu'elle avait repris l'habit d'homme. »

Et de même Isambart de la Pierre : « Après qu'elle eut renoncé et abjuré et repris l'habit d'homme, moi et plusieurs autres fûmes présents quand Jeanne s'excusait de ce qu'elle avait revêtu l'habit d'homme, en disant et affirmant publiquement que les Anglais lui avaient fait faire beaucoup de tort et de violence en la prison quand elle était revêtue d'habit de femme. Et de fait, je la vis éplorée, le visage plein de larmes, défigurée et outragée de telle sorte que j'en eus pitié et compassion. » (R 268)

LE PROCÈS DE RELAPSE

Le dimanche 27 mai, Cauchon apprend que Jeanne a repris l'habit d'homme. Dès le lendemain lundi, il se rend à la prison, accompagné du vice-inquisiteur et de quelques assesseurs.

Laissons parler le procès-verbal officiel : « Le lundi suivant, 28 du mois de mai, au lendemain de la Sainte Trinité, nous, juges susdits, nous sommes rendus au lieu de la prison de Jeanne, pour voir son état et disposition. Furent présents les seigneurs et maîtres Nicolas de Venderès, Thomas de Courcelles, frère Isambart de la Pierre, Guillaume Haiton, Jacques Camus, Nicolas Bertin, Julien Floquet et John Gray. « Jeanne était vêtue d'un habit d'homme, à savoir tunique, chaperon, et « gippon » (robe courte d'homme) et autres vêtements d'homme, habit que sur notre ordre elle avait autrefois laissé et avais pris habit de femme; aussi l'avons-nous interrogée pour savoir quand et pour quelle cause elle avait de nouveau repris cet habit d'homme.

JEANNE : J'ai naguère repris l'habit d'homme et laissé l'habit de femme.

— Pourquoi avez-vous pris cet habit d'homme et qui vous l'a fait prendre ?

JEANNE : Je l'ai pris de ma volonté. Je l'ai pris parce que c'était plus licite et convenable d'avoir habit d'homme puisque je suis avec des hommes que d'avoir habit de femme. Je l'ai repris parce que ce qui m'avait été promis n'a pas été observé, savoir que j'irais à la messe et recevrais le Corps du Christ et serais mise hors des fers.

PIERRE CAUCHON : N'aviez-vous pas fait abjuration et promis spécialement de ne pas reprendre l'habit d'homme ?

JEANNE : J'aime mieux mourir que de rester aux fers; mais s'il m'est permis d'aller à la messe et qu'on me mette hors des fers et que je sois mise en prison gracieuse, et que j'aie des femmes, je serai bonne et ferai ce que l'Église voudra. (La précision donnée : « avoir femmes » est portée sur la minute française, mais non sur le texte officiel du procès.)

P. C. : Depuis ce jour de jeudi, avez-vous entendu les voix de saintes Catherine et Marguerite ?

JEANNE : Oui.

P. C. : Que vous ont-elles dit ?

JEANNE : Dieu m'a mandé par saintes Catherine et Marguerite grande pitié de cette forte trahison à laquelle j'ai consenti en faisant abjuration et révocation pour sauver ma vie, et que je me damnais pour sauver ma vie.

(Ici, le greffier a porté en marge cette mention : « Réponse mortelle » – *responsio mortifera*.)

JEANNE : Avant jeudi mes voix m'avaient dit ce que j'allais faire ce jour-là, et ce que j'ai fait alors. Mes voix me dirent, quand j'étais sur l'échafaud et la tribune devant le peuple, que je réponde hardiment à ce prédicateur qui alors prêchait. C'était un faux prêcheur et il a dit que j'avais fait plusieurs choses que je n'ai pas faites. Si je disais que Dieu ne m'avait envoyée, je me damnerais, c'est vrai que Dieu m'a envoyée. Mes voix m'ont dit depuis que j'avais fait grande injure en confessant que je n'avais pas bien fait en ce que j'avais fait. Tout ce que j'ai dit et révoqué ce jeudi, je l'ai fait seulement à cause de la peur du feu.

P. C. : Croyez-vous que les voix qui vous apparaissent sont celles de saintes Catherine et Marguerite ?

JEANNE : Oui, et qu'elles sont de Dieu.

P. C. : Et la couronne dont vous avez fait mention ?

JEANNE : Sur tout, je vous ai dit la vérité au procès du mieux que je l'ai su.

P. C. : Vous avez dit sur l'échafaud et la tribune, devant nous, juges et devant d'autres et devant le peuple, quand vous avez fait abjuration, que c'est mensongèrement que vous vous étiez vantée que ces voix étaient celles de saintes Catherine et Marguerite.

JEANNE : Je n'entendais pas faire et dire ainsi. Je n'ai pas dit ni entendu révoquer mes apparitions, à savoir que c'étaient saintes Catherine et Marguerite; et tout ce que j'ai fait je l'ai fait par peur du feu et je n'ai rien révoqué que ce ne soit contre la vérité. J'aime mieux faire pénitence en une fois, c'est à savoir mourir, que de soutenir plus longuement peine en prison. Je n'ai jamais fait chose contre Dieu et contre la foi, quoi que l'on m'ait fait révoquer; et ce qui était contenu dans la cédule d'abjuration, je ne le comprenais pas. Je n'entendais pas révoquer quelque chose, si ce n'est pourvu qu'il plaise à Dieu. Si les juges le veulent je reprendrai l'habit de femme; pour le reste je n'en ferai rien.

« Cela entendu, ajoute le procès-verbal, nous nous sommes éloignés d'elle pour procéder par suite selon droit et raison. » (C 395-399)

Isambart de la Pierre qui assistait à l'entrevue y ajoute un épilogue qui, bien entendu, ne figure pas dans le texte officiel du procès :

« Devant toute l'assistance, raconte-t-il, lorsqu'on la

réputait hérétique, obstinée et relapse, elle répondit publiquement : « Si vous, messeigneurs de l'Église, m'eussiez menée et gardée en vos prisons, par aventure ne me fut-il pas ainsi. » Après l'issue et la fin de cette session et instance, ajoute-t-il, le seigneur évêque de Beauvais dit aux Anglais qui dehors attendaient : « Farewell, faites bonne chère; c'est fait. » (R 268)

Dans l'une de ses dépositions au procès de réhabilitation, Martin Ladvenu rappelait aussi ce qu'avait été en cette circonstance l'attitude de Cauchon et y voyait l'une des deux preuves établissant, selon lui, sa partialité :

« Le premier (signe) : quand l'évêque se portait pour juge, il commanda que Jeanne soit gardée en prison séculière et entre les mains de ses ennemis mortels, quoiqu'il eût bien pu la faire détenir et garder en prison ecclésiastique. Toutefois a-t-il permis, depuis le commencement du procès jusqu'à la consommation, qu'elle soit tourmentée et traitée cruellement en prison séculière. En outre, en la première session et instance, l'évêque allégué requit et demanda le conseil de toute l'assistance pour savoir lequel était le plus convenable, de la garder et détenir en prison séculière ou aux prisons de l'Église. Sur quoi il fut délibéré qu'il était plus décent de la garder aux prisons ecclésiastiques qu'aux autres. Or répondit cet évêque, qu'il ne ferait pas cela de peur de déplaire aux Anglais.
« Le second signe est que, le jour où l'évêque avec plusieurs la déclara hérétique, récidivée et retournée à son méfait, pour ce qu'elle avait dedans la prison repris l'habit d'homme, sortant de la prison, il avisa le comte de Warwick et grande multitude d'Anglais autour de lui, auxquels, en riant, il dit à haute voix intelligible : « Farewell, Farewell, c'est fait, faites bonne chère » ou paroles semblables. » (R 266)

La cause de relapse allait être rapidement menée par Cauchon. Après l'interrogatoire rapporté plus haut, le lundi 28 mai, il convoque pour le lendemain, mardi 29, les principaux assesseurs, et leur fait un rapide exposé de la question : Jeanne, après la prédication solennelle et les admonitions qui lui avaient été faites, avait révoqué ses erreurs et signé de sa propre main son abjuration... Cependant, par la suggestion du diable, elle s'est mise à raconter de nouveau que ses voix et ses esprits étaient venus à elle et, ayant rejeté l'habit de femme, elle a de nouveau pris l'habit d'homme. »

C'est pourquoi il était demandé aux assesseurs de donner leur avis sur ce qu'il convenait de faire.

Le premier auquel la parole est donnée se trouve être maître Nicolas de Venderès – celui-là même, nous l'avons vu, qui avait rédigé la fausse cédule d'abjuration, celle qui n'avait pas été lue à Jeanne. Son avis, comme on peut s'en douter, est net : Jeanne doit être tenue pour hérétique et doit être sans délai livrée au bras séculier « en lui recommandant d'agir doucement avec elle ». Formule habituelle dont chacun savait ce qu'elle sous-entendait.

Mais Gilles de Duremort, abbé de Fécamp, invité à donner son avis après lui, introduit une requête qui dut mettre Cauchon mal à l'aise : « Il me semble, dit-il, qu'elle est relapse et qu'il faut lui prêcher la parole de Dieu; que la cédule qui lui a été lue lui soit de nouveau lue et expliquée, cela fait, les juges auront à la déclarer hérétique et à la laisser à la justice séculière. »

Sur les quarante assesseurs qu'énumère ensuite le texte original du procès, deux seulement se déclarent pour une sentence immédiate : Denis Gastinel – c'est un chanoine de Rouen qui, nous l'avons vu, émarge régulièrement aux comptes du roi d'Angleterre – et Jean Pinchon – archidiacre de Jouy-en-Josas, cumulant des canonicats à Paris et à Rouen. Tous les autres, y compris ceux qui se sont montrés les plus acharnés contre Jeanne, se rangent à l'avis de l'abbé de Fécamp, certains en précisant, comme frère Isambart de la Pierre, qu'on doit nettement expliquer à Jeanne qu'il s'agit pour elle d'une question de vie ou de mort. Ainsi, sur quarante-deux votes, trente-neuf demandaient que soit d'abord éclaircie cette question de l'abjuration.

Sur quoi – nous citons toujours le texte du procès :
« Ayant entendu l'opinion de chacun, nous, juges, les
avons remerciés et avons ensuite conclu qu'il fallait
procéder contre la dite Jeanne en tant que relapse
selon droit et raison. » (C 408)

Les assesseurs n'ayant qu'une voix consultative, il
était bien évident que Cauchon n'allait pas s'embarrasser d'une formalité doublement gênante pour lui,
puisque la cédule d'abjuration qu'il avait versée au
dossier du procès n'était pas celle qu'on avait lue à
Jeanne.

Dès l'après-midi de ce jour, était expédiée par les
soins des notaires une missive à tous les assesseurs, les
informant que Jeanne, étant retombée dans les erreurs
qu'elle avait abjurées, serait traduite le lendemain sur
la place du Vieux-Marché de Rouen, vers huit heures
du matin, pour être déclarée « relapse, hérétique et
excommuniée ».

COMMENTAIRE

On aura eu déjà quelque idée de la façon dont a été rédigé
le procès de condamnation par les textes de ce chapitre : au
moment où l'on interroge Jeanne, les notaires (greffiers)
prennent note de ses réponses; ils dressent également le
procès-verbal de la séance : la liste des personnes qui com-
posent le tribunal, l'endroit où elles se sont réunies, etc.
A cela viendront s'ajouter les diverses pièces de procédure :
assignations et convocations à l'adresse des assesseurs,
lettres des personnalités impliquées d'une façon ou d'une
autre, et qui vont du roi d'Angleterre, – par exemple lorsqu'il confie à Cauchon le soin de juger Jeanne, prisonnière
de guerre, – à l'huissier Jean Massieu, chargé d'amener et de
ramener la prisonnière toutes les fois qu'elle doit comparaître
devant le tribunal en séance publique.

Le tout forme un gros dossier qui ne sera mis en forme –
les textes nous l'apprennent – qu'après la mort de Jeanne;

c'est-à-dire qu'à ce moment-là l'ensemble des questions et réponses seront traduits en latin et que les diverses pièces, classées suivant l'ordre de la procédure, seront recopiées sur un registre que les notaires seront invités à « authentiquer » : ils portent au bas de chaque page leur signature, à la fois pour attester la conformité du texte avec leurs propres notes, et pour éviter qu'un document ou écrit quelconque ne soit ajouté après coup, contrairement aux usages juridiques. A la fin du dossier, ils apposent leur « seing manuel », signature accompagnée d'un paraphe qui leur est personnel, et qui est « déposé » à l'Officialité, au siège du tribunal ecclésiastique résidant à l'archevêché, — exactement comme nous déposons aujourd'hui un exemplaire de notre signature pour contrôle, en nous faisant ouvrir un compte-courant postal.

Cette formalité, remarquons-le, prend toute son importance dans le cas du texte du procès de condamnation, à propos des *Informations posthumes* (chap. 8) que Cauchon voulait intégrer dans le dossier même : le simple fait qu'elles ne soient pas comprises dans les pages authentiquées, et se trouvent rejetées après les seings manuels des notaires, est une preuve de leur caractère mensonger : les notaires ont pu se retrancher derrière l'illégalité du procédé pour refuser, par honnêteté professionnelle, d'exécuter les ordres de Cauchon; celui-ci a dû se résigner à ne les faire transcrire qu'en dehors du dossier authentique. Il a pu substituer une cédule d'abjuration à l'autre, en le faisant à l'insu des notaires en un temps où le dossier ne se composait que de feuillets volants, non encore enregistrés, mais il n'a pas pu faire de même avec les informations qui n'avaient rien à voir avec les déclarations recueillies régulièrement par le tribunal.

On sait par les dépositions de Guillaume Manchon qu'il y eut cinq exemplaires authentiques du procès de condamnation. Trois pour l'Inquisiteur, un pour le roi d'Angleterre, un pour Cauchon. Sur ces cinq, trois nous sont parvenus. L'un d'entre eux, le plus soigné, écrit sur vélin, se trouve aujourd'hui à la bibliothèque de l'Assemblée nationale; une reproduction en fac-similé en a été faite (par les soins de J. Marchand, conservateur de cette bibliothèque, éd. Plon, 1956). Les deux autres sont à la Bibliothèque nationale :

Fonds Latin 5965 et 5966. Plusieurs copies en ont été faites par ailleurs, mais qui n'ont pas la valeur d'instrument juridique que donnent à ces trois exemplaires la signature des notaires.

C'est ce texte officiel et authentique du procès de condamnation en latin qui a été publié par l'érudit Jules Quicherat, formant le premier volume de l'important ouvrage auquel il faudra toujours se référer si l'on veut connaître Jeanne : *Procès de condamnation et de réhabilitation de Jeanne d'Arc, dite la Pucelle,* Paris, 1841-1849, 5 vol. in-8°. (Vol. I, Procès de condamnation; vol. II et III, Procès de Réhabilitation; vol. IV et V, extraits de chroniques et pièces d'archives concernant l'histoire de Jeanne d'Arc).

Cette publication a marqué le début d'une véritable connaissance de Jeanne d'Arc dans les événements de sa vie et dans sa personne; car il est bien évident que, tant que le texte des deux procès demeurait à l'état de manuscrits, seuls les quelques privilégiés qui avaient pu y avoir accès et connaissaient assez bien à la fois le latin médiéval et la paléographie ou science des écritures, pouvaient être exactement renseignés sur les réponses de Jeanne et les témoignages de ceux qui l'avaient connue; jusque-là l'histoire n'était retracée que d'après les chroniqueurs – connaissance indirecte qui ne peut avoir la même valeur que cette prise de contact directe que nous fournissent les demandes et les réponses contenues dans les procès. En fait, un seul érudit, au XVIIe siècle, avait eu l'idée et la possibilité de lire les manuscrits des procès : Il s'agit d'Edmond Richer, dont l'ouvrage ne fut pas publié de son temps et ne devait l'être que beaucoup plus tard, au XXe siècle (1911-12) par le chanoine P.H. Dunand. Demeuré à l'état de manuscrit, son travail devait néanmoins servir de base à celui de l'abbé Lenglet-Dufresnoy intitulé *Histoire de Jeanne d'Arc, vierge, héroïne et martyre d'État, suscitée par la Providence pour rétablir la monarchie françoise,* paru en 1753; mais il n'en avait tiré qu'un assez médiocre parti.

Cela explique d'ailleurs, disons-le en passant, les erreurs, les sottises, et en général l'inexactitude des connaissances concernant Jeanne jusqu'au XIXe siècle. Nous avons ailleurs résumé la question (dans notre ouvrage intitulé

Jeanne d'Arc, Coll. *Le temps qui court,* Éd. du Seuil, 1959);
on se reportera d'autre part avec fruit au travail plus approfondi consacré à ce sujet par l'érudit Pierre Marot dans le
Mémorial de la réhabilitation, publié en 1956 (voir commentaire du chap. 10).

Avant Quicherat, un seul érudit, Clément L'Averdy, avait
eu l'idée de publier des *Extraits des manuscrits des procès ;*
mais sa publication, parue en 1790, était incomplète et
demeura peu connue.

Aujourd'hui on dispose d'une publication de premier
ordre pour étudier le procès de condamnation : il s'agit de
celle due à Pierre Tisset et Yvonne Lanhers, qui paraît sous
les auspices de la Société de l'Histoire de France et reprend
l'édition de Quicherat, devenue introuvable en dehors des
grandes bibliothèques. Cette réédition donne, en même
temps que le texte latin du procès, celui de la « minute
française ».

En effet, au moment où l'on interrogeait Jeanne, le
notaire Guillaume Manchon prenait ses réponses en français ; il avait conservé pour lui, dans ses papiers personnels,
le manuscrit de ses demandes et réponses en français (ce
qu'il appelle la *notula in gallico*) et remis le tout au juge de la
réhabilitation, le 12 décembre 1455, au moment où s'enga-
geait le dernier procès. Or, de cette minute française qui a
malheureusement disparu, des copies furent faites que l'on
retrouve en particulier dans deux manuscrits : le manuscrit dit d'Urfé, conservé à la Bibliothèque nationale dans le
fonds latin 8838, et un autre conservé aujourd'hui à la
Bibliothèque d'Orléans où il porte le nº 518. C'est probablement dans ce texte en français que l'on trouve l'écho le
plus immédiat de la langue même de Jeanne, langue pleine
de fraîcheur et qui vaut d'être lue dans le texte original, en
dépit des difficultés qu'elle peut présenter pour nous.

D'excellentes traductions ont été faites du procès de
condamnation, entre autres celle de Pierre Champion (Paris
1920-21, 2 vol.) comportant texte latin et traduction, et
celle de Robert Brasillach qui a très heureusement combiné
la traduction du latin et le texte de la minute française (Paris,
Gallimard, 1939, souvent réédité depuis).

8. La mort.

Le mercredi 30 mai au matin, Jeanne vit entrer dans sa cellule frère Martin Ladvenu, désigné par Cauchon pour lui apprendre le sort qui lui était réservé. Un jeune frère de son couvent, frère Jean Toutmouillé, l'accompagnait et nous a laissé le récit de la scène : « Le jour que Jeanne fut délaissée au jugement séculier et livrée à combustion, je me trouvais le matin en la prison avec frère Martin Ladvenu, que l'évêque de Beauvais avait envoyé vers elle pour lui annoncer la mort prochaine et pour l'induire à vraie contrition et pénitence, et aussi pour l'entendre en confession. Ce que le dit Ladvenu fit fort soigneusement et charitablement. Et quand il annonça à la pauvre femme la mort dont elle devait mourir ce jour-là, qu'ainsi ses juges l'avaient ordonné, et entendu et ouï la dure et cruelle mort qui lui était prochaine, elle commença à s'écrier douloureusement et pitoyablement se tirer et arracher les cheveux. « Hélas! me traite-t-on ainsi horriblement et cruellement qu'il faille que mon corps net en entier, qui ne fut jamais corrompu, soit aujourd'hui consumé et rendu en cendres! Ah! j'aimerais mieux être décapitée sept fois que d'être ainsi brûlée. Hélas! si j'eusse été en la prison ecclésiastique à laquelle je m'étais soumise, et que j'eusse été gardée par des gens d'Église, non par mes ennemis et adversaires, il ne me fût pas si misérablement arrivé comme il est. Ah! j'en appelle devant Dieu, le Grand Juge, des grands torts et ingravances qu'on me fait. » Et elle se complaignait merveilleusement en ce lieu des oppressions et violences qu'on lui avait faites en la prison par les geôliers et par les autres qu'on avait fait entrer contre elle.

« Après ces complaintes survint l'évêque dénommé auquel elle dit aussitôt : « Évêque, je meurs par vous. » Il lui commença à remontrer en disant : « Ah! Jeanne, prenez-en patience, vous mourrez pour ce que vous n'avez pas tenu ce que vous nous aviez promis et que vous êtes retournée à votre premier maléfice. » Et la pauvre Pucelle lui répondit : « Hélas! si vous m'eussiez mise aux prisons de cour d'Église et rendue entre les mains des concierges ecclésiastiques compétents et convenables, cela ne fût pas advenu. C'est pourquoi j'en appelle de vous devant Dieu. » Cela fait, je sortis hors et n'en entendis plus rien. » (R 234-235)

Sa déposition est complétée par celle de l'huissier Jean Massieu :

« Le mercredi au matin, jour où mourut Jeanne, frère Martin Ladvenu l'entendit en confession, et la confession de Jeanne entendue, il m'envoya à l'évêque de Beauvais pour lui notifier qu'il l'avait entendue en confession et qu'elle demandait que le sacrement de l'eucharistie lui soit donné. L'évêque réunit quelques personnes à ce sujet. Après leur délibération, il me dit de dire à frère Martin qu'il lui donne le sacrement de l'eucharistie et tout ce qu'elle demanderait... Le Corps de Jésus-Christ lui fut apporté irrévérencieusement, sans étole ni lumière, ce dont frère Martin, qui l'avait confessée, fut mal content. Pour cela, je fus renvoyé quérir une étole et de la lumière et ainsi frère Martin l'administra. Et cela fait, elle fut menée au Vieux-Marché, et à côté d'elle étaient frère Martin et moi, accompagnés de plus de huit cents hommes de guerre ayant haches et glaives, et elle, étant au Vieux-Marché après la prédication en laquelle elle eut grande constance et fort paisiblement l'ouït, montrant grand signe et évidence et claires apparences de sa contrition, pénitence et ferveur de foi, tant par les pieuses et dévotes lamentations et invocations de la bénie Trinité et de la bénite glorieuse Vierge Marie et de tous les bénis saints du paradis, en nommant expressément plusieurs de ces saints en lesquels dévotion, lamentation et vraie confession de la foi, en requérant aussi à toutes manières de gens de quelque condition et état qu'ils fussent, tant de son parti que d'autre, merci (pardon) très humblement, requérant qu'ils voulussent prier pour elle, en leur pardonnant le mal qu'ils lui avaient fait, elle persévéra et continua très long espace de temps, comme d'une demi-heure et jusqu'à la fin, dont les juges assistant et même plusieurs Anglais furent provoqués à grandes larmes et pleurs et de fait très amèrement en pleurèrent. » (R 236-237)

Le texte du procès de condamnation donne le procès-verbal de la scène qui se déroule au Vieux-Marché de Rouen, près de l'église Saint-Sauveur. Y sont expressément mentionnés, se tenant auprès de Cauchon et du vice-inquisiteur Jean Lemaître, Louis de Luxembourg, évêque de Thérouanne, Jean de Mailly, évêque de Noyon, Jean de Châtillon, André Marguerie, Nicolas de Venderès, Raoul Roussel, Denis Gastinel, Guillaume Haiton – tous personnages en qui l'on n'a pas de peine à retrouver les partisans les plus dévoués à la cause anglaise, – et quelques autres comme Guillaume le Boucher, Jean Alépée, Pierre de Houdenc, ainsi, bien entendu, que les maîtres de l'Université de Paris. Parmi eux, Pierre Maurice et surtout Nicolas Midy, chargé d'adresser à Jeanne une ultime prédication.

Après son sermon, la sentence définitive est prononcée par Pierre Cauchon lui-même :

« Nous déclarons que toi, Jeanne, vulgairement appelée la Pucelle, es tombée en diverses erreurs et divers crimes de schisme, idolâtrie, invocation des démons et nombreux autres... Et ensuite, après abjuration de tes erreurs, il est évident que tu es revenue à ces mêmes erreurs et à ces crimes, ton cœur ayant été séduit par l'auteur de schisme et d'hérésie... C'est pourquoi nous te déclarons relapse et hérétique. » (C 411-412)

Jeanne aurait dû être ensuite conduite vers les juges

séculiers, seuls qualifiés pour décider de la condamnation et pour l'appliquer. Mais Cauchon, pressé d'en finir, négligea cette formalité.

Martin Ladvenu : « Il était évident, pour les juges, qu'elle s'était soumise à la détermination de l'Église et qu'elle était fidèle et catholique et repentante, et c'est par la permission et sur l'ordre des juges que j'ai donné à Jeanne le Corps du Christ. Elle a été livrée comme relapse aux juges séculiers et je crois que si elle avait tenu le parti des Anglais, on n'aurait pas ainsi procédé contre elle. Je suis certain qu'après qu'elle eut été délaissée par l'Église, elle fut prise par les soldats anglais qui étaient là en grand nombre et sans aucune sentence du juge séculier, bien que le bailli de Rouen et le conseil de la cour laïque fussent là. Je le sais, car j'ai toujours été avec Jeanne depuis le château jusqu'au moment où elle rendit l'esprit et c'est moi qui lui avais administré sur l'ordre des juges les sacrements de pénitence et d'eucharistie. »

Son témoignage est confirmé par le lieutenant du bailli, Laurent Guesdon : « J'ai été au dernier sermon fait sur le Vieux-Marché de Rouen; j'y étais avec le bailli, car à ce moment-là j'étais lieutenant du bailli. La sentence fut prononcée comme quoi Jeanne était délaissée à la justice séculière. Aussitôt après cette sentence, immédiatement et sans délai, elle fut remise aux mains du bailli et, sans que le bailli ou moi-même, à qui il appartenait de prononcer la sentence, en eussions prononcé une, le bourreau, sans plus, prit Jeanne et la conduisit à l'endroit où le bois était préparé et elle fut brûlée. » (R 233-4)

Jean Massieu, lui aussi, atteste cette hâte : « Tandis qu'elle faisait ses dévotions et pieuses lamentations, je fus fort pressé par les Anglais, et mêmement par l'un de leurs capitaines, de la leur laisser en mains pour plus tôt la faire mourir, me disant à moi, qui selon mon entendement la réconfortais en l'échafaud : « Comment, prêtre, nous ferez-vous ici dîner ? » Et incontinent, sans autre forme ou signe de jugement, l'envoyèrent au feu en disant au maître de l'œuvre :

« Fais ton office. » Et ainsi fut menée et attachée, en continuant les louanges et lamentations dévotes envers Dieu et les saints, dont le dernier mot, en trépassant, cria à haute voix : Jésus. » (R 237)

L'appariteur de la cour archiépiscopale, Maugier Leparmentier, celui-là même qui avait été, deux semaines auparavant, convoqué pour mettre Jeanne à la torture, était présent :

« Le jour où Jeanne fut brûlée, le bois était préparé pour la brûler avant que le sermon soit fini et que la sentence ait été prononcée. Et aussitôt la sentence portée par l'évêque, sans aucun délai, elle fut conduite vers le feu, et je n'ai pas vu qu'il y ait eu aucune sentence portée par le juge laïque. Mais elle fut immédiatement conduite au feu. Une fois dans le feu, elle cria plus de six fois : « Jésus » et surtout en son dernier souffle, elle cria d'une voix forte « Jésus! » au point que tous les assistants purent l'entendre. Presque tous pleuraient de pitié et j'ai entendu dire que les cendres, après sa combustion, furent rassemblées et jetées dans la Seine. »

Les récits les plus détaillés des derniers moments de Jeanne nous sont fournis, comme on pouvait s'y attendre, par ceux qui l'ont assistée jusque sur l'échafaud.

C'est d'abord l'huissier Jean Massieu : « Quand elle fut délaissée par l'Église, j'étais encore avec elle et, avec grande dévotion, elle demanda à avoir la croix. Entendant cela, un Anglais qui était présent en fit une petite en bois du bout d'un bâton qu'il lui donna et dévotement elle la reçut et baisa en faisant pieuses lamentations à Dieu notre rédempteur qui avait souffert en la croix pour notre rédemption, de laquelle croix elle avait signe et représentation. Et elle mit cette croix en son sein, entre sa chair et ses vêtements, et en outre demanda humblement que je lui fisse avoir la croix de l'église afin que continuellement elle la pût voir jusqu'à la mort. Et je fis tant que le clerc de la paroisse Saint-Sauveur la lui apporta. Laquelle apportée, elle l'embrassa fort étroitement et longuement et la détint jusqu'à ce qu'elle fût liée à l'attache. »

Frère Isambart était allé chercher cette croix avec le clerc de Saint-Sauveur : « La pieuse femme me demanda, requit et supplia, comme j'étais près d'elle en sa fin, que j'aille en l'église prochaine et lui apporte la croix pour la tenir élevée droit devant ses yeux jusques au pas de la mort, afin que la croix où Dieu pendit fût en sa vie continuellement devant sa vue. Étant dans la flamme, jamais elle ne cessa jusqu'en la fin de clamer et confesser à haute voix le saint nom de Jésus en implorant et invoquant sans cesse l'aide des saints et saintes du paradis. Et qui plus est, en rendant son esprit et inclinant la tête, proféra le nom de Jésus en signe qu'elle était fervente en la foi de Dieu. » (R 270)

Martin Ladvenu : « Quant à sa grande et admirable contrition, repentance et continuelle confession, elle appela toujours le nom de Jésus et invoqua dévotement l'aide des saints et saintes de paradis, ainsi comme frère Isambart, qui toujours l'avait convoyée à son trépas et adressée en la voie du salut, a ci-devant déposé. » (R 207)

Entre autres dépositions – car elles sont nombreuses, celles qui ont trait au supplice de Jeanne, lequel fut public –, celle de Jean Riquier qui, lorsqu'il dépose, est curé de la paroisse d'Heudicourt; au moment de la condamnation, c'était un jeune garçon d'une quinzaine d'années qui, comme choriste de l'église de Rouen, était très mêlé aux milieux ecclésiastiques de la ville. « Maître Pierre Maurice lui rendit visite le matin, avant qu'elle soit conduite au sermon sur le Vieux-Marché. Et Jeanne lui dit : « Maître Pierre, où serai-je ce soir ? » Et Maître Pierre lui répondit : « N'avez-vous pas bon espoir en Dieu ? » Elle dit que oui et que Dieu aidant, elle serait en paradis. Cela, je le tiens de maître Pierre lui-même. Quand Jeanne vit mettre le feu au bois, elle commença à crier à haute voix « Jésus, Jésus », et toujours jusqu'à sa mort elle cria « Jésus ». Et lorsqu'elle fut morte, comme les Anglais avaient peur qu'on ne dise qu'elle s'était évadée, ils dirent au bourreau de repousser un peu le feu en arrière pour que les assistants puissent la voir morte, afin qu'on ne dise pas qu'elle s'était évadée... J'ai entendu maître Jean Alépée, alors chanoine de Rouen, présent à l'exécution de Jeanne, pleurant en abondance, dire en ma présence et en présence d'autres autour de moi : Je voudrais que mon âme fût où je crois qu'est l'âme de cette femme. »

Et voici ce qui se disait dans le peuple, transmis par la voix du maçon Pierre Cusquel : « Je n'ai pas été présent à la dernière prédication, à la condamnation et à l'exécution de Jeanne, dit-il, parce que mon cœur n'aurait pu le supporter et souffrir par pitié pour Jeanne, mais j'ai bien entendu dire qu'elle a reçu le Corps du Seigneur avant sa condamnation... J'ai entendu dire que maître Jean Tressard, secrétaire du roi d'Angleterre, revenant du supplice de Jeanne, affligé et gémissant, pleurait lamentablement sur ce qu'il avait vu en ce lieu et disait en effet : « Nous sommes tous perdus, car c'est une bonne et sainte personne qui a été brûlée » et qu'il pensait que son âme était entre les mains de Dieu et que, quand elle était au milieu des flammes, elle avait toujours clamé le nom du Seigneur Jésus... » C'était la renommée commune, et quasi tout le peuple murmurait qu'on avait fait à Jeanne grand tort et injustice... Après la mort de Jeanne, les Anglais firent ramasser ses cendres et les jeter dans la Seine, parce qu'ils craignaient qu'elle ne s'évadât ou que certains ne croient qu'elle s'était évadée. » (R 240-241)

Et il y a la contrition d'un Anglais, comme celle du bourreau, Geoffroy Thérage, telles que nous les rapporte frère Isambart de la Pierre : « L'un des Anglais, un soldat, qui la détestait extraordinairement, et qui avait juré que de sa propre main il porterait un fagot au bûcher de Jeanne, au moment où il le faisait et entendait Jeanne criant le nom de Jésus à son dernier moment, demeura tout frappé de stupeur et comme en extase, et fut conduit à une taverne près du Vieux-Marché pour que, la boisson aidant, les forces lui reviennent. Et après avoir déjeuné avec un frère de l'ordre des frères prêcheurs, cet Anglais confessa, par la bouche de ce frère qui était anglais, qu'il avait gravement péché et qu'il se repentait de ce qu'il avait fait contre Jeanne qu'il tenait pour une sainte femme, car, à ce qu'il lui semblait, cet Anglais avait vu lui-même, au moment où Jeanne rendait l'esprit, une colombe blanche sortant du côté de France. Et le bourreau, après déjeuner, ce même jour, vint au couvent des frères prêcheurs et me dit, ainsi qu'à frère Martin Ladvenu, qu'il craignait beaucoup d'être damné, car il avait brûlé une sainte femme. »

Et de même Jean Massieu : « J'ai entendu dire par Jean Fleury, clerc du bailli et greffier, que le bourreau lui avait rapporté qu'une fois le corps brûlé au feu et réduit en cendres, son cœur était demeuré intact et plein de sang et il lui fut dit de réunir les cendres et tout ce qui restait d'elle et de les jeter dans la Seine, ce qu'il fit. »

Isambart : « Aussitôt après l'exécution, le bourreau vint à moi et à mon compagnon, frère Martin Ladvenu, frappé et ému d'une merveilleuse repentance et terrible contrition, comme tout désespéré, craignant de ne savoir jamais obtenir pardon et indulgence envers Dieu de ce qu'il avait fait à cette sainte femme; et disait et affirmait ce bourreau que malgré l'huile, le soufre et le charbon qu'il avait appliqués contre les entrailles et le cœur de Jeanne, toutefois il n'avait pu aucunement consumer ni mettre en cendres les entrailles ni le cœur, de quoi était autant étonné comme d'un miracle tout évident. » (R 270)

Quant aux sentiments de celui qui avait mené l'affaire, Pierre Cauchon, nous n'en savons rien sinon par les initiatives qu'il prend dans les jours qui suivent le supplice et qui décèlent tout au moins chez lui quelque nervosité. C'est d'abord l'emprisonnement du frère prêcheur, Pierre Bosquier, condamné au pain et à l'eau en prison jusqu'à la fête de Pâques suivante pour avoir dit, l'après-midi même du jour du supplice, que ceux qui avaient jugé Jeanne avaient mal fait.

Puis le 7 juin, Cauchon réunit quelques-uns des assesseurs et leur fait dire ce qu'il aurait voulu que Jeanne
dise : qu'elle avait été trompée et déçue par ses voix.
On se doute que Nicolas de Venderès, Thomas de Courcelles, Nicolas Loiseleur, Pierre Maurice, répondent
abondamment dans le sens voulu : Jeanne a dit que
ses voix lui avaient promis qu'elle serait libérée de la
prison et elle voyait bien et savait qu'elle avait été
trompée par elles... Elle avait été déçue et ne voulait
pas ajouter foi à ses voix. Elle s'en référait aux ecclésiastiques pour savoir si c'étaient de bons ou mauvais
esprits... Elle disait : « Vraiment, je vois bien qu'elles
m'ont déçue... » Il est plus pénible de trouver, parmi
ceux qui répondent ainsi aux interrogations du juge,
frère Martin Ladvenu et ce même frère Jean Toutmouillé qui, visiblement, avait été bouleversé par les
lamentations de Jeanne au moment où on venait lui
annoncer sa fin prochaine. Quoi qu'il en soit, Cauchon
voulut faire insérer ces informations posthumes dans
le texte du procès, mais se heurta à une résistance
inattendue : celle du notaire Guillaume Manchon qui
déclare : « Je fus à la continuation du procès jusqu'à
la fin, sauf à quelques examens de gens qui lui parlèrent
à part comme personnes privées. Néanmoins, monseigneur de Beauvais me voulut contraindre de signer
cela, laquelle chose je ne voulus faire. » (R 243)

Effectivement, les manuscrits du procès, tels qu'ils
nous sont parvenus (trois exemplaires sur cinq qui
furent dressés) se présentent de façon très significative :
après le texte de la sentence définitive, les trois notaires
successivement, Guillaume Colles, dit Boisguillaume,
Guillaume Manchon, Nicolas Taquel, apposent, comme
de coutume, mention de l'enregistrement, suivie de
leurs signatures et de leurs seings manuels; sur le
manuscrit principal, écrit sur parchemin, sont apposés
à la suite les sceaux en cire rouge du notaire, de l'évêque
et du vice-inquisiteur. Puis, sur les pages suivantes,
sont transcrites, mais sans plus porter la signature du
notaire au bas des pages et sans aucune mention d'enregistrement, les fameuses informations posthumes;

ainsi est attestée l'illégalité d'un procédé que le notaire, retrouvant quelque courage, refuse de sanctionner : il était évidemment trop facile de faire parler Jeanne après sa mort.

D'autre part, le 12 juin suivant, Cauchon se faisait donner, pour lui-même et pour les principaux assesseurs, des « lettres de garantie » du roi d'Angleterre. Par ces lettres, le roi promet que : « en parole de roi, s'il advient que l'une quelconque des personnes qui ont besogné au procès soit mise en cause pour ce procès ou ses dépendances... nous aiderons et défendrons, ferons aider et défendre, en jugement et au dehors, ces personnes à nos propres coûts et dépens... » L'un des prélats qui avaient pris une part active au procès, l'évêque de Noyon, Jean de Mailly, était fort embarrassé lorsqu'on lui rappelait ces lettres de garantie lors de la réhabilitation; il était alors seul survivant parmi les trois prélats mentionnés lors de la promulgation de la sentence définitive puisque Louis de Luxembourg et Cauchon lui-même étaient morts : « On interroge le témoin, dit le texte du procès de réhabilitation, sur des lettres de garantie que le roi d'Angleterre donna à l'évêque de Beauvais et aux autres qui s'étaient entremis dans ce procès. De ces lettres il ressort que l'évêque de Noyon avait été inclus dans la sauvegarde donnée.

« Je crois bien, répond-il, qu'il y en eut. Je ne me souviens pas très bien. Je sais cependant que ce n'est pas à ses frais que l'évêque de Beauvais faisait ce procès, mais aux frais du roi d'Angleterre et que les dépenses qui y étaient faites l'étaient au compte des Anglais. » (R 253)

Pour les Anglais, la mort de Jeanne est suivie d'un retour immédiat à l'action militaire : le 2 juin, le même Laurent Calot qui avait tenu la main de Jeanne pour l'obliger à signer d'une croix la cédule d'abjuration, signe à son tour un mandement au trésorier du roi d'Angleterre, Thomas Blount, d'avoir à financer la construction d'engins de guerre pour le siège de Louviers (acte original conservé aux Archives nationales. AE II 448). Il donne ainsi raison aux bruits qui circulaient dans le peuple de Rouen :

Jean Riquier : « On disait communément que les Anglais n'osaient pas mettre le siège devant Louviers jusqu'à ce que Jeanne soit morte... Entre autres j'ai entendu dire, par maître Pierre Maurice et Nicolas Loiseleur et d'autres dont je ne me souviens plus, que les Anglais la craignaient tant qu'ils n'osaient pas, pendant qu'elle était vivante, mettre le siège devant Louviers, et qu'il fallait leur complaire, qu'on ferait rapidement un procès contre elle et qu'on y trouverait l'occasion de sa mort. » (R 194)

Le propos est aussi rapporté par frère Jean Toutmouillé : « Avant sa mort, les Anglais proposèrent de mettre le siège devant Louviers, mais bientôt muèrent leur propos (changèrent d'avis), disant qu'ils n'assiégeraient point la ville jusqu'à ce que la Pucelle ait été examinée. De quoi ce qui en suit fait preuve évidente, car aussitôt après sa combustion, ils sont allés planter le siège devant Louviers, estimant que durant sa vie jamais ils n'auraient gloire ni prospérité en faits de guerre. » (R 193)

Et c'est aussi l'avis d'un bénédictin, prieur du couvent de Saint-Michel près de Rouen, qui n'a pris personnellement aucune part au procès, mais qui, habitant Rouen, avait suivi l'affaire de loin.

Thomas Marie : « Comme Jeanne avait fait des merveilles à la guerre et que les Anglais sont généralement superstitieux, ils estimaient qu'il y avait en elle quelque chose de magique. C'est pourquoi, à ce que je crois, dans tous leurs conseils et autrement, ils désiraient sa mort.
— Comment savez-vous que les Anglais sont superstitieux ?
— Tout le monde le sait, c'est même un proverbe courant. » (R 191)

Cependant, l'Université de Paris et Bedford lui-même, au nom du roi d'Angleterre, s'empressaient de faire savoir à tous la mort de Jeanne brûlée comme hérétique. Une lettre officielle est adressée par le roi « à l'empereur, au roi, aux ducs et autres princes et toute la chrétienté », le 8 juin 1431 (texte dans C 423-426); elle est rédigée en latin, langue européenne et langue des actes officiels. Une autre lettre, datée du 28 juin, fut rédigée en français et adressée « aux prélats de l'Église, aux ducs, comtes et autres nobles et cités du royaume de France »; ce n'est qu'une traduction de la lettre précédente, mais il importait qu'aux Français de France elle fût adressée en leur propre langue. La lettre résume les événements à la suite desquels : « Cette femme, qui se faisait appeler Jeanne la Pucelle, s'était, il y a deux ans et plus, contre la loi divine et l'état de son sexe féminin, vêtue en habits d'homme, chose à Dieu abominable, et en tel état transportée vers notre ennemi capital auquel et à ceux de son parti, gens d'Église, nobles et populaires, donna souvent à entendre qu'elle était envoyée de par Dieu... » Le procès et l' « abjuration » de Saint-Ouen sont ensuite rappelés, après quoi « pour lesquelles choses, selon ce que les jugements et institutions de la sainte Église l'ordonnent, afin que dorénavant elle ne contaminât les autres membres de Jésus-Christ, elle fut derechef prêchée publiquement et comme retournée aux crimes et fautes par elle accoutumés, délaissée à la justice séculière qui incontinent la condamna à être brûlée. »

D'autre part, l'Université de Paris adressait une lettre au pape et au Collège des cardinaux pour les mettre au courant de ce qui avait été fait avec sa pleine approbation. On s'est souvent posé la question de savoir ce que la cour de Rome avait su du procès. En fait, le pape Martin V, qui avait sans aucun doute entendu parler de Jeanne et de ses victoires, était mort le 20 février 1431, à la veille même de l'ouverture de l'instruction; son successeur, Gabriel Condulmaro, évêque de Sienne, élu le 3 mars sous le nom d'Eugène IV, se heurtait, dès le début de son pontificat, à cette série de troubles qui allaient en marquer tout le cours; assiégé dans Rome par les Colonna, menacé par le duc de Milan, il dut, étant trahi par les troupes pontificales, s'enfuir à Florence le 29 mai, à la veille même du supplice de Jeanne; trois mois plus tard, il était frappé d'hémiplégie, mais, ses facultés mentales n'étant pas atteintes, il n'en devait pas moins tenir tête pendant seize ans à cet extraordinaire concile de Bâle que l'on a appelé « la plus grande assemblée d'indiscipline que le monde ait connue ». Chose curieuse, on devait y voir figurer, tenant la tête de la faction qui entendait soumettre le pape à l'autorité des conciles, la plupart des juges de Jeanne : Jean Beaupère, qui avait quitté Rouen avant même le supplice justement pour aller convaincre le nouveau pape et au besoin le menacer, à propos de la réunion à Bâle du concile que le Pontife eût préféré réunir dans une cité italienne; on y entendra parler Nicolas Loiseleur, Nicolas Midy, Pierre Maurice et surtout Pierre Cauchon lui-même et Thomas de Courcelles, lequel réussira à se faire donner le chapeau de cardinal par l'antipape Félix V qu'avait élu le concile pour faire échec à Eugène IV. En fait, dans l'une et l'autre affaire, dans les deux cas – celui du procès de Jeanne et celui du concile de Bâle –, c'était une seule et même puissance qui agissait : l'Université de Paris, qui se prenait pour la tête de la chrétienté comme elle pensait de bonne foi être la tête du royaume. S'étant déclarée pour la double monarchie comme pour les thèses conciliaires, Jeanne était son ennemie aussi bien que le pape lui-même.

A Paris, elle ne manque pas de faire connaître en grande cérémonie l'issue du procès dans lequel sa part a été prépondérante; le *Journal d'un Bourgeois de Paris* qui, rédigé par un universitaire, traduit exactement ses sentiments, raconte longuement comment « le jour de la Saint-Martin-le-Bouillant (4 juillet), une procession générale fut faite à Saint-Martin-des-Champs et un frère de l'ordre de saint Dominique, qui était inquisiteur et maître en théologie, fit une prédication. Il raconta derechef toute la vie de Jeanne la Pucelle

elle avait dit être fille de très pauvres gens. Elle avait adopté le costume d'homme vers quatorze ans et ses père et mère l'auraient volontiers fait mourir dès lors s'ils eussent pu le faire sans blesser leur conscience, c'est pour cela qu'elle les quitta, accompagnée de l'ennemi d'enfer. Elle vécut depuis pleine de feu et de sang, de meurtres de chrétiens, jusqu'à ce qu'elle soit brûlée. » (p. 106)

Il a un peu plus haut raconté, dans le même esprit et avec tous les détails qu'il a pu savoir, la vie et le procès de Jeanne, ajoutant un récit de son supplice qui traduit sans doute ce que l'on en sut dans Paris, suivant la version répandue par les universitaires : « Quand elle vit que son châtiment était certain, elle cria grâce et abjura oralement. Sa robe lui fut ôtée et on l'habilla en femme, mais, dès qu'elle se vit dans tel costume, elle retomba dans son erreur et demanda son habit d'homme. Elle fut donc bientôt condamnée à mort par tous les juges et liée à un pieu de l'échafaud de plâtre sur lequel on mit le feu. Elle périt bientôt et sa robe fut toute brûlée, puis on tira le feu en arrière pour que le peuple ne doutât plus. Il la vit toute nue avec tous les secrets que peut et doit avoir une femme. Quand cette vision eut assez duré, le bourreau remit un grand feu sous sa pauvre charogne qui fut bientôt calcinée et les os réduits en cendres. Bien des gens disaient là et ailleurs que c'était une martyre et qu'elle s'était sacrifiée pour son vrai prince. D'autres disaient que non et que celui qui l'avait protégée si longtemps avait mal fait. Ainsi disait le peuple, mais qu'elle ait bien ou mal fait, elle fut brûlée ce jour-là. » (p. 106)

Cependant, sur son registre, le greffier du Parlement, Clément de Fauquembergue, notait : « Le trentième jour de mai 1431, par procès de l'Église, Jeanne, qui se faisait appeler la Pucelle, qui avait été prise à une sortie de la ville de Compiègne par les gens de messire Jean de Luxembourg... a été arse et brûlée en la ville de Rouen et étaient écrits en la mitre qu'elle avait sur sa tête les mots qui s'ensuivent : « hérétique, relapse, apostate, idolâtre. » Et en un tableau devant l'échafaud où la dite Jeanne était, étaient écrits ces mots : « Jeanne, qui se fait nommer la Pucelle, menteresse, pernicieuse, abuseresse de peuple, devineresse, superstitieuse, blasphèmeresse de Dieu; présomptueuse, mal créante de la foi de Jésus-Christ, vanteresse, idolâtre, cruelle, dissolue, invocateresse de diables, apostate, schismatique et hérétique. » Et prononça la sentence messire Pierre Cauchon, évêque de Beauvais, au diocèse duquel la dite Jeanne avait été prise, comme on le dit. Et il appela à faire le procès plusieurs notables gens d'Église du duché de Normandie, gradués en sciences, et plusieurs théologiens et juristes de l'Université de Paris, ainsi qu'on dit qu'il est contenu au procès. » Et de renvoyer ensuite à la première mention qu'il avait faite de Jeanne : « Voyez ci-dessus dans notre registre au dixième jour de mai 1429, etc. » (Q,IV,459-460, le registre original est conservé aux Archives nationales.)

Enfin, diverses mentions sont faites, notamment chez les chroniqueurs bourguignons, comme Monstrelet qui donne une copie de la lettre adressée par le roi d'Angleterre au duc de Bourgogne, relatant la mort de Jeanne : « Très cher et très aimé oncle, la fervente dilection que nous savons que vous avez comme vrai prince catholique à notre sainte Mère l'Église et l'exaltation de notre sainte foi nous exhorte et admoneste de vous signifier et écrire qu'à l'honneur de notre Mère la sainte Église,... a été faite extirpation d'erreurs en notre ville de Rouen solennellement... Cette femme qui se faisait nommer Jeanne la Pucelle..., fut menée par la justice laïque au Vieux-Marché dedans Rouen et là fut publiquement brûlée à la vue de tout le peuple. (Q,IV,403) – Le reste de la lettre était une simple traduction de la circulaire dont il est fait mention plus haut.

Et la suite des événements montre bien le souci des Anglais d'effacer et d'anéantir tout ce qui avait été dû à l'action de Jeanne : en même temps qu'ils reprennent l'activité militaire, ils s'occupent de faire sacrer le petit roi Henri VI comme roi de France. On l'avait fait couronner roi d'Angleterre le 6 novembre 1429 à Westminster; il ceindra la seconde couronne de sa double monarchie à Notre-Dame de Paris le 16 décembre 1431, six mois après la mort de Jeanne; – à Paris faute de pouvoir aller à Reims revenue entre les mains des Français. On ne peut guère s'étonner de trouver parmi les ecclésiastiques qui, en cette occasion, sont appelés à l'assister au couronnement, l'évêque de Beauvais et celui de Noyon. Le précieux registre de l'hôtel des comtes de Warwick est ici fort intéressant, car il raconte jour par jour les étapes du voyage de Rouen à Paris où la comtesse et sa suite entrent de nuit par la rivière. Était-ce pour ne pas trop attirer l'attention ?

Quant au Bourgeois de Paris, il donne force détails sur ce couronnement : « Le dimanche 16 décembre, le bon matin, le roi Henri vint à pied du Palais Royal à Notre-Dame, accompagné des processions de la ville qui chantaient très mélodieusement. A Notre-Dame, une longue et large estrade où dix hommes pouvaient monter de front était dressée devant le chœur, les degrés en étaient peints d'azur et semés de fleurs de lys d'or... »

Suivent certaines remarques où, tout fervent Bourguignon qu'il soit, le rédacteur exprime sa réprobation pour la cuisine anglaise à propos du banquet qui suivit : « Personne, dit-il, n'eut à se louer du repas. La plupart des viandes, surtout celles que l'on destinait au commun, avaient été cuites le jeudi précédent, ce qui semblait très étrange aux Français... » (p. 110)

Comment la mort de Jeanne a-t-elle été connue dans cette partie de la France qu'en d'autres temps on a appelée la zone libre, demeurée hors de la domination anglo-bourguignonne ou libérée depuis l'étonnante épopée de l'année 1429 ? Les lettres de l'Université de Paris et du roi d'Angleterre ont évidemment diffusé la nouvelle et elle a été partout officiellement répandue.

Mais – il suffira ici à ceux qui ont vécu les années
d'occupation de rappeler leurs souvenirs de 1940-1945 –
beaucoup n'ont dû l'accueillir qu'avec scepticisme, per-
suadés qu'il s'agissait de ces nouvelles répandues par
l'ennemi pour saper le moral de son adversaire. Et l'on
peut penser qu'à Orléans, plus qu'ailleurs, les témoins
de ses exploits, prompts à la considérer « comme un
ange de Dieu », durent longtemps se refuser à croire
que Jeanne, cette Jeanne qu'ils avaient connue dans
tout l'éclat d'une victoire inespérée, avait pu subir le
supplice le plus infamant de tous : celui des hérétiques.
Les Anglais avaient eu beau prendre toutes les précau-
tions pour empêcher qu'on ne dise qu'elle s'était évadée,
beaucoup ont dû le croire et s'obstiner à espérer contre
toute espérance.

Et il s'est passé pour Jeanne ce qui s'est passé pour
tous les héros dans tous les temps : on refuse de croire
à leur mort, on leur prête une survie imaginaire; combien de fois, à notre époque même, n'aura-t-on pas lu
dans les journaux – et il s'agissait pourtant d'un personnage assez peu sympathique à l'humanité dans son
ensemble – qu'Hitler était vivant, qu'il se trouvait
dans une île du Pacifique, ou en Amérique du Sud ou
ailleurs! Le même folklore qui a fait revivre Frédéric
Barberousse mort en 1190 au cours de sa croisade,
puis son petit-fils, Frédéric II, mort soixante ans plus
tard, a fait aussi, c'était inévitable, revivre Jeanne d'Arc
dans beaucoup d'imaginations. Le sentiment national,
si aiguisé en cette période de conflits, s'y mêlait. Un
petit fait exactement semblable s'était passé à propos
d'un personnage dont l'importance n'était nullement
à comparer avec celle de Jeanne : l'astrologue Jean de
Builhons, qui passait pour avoir prédit à Salisbury
sa fin devant Orléans : « Le roi Charles VII le fit
délivrer (après le siège) et le retint en sa pension et
maison honorablement, bien que certains qui sont
encore de la race (du parti) des Anglais disent le
contraire et qu'il mourut en prison », lit-on dans un
traité d'astrologie contemporain (voir Q,IV,345, et
note). A plus forte raison, des bruits contradictoires

ont-ils dû circuler à propos de Jeanne. C'est à quoi fait écho une chronique normande anonyme, rédigée après la mort de Charles VII, qui relate en quelques mots son procès et ajoute en parlant des Anglais : « Finalement, ils la firent brûler publiquement ou autre femme en semblable d'elle, de quoi beaucoup de gens ont été et sont encore de diverses opinions. » (Q,IV,344)

Et comme on pouvait s'y attendre aussi, à plusieurs reprises, la situation devait être exploitée par des femmes qui – illusion ou imposture – prétendaient être Jeanne la Pucelle, ou se croyaient douées pour renouveler ses exploits. Il y eut ainsi une Jeanne la Féronne qui, comme Catherine de la Rochelle au temps de Jeanne, prétendait dispenser ses conseils au roi, lequel n'en eut que faire.

Parmi les simulatrices se faisant expressément passer pour Jeanne, la plus connue est la fameuse Claude des Armoises, sur laquelle nous nous étendrons un peu puisque, en dépit des réfutations répétées, il s'est trouvé encore en notre temps divers écrits exploitant son histoire pour faire croire que Jeanne n'avait pas été brûlée. C'est en 1436, cinq ans après le supplice de Jeanne et peu après l'entrée des armées royales à Paris (13 avril 1436) que le personnage fait son apparition. Le fait est relaté ainsi dans la chronique qui nous le rapporte, celle du doyen de Saint-Thiébault de Metz dont voici le texte que nous donnons intégralement : « L'an 1436, sire Philippin Marcoult fut maître échevin de Metz. La même année, le vingtième jour de mai, la Pucelle Jeanne, qui avait été en France, vint à La Grande-aux-Ormes près de Saint-Privas. Elle y fut menée pour parler à quelques-uns des seigneurs de Metz et elle se faisait appeler Claude. Et le même jour vinrent la voir ses deux frères, dont l'un était chevalier et s'appelait messire Pierre, et l'autre Petit-Jean, écuyer. Et ils croyaient qu'elle avait été brûlée, mais lorsqu'ils la virent, ils la reconnurent et elle aussi les reconnut. Et le lundi, vingt et unième jour du dit mois, ils la menèrent avec eux à Bacquillon et le sire Nicole Louve, chevalier, lui donna un cheval du prix de trente francs et une paire de houseaux, et le seigneur Aubert de Boullay un chaperon, et sire Nicole Grognat une épée. Et la dite Pucelle sauta sur le cheval très habilement et elle dit à sire Nicole Louve plusieurs choses à quoi il comprit bien que c'était elle qui avait été en France. Et elle fut reconnue à plusieurs signes pour la Pucelle Jeanne de France qui amena le roi Charles sacrer à Reims. Et plusieurs voulaient dire qu'elle avait été brûlée à Rouen en Normandie; et elle parlait le plus souvent par paraboles, et elle ne disait ni le dedans ni le dehors de ses intentions. Elle disait qu'elle n'aurait pas de puissance avant la Saint-Jean-Baptiste. Mais quand ses frères l'eurent emmenée, elle revint bientôt pour les fêtes de la Pentecôte (28 mai) en la ville de Marieulle chez Jean Cugnot et y resta environ trois semaines. Puis elle partit pour aller à Notre-Dame-de-Liesse la troisième. Et lorsqu'elle voulut partir, plusieurs de Metz l'allèrent voir à Marieulle; ils lui donnèrent plusieurs joyaux et ils reconnurent que c'était proprement Jeanne la Pucelle de France. Et alors Geoffroy Dex (Desch) lui donna un cheval et puis elle s'en alla à Arlon, une ville qui est en le duché de Luxembourg. Quand elle fut à Arlon elle était toujours à côté de madame de Luxembourg et elle y fut jusqu'au moment où le fils du comte de Warnembourg l'emmena à Cologne; et le comte l'aimait très fort si bien que, quand elle voulut venir, il lui fit faire une très belle cuirasse pour l'armer; et puis elle revint à Arlon et là fut fait le mariage de Robert des Armoises, chevalier, et de la dite Jeanne la Pucelle, et puis après s'en vint le dit sieur des Armoises avec sa femme, la Pucelle, demeurer à Metz en la maison du dit sire Robert qu'il avait devant Sainte-Ségolène. Et ils se tinrent là jusque tant qu'il leur plut. »

Telle est l'histoire que rapporte le doyen de Saint Thiébault de Metz dans le plus ancien manuscrit de sa chronique. Mais un second manuscrit (Bibliothèque nationale, coll. Dupuy, n° 630), d'une rédaction postérieure, rectifie quelque peu les termes du premier récit : « En cette année, écrit-il, vint une jeune fille, laquelle se disait la Pucelle de France et jouant tellement son personnage que plusieurs en furent abusés, et spécialement tous les plus grands. Elle fut à La Grande-aux-Ormes et là furent les seigneurs de Metz tels comme le seigneur Nicole Louve », etc.

La suite du manuscrit raconte, plus brièvement que dans la première rédaction, comment elle alla à Notre-Dame-de-Liesse et à Arlon, puis fut mariée au seigneur Robert des Armoises, sans plus prétendre l'assimiler à Jeanne la Pucelle. Il est visible que le doyen de Saint-Thiébault aura une première fois, comme beaucoup d'autres, cru à la supercherie, puis, cette supercherie étant démasquée, aura modifié son jugement.

Il n'est certes pas le seul qui ait été trompé par la fameuse Claude des Armoises, laquelle devait certainement présenter quelque ressemblance physique avec l'héroïne pour laquelle elle se faisait passer, et avoir aussi cette aisance à jouer son personnage par laquelle se sont distinguées bien des aventurières du même genre. Elle s'est donc d'abord manifestée dans la région de Metz. Or, les gens d'Orléans ont voulu savoir ce qu'il en était, et les registres des comptes de la ville nous renseignent sur leurs démarches. Le 31 juillet, en effet, les échevins envoient un messager nommé Cœur-de-Lys à Arlon :

« A Cœur-de-Lys, le vingt-huitième jour d'octobre 1436, pour un voyage qu'il a fait pour la ville par devers la Pucelle qui était à Arlon au duché de Luxembourg et pour porter les lettres qu'il apporta de Jeanne la Pucelle à Loches par devers le roi qui là était, auquel voyage il a vaqué quarante et un jours, c'est à savoir trente-huit jours au voyage de la Pucelle et sept jours à aller devers le roi, et partit le dit Cœur-de-Lys pour aller par devers la Pucelle, le mardi dernier jour de juillet et retourna le deuxième jour de septembre suivant. Pour tout cela... six livres parisis. »

« A Jacquet Leprêtre, le deuxième jour de septembre,

pour pain, vin, poires et cerneaux, dépensés en la chambre de la dite ville à la venue du dit Cœur-de-Lys qui apporta les lettres de Jeanne la Pucelle et pour faire boire le dit Cœur-de-Lys qui disait avoir grand soif. Pour ce... deux sous quatre deniers parisis. » (Q,v,327)

Ainsi le messager était allé à Arlon, puis revenu, avait été de nouveau envoyé par les Orléanais auprès du roi à Loches. — Mais entre temps, Petit-Jean, frère de Jeanne la Pucelle, était venu à Orléans le 5 août, puis s'était lui-même aussi rendu auprès du roi à Loches. Ce sont toujours les comptes d'Orléans qui en font foi : Jean du Lys est venu demander au procureur de la ville de lui remettre quelque argent, disant que le roi avait ordonné qu'on lui donnât cent francs, mais qu'on ne lui en avait remis que vingt et qu'il en avait déjà dépensé douze, si bien qu'il ne lui restait pas assez pour s'en retourner. Cet échange de lettres ne paraît pas avoir déclenché un très grand empressement de la part des Orléanais ni du roi; aucune suite ne lui est donnée.

A ce moment se place le voyage de la fausse Jeanne à Cologne où, en dehors de ce que raconte le doyen de Saint-Thiebault, son séjour nous est connu par l'ouvrage de l'inquisiteur alsacien, Jean Nider, prieur des dominicains de Nuremberg, intitulé le *Formicarium*. Il raconte comment l'inquisiteur de Cologne a cité à comparaître devant lui la fausse Jeanne à cause de l'attitude qu'elle avait eue, prétendant départager les deux prélats qui se disputaient alors le siège archiépiscopal de Trèves, et se disant envoyée de par Dieu pour soutenir l'un d'entre eux. La fausse Jeanne aurait alors accompli, devant l'inquisiteur de Cologne, des prodiges qui paraissent avoir impressionné Jean Nider : elle aurait déchiré une nappe et l'aurait raccommodée instantanément, puis brisé un verre contre un mur et ensuite refait ce verre aux yeux des assistants! La suite de son récit montre alors la fausse Pucelle épousant « un certain chevalier » (Jean Nider ne donne pas le nom de Robert des Armoises qu'il ne connaissait sans doute

pas), puis aurait vécu en concubinage avec un prêtre.
Il ne semble pas qu'on puisse ajouter foi à ce récit,
si ce n'est en ce qui concerne le séjour à Cologne qu'il
a pu connaître par l'inquisiteur de la ville.

Quoi qu'il en soit, l'aventurière, qui désormais se
fait appeler Jeanne et non plus Claude, épouse Robert
des Armoises le 7 novembre 1436. L'acte de mariage
a été publié par Dom Calmet dans son *Histoire de Lor-*
raine (t. III, col. 195). Nous ne le connaissons à vrai
dire que par cette publication datant de 1728 qui
n'indique ni cote ni source exacte; l'original n'a pas
été retrouvé. Cependant, tel qu'il est publié là, il ne
présente, dans sa forme, rien de suspect. Quant à
Robert des Armoises, on en sait assez peu sur lui,
mais ce qui est historiquement établi nous atteste que
sa famille était originaire de Champagne; Dom Calmet
en donne une généalogie d'ailleurs assez peu sûre; il
semble établi que sa famille vint se fixer en Lorraine
vers la fin du XIVe siècle, et qu'au XVe, Robert des Armoises, qui possédait auparavant le fief de Norroy et
la seigneurie de Tichémont, avait vu ses biens confis-
qués en 1435 par René d'Anjou, duc de Bar. C'est sans
doute pourquoi il vivait à Metz, ville hostile à
René d'Anjou, tout comme le duché de Luxembourg.

Contrairement à ce qui est contenu dans certains des
récits concernant Claude des Armoises, notamment
celui d'Anatole France, aucun document n'atteste
qu'elle soit venue à Vaucouleurs ou à Domremy à
cette époque. On ne sait rien d'elle, au contraire, jusqu'en 1439. A cette date, Claude des Armoises reparaît,
à Orléans. Il est probable – nous verrons tout à l'heure
sur quels documents s'appuie cette hypothèse – que
dans l'intervalle, Robert des Armoises, son mari, était
mort. Le 18 juillet, elle est reçue dans la ville, le registre
des comptes l'atteste; on lui offre un vin d'honneur,
puis elle est invitée « à dîner et à souper » le 30 juillet
suivant. Le 1er août, la ville lui fait don d'une somme
de deux cent dix livres parisis « pour le bien qu'elle
a fait à la ville durant le siège ». Le 4 septembre encore,
on lui présente un vin d'honneur, et on lit aussi la

mention suivante : « Pour huit pintes de vin dépensées à un souper où étaient Jean Luillier et Thévenon de Bourges, pour ce qu'on le croyait présenter à la dite Jeanne, laquelle partit plus tôt que le dit vin fût venu. » (Q,v,331-332) (Jean Luillier est le même marchand qui avait fourni autrefois du tissu pour les vêtements de Jeanne.)

Après quoi, les comptes ne font plus mention d'elle. En revanche, cette même année 1439, ils mentionnent les frais du service funèbre que la ville fait célébrer chaque année pour le repos de l'âme de la vraie Jeanne.

Claude des Armoises a donc disparu assez brusquement, puisqu'on l'a attendue à un dîner auquel elle n'est pas venue, le 4 septembre 1439. On sait par ailleurs qu'elle s'est rendue alors auprès du fameux Gilles de Laval, seigneur de Rais. Or, l'arrivée du roi était attendue à Orléans en ce mois de septembre 1439 et l'on peut se demander si Claude des Armoises, qui tenait surtout, visiblement, à trouver subsides auprès de ceux qui ajoutaient foi à ses récits, n'est pas partie parce qu'elle pouvait craindre de se trouver en sa présence.

Quant à Gilles de Rais, il allait être arrêté au début de l'année 1440 et subir le procès fameux pour sorcellerie à la fin duquel il devait être pendu et brûlé. Claude des Armoises se rend alors à Paris. Sur son séjour dans cette ville, nous avons le témoignage du *Journal d'un Bourgeois de Paris* : « On eut au même moment (août 1440), écrit-il, de grandes nouvelles de la Pucelle autrefois brûlée à Rouen pour ses méfaits. Maintes personnes, abusées par elle, croyaient alors fermement que sa sainteté lui avait permis d'échapper au bûcher et qu'une autre femme avait été brûlée par erreur à sa place. Mais elle fut réellement brûlée et ses cendres furent vraiment jetées dans la rivière pour éviter les sorcelleries qui auraient pu s'ensuivre. Or, les gens de guerre amenèrent en ce temps à Orléans une autre Pucelle qui fut très honorablement reçue et quand elle approcha de Paris, cette grande erreur recommença et l'on crut avoir affaire à la vraie Pucelle.

Mais l'Université et le Parlement la firent venir à Paris bon gré mal gré, et elle fut montrée au peuple dans la grande cour du Palais sur la pierre de marbre, puis prêchée et interrogée. Elle dit qu'elle n'était pas pucelle et qu'elle avait été mariée à un chevalier dont elle avait eu deux fils. » (p. 146-147)

De ce texte on peut déduire que, comme nous l'avions dit tout à l'heure, Robert des Armoises était mort et c'est probablement poussée par le besoin que Claude était venue tenter sa chance à Orléans, puis à Paris. La suite du *Journal* raconte les exploits que la fausse Pucelle se vantait d'avoir faits : elle disait s'être engagée à Rome dans les armées du pape Eugène IV, ce qui n'est d'ailleurs pas impossible, mais n'est attesté que par ce seul récit.

Claude des Armoises disparaît ensuite de l'histoire. Sa supercherie est racontée plus au long dans l'ouvrage de Pierre Sala, *Hardiesses des grands rois et empereurs,* auquel nous nous sommes déjà référé précédemment (voir chap. III à propos du signe du roi). On a vu que l'ouvrage ne fut composé qu'assez tardivement (entre 1510 et 1516), mais d'après des sources que l'auteur déclare tenir de première main. Il raconte que Claude des Armoises aurait été, à Paris, démasquée par le roi lui-même qui la saluant lui aurait dit : « Pucelle, ma mie, vous soyez la très bien revenue, au nom de Dieu qui sait le secret qui est entre vous et moi »; sur quoi, Claude des Armoises, effrayée, se serait mise à genoux et aurait « crié merci » en dévoilant sa supercherie.

Quoi qu'il en soit, tout ce qu'on peut retenir des textes, c'est qu'il y eut une aventurière bien douée qui sut se faire passer pour Jeanne et réussit à convaincre jusqu'aux frères de celle-ci. Du moins l'un d'entre eux, Petit-Jean, l'aîné, alla jusqu'à se charger de la faire reconnaître par les gens d'Orléans en 1436.

On a prétendu que la mère de Jeanne, Isabelle Romée, l'aurait reconnue aussi. C'est absolument inexact; aucun texte ne le dit; et, de plus, la présence d'Isabelle Romée à Orléans n'est attestée qu'à partir du mois de juillet 1440 (époque à laquelle, nous l'avons vu, Claude des

Armoises est à Paris). A cette époque, en effet, les comptes de la ville mentionnent qu'Isabelle, tombée malade le 7 juillet, fut soignée aux frais de la ville jusqu'au 31 août. Une rente mensuelle de quarante-huit sous parisis devait, par la suite, lui être servie, dont la mention revient régulièrement dans les comptes jusqu'à sa mort, le 28 novembre 1458.

Il faut remarquer d'autre part que l'autre frère de Jeanne, Pierre, n'est mentionné qu'une fois et uniquement par la chronique du doyen de Saint-Thiébault dans sa première rédaction. Or, c'était celui qui avait montré le plus de dévouement à sa sœur et qui avait été fait prisonnier avec elle à Compiègne. Il n'est pas certain qu'à la date de 1436, il ait été délivré de la prison dans laquelle le tenait le bâtard de Vergy, Jean, capitaine bourguignon au service des Anglais. A la date de 1439, on voit le roi Charles VII lui octroyer la perception des péages du bailliage de Chaumont pour lui fournir des ressources, après paiement de sa rançon qui l'avait complètement ruiné. Plus tard, en 1443, Charles d'Orléans, sorti lui-même des prisons anglaises trois ans plus tôt, lui fait don de l'Ile-aux-Bœufs en amont d'Orléans. Citons le texte de cet acte parce qu'il a donné lieu à des commentaires inexacts : « Ayant ouï la supplication de messire Pierre du Lys, chevalier, contenant que pour acquitter sa loyauté envers le roi, notre sire, et nous, il partit de son pays pour venir au service du roi, notre dit seigneur, et de nous, en compagnie de Jeanne la Pucelle, sa sœur, avec laquelle, jusqu'à son absentement et depuis jusqu'à présent, il a exposé son corps et ses biens à ce service et au fait des guerres du roi, tant à la résistance des anciens ennemis du royaume qui tinrent le siège devant notre ville d'Orléans, comme à plusieurs voyages faits et entrepris pour le roi, notre dit seigneur, et ses chefs de guerre, et autrement en plusieurs et divers lieux et par fortune des dites guerres a été prisonnier des dits ennemis et contraint de vendre les héritages de sa femme pour payer sa rançon, requiert qu'il nous plaise lui donner »... etc. (Q,v,213)

On a voulu, dans le terme employé « jusqu'à son absentement », voir une allusion à Jeanne la Pucelle qui se serait « absentée » et serait alors revenue avec son frère sous la forme et figure de Jeanne des Armoises! Mais, grammaticalement parlant, le terme « absentement » ne peut que se rapporter au sujet de la phrase, à savoir à Pierre lui-même, et, historiquement, à la date où est dressé cet acte, il y a trois ans que Claude des Armoises a été démasquée et qu'aucun texte n'en fait plus mention.

Elle n'est d'ailleurs pas la dernière aventurière qui ait fait parler d'elle à ce sujet. En 1457, le roi René, duc d'Anjou, accordait une lettre de rémission à une nommée Jeanne de Sermaize, mariée à un Angevin nommé Jean Douillet, qui, depuis trois mois, était détenue dans la prison de Saumur pour s'être fait passer pour Jeanne la Pucelle et avait réussi, elle aussi, à convaincre plusieurs personnes qui avaient autrefois la véritable Jeanne.

Ajoutons que, pour surprenante qu'elle soit, la réussite des aventurières de ce genre n'a rien d'exceptionnel. Les cas fourmillent dans l'histoire, de personnages qui réussissent à se faire passer pour un autre. Choisissons-en quelques-uns à l'époque même de Jeanne : il y a le cas rappelé par Maître Maurice Garçon (voir l'article « *Jeanne d'Arc est bien morte sur le bûcher de Rouen* » paru dans *Ecclesia*, n° 158, mai 1962, p. 59-68, – article fort clair qui résume parfaitement l'ensemble de la question de la bâtardise et de Claude des Armoises), – celui de cette femme qui, en 1423, s'était présentée à Gand en se donnant pour la propre sœur du duc de Bourgogne Philippe le Bon, Marguerite, veuve de Louis, duc de Guyenne et frère aîné de Charles VII. Elle fut hébergée par les Gantois pendant plusieurs semaines et si bien traitée qu'ils refusèrent de croire à l'imposture quand le duc, ayant eu vent de la chose, tenta de les détromper. Il dut venir à Gand accompagné de sa sœur pour qu'ils consentent à reconnaître qu'ils avaient été trompés.

Quelque temps auparavant, à l'automne de 1402, un aventurier s'était présenté à la cour d'Écosse en se donnant pour le roi Richard II lequel, emprisonné trois ans plus tôt, quand Henry IV de Lancastre l'avait déposé, avait vécu à la Tour de Londres, puis dans la forteresse de Pontefract, avant de mourir dans sa prison le 14 février 1401. Le faux Richard II avait été « reconnu » sous l'habit d'un mendiant par une dame de la cour du roi Richard et conduit par elle au duc d'Albany, en Écosse, qui l'entretenait fastueusement. Sous le nom de Richard Plantagenêt, il réunissait autour de lui des partisans. La supercherie alla si loin que le roi de France avait lui-même envoyé un émissaire en Écosse pour savoir ce qu'il en était. Un bâtard du Prince Noir, Roger Clarendon, prit fait et cause pour le faux Richard et plusieurs soulèvements eurent lieu en sa faveur. Vingt ans plus tard, on en parlait encore. Or, le roi d'Angleterre était mieux connu et avait été assurément vu par beaucoup plus de gens que ne l'avait été Jeanne dont la vie publique, rappelons-le, se déroule en l'espace d'un an.

Plus encore, il y a la fameuse imposture de Perkin Warbeck, originaire de Tournai, qui devait se faire passer pour le fils cadet d'Édouard IV, Richard d'York, échappé miraculeusement au massacre de la Tour de Londres ; il trouva des partisans aux Pays-Bas chez Marguerite d'York, veuve de Charles le Téméraire, au point qu'un débarquement en Angleterre fut organisé en sa faveur, jusqu'au moment où il fut pendu sur l'ordre du roi d'Angleterre, Henry VII. Sans aller jusqu'à l'époque des faux Louis XVII, et de certaine grande duchesse de Russie, il est facile, on le voit, de trouver nombre de supercheries historiques dont le succès est somme toute beaucoup plus surprenant encore que celui de Claude des Armoises.

COMMENTAIRE

« Jeanne n'a pas été brûlée; on l'a fait évader; une autre a été brûlée à sa place. »

Ceux qui ont émis cette hypothèse s'appuient sur les textes suivants :

La Chronique normande que nous avons citée (Q,IV,344) tirée d'un manuscrit du British Museum; rédigée vraisemblablement en 1439 (voir les précisions données à ce sujet dans Q,IV,339), elle traduit très exactement l'état de l'opinion et les bruits contradictoires qui circulaient alors concernant le sort de Jeanne.

Une Chronique abrégée composée en Bretagne en 1440 et contenue dans un manuscrit (nº 1155) de la Bibliothèque Sainte-Geneviève à Paris (voir Q,IV,344 en note). On y lit le passage suivant : « L'an 1431, la veille du Sacrement, fut la Pucelle brûlée à Rouen ou condamnée à l'être. »

A ces deux documents, – bien connus des historiens de Jeanne d'Arc puisque, publiés déjà par Vallet de Viriville (l'un de ceux qui réfuta les erreurs de Caze concernant la prétendue bâtardise; voir la *Bibliothèque de l'École des Chartes,* 2e s., t. II), ils ont été de nouveau publiés par Quicherat lui-même (voir *Procès,* t. V), – s'ajoute un ouvrage imprimé au XVIe siècle : *La nef des dames vertueuses* de Symphorien Champier (Lyon, 1503). On y lit, après quelques mots consacrés à Jeanne : « et à la fin fut en trahison prise et donnée aux Anglais qui en dépit des Français la brûlèrent à Rouen; ce disent-ils néanmoins : que les Français le nient ».

Il s'agit là, on le voit, d'un ouvrage littéraire dépourvu de prétentions historiques et qui témoigne seulement des « on-dit » circulant sur Jeanne, non des circonstances réelles de sa vie et de sa mort.

Ne restent donc valables aux yeux de l'historien que les deux chroniques contemporaines citées plus haut. Or, le doute qu'elles expriment révèle seulement ce que pensaient beaucoup de gens dans les milieux favorables à la cause française, en ces années 1439-1440. Il était bien naturel, à cette époque, qu'on refusât de croire à une mort qui semblait apporter une justification à la cause anglaise. L'espoir de voir revenir Jeanne devait être d'autant plus tenace que l'on avait davantage cru en elle; aussi bien voit-on Claude des Armoises tenter sa chance à Orléans : Orléans où Jeanne n'a que très peu résidé (29 avril – 9 mai 1429 certainement, le 19 janvier 1430 où lui fut offert un banquet et peut-être, mais c'est pure conjecture, d'autres séjours, dont il ne nous est pas resté trace) – mais où tous les habitants devaient espérer ardemment que la nouvelle de son supplice n'était qu'une fausse nouvelle.

Les deux chroniques en question datent précisément du temps où Claude des Armoises faisait parler d'elle et où l'on pouvait par conséquent fonder sur des rumeurs qui circulaient l'espoir que Jeanne aurait échappé aux Anglais.

En dehors de ceux qui, à Rouen, avaient été témoins de son supplice, que pouvait-on savoir en effet, dans une France déchirée par l'occupation et labourée par les guerres ? Uniquement ce qu'on avait appris par les lettres du roi d'Angleterre et de l'Université parisienne : sources hautement suspectes *a priori* pour les partisans de la cause française. La pleine lumière ne sera faite sur le cas de Jeanne d'Arc que quand les Français auront reconquis Rouen en 1449 et se seront trouvés en possession des pièces du procès de condamnation et en présence de ses témoins (voir chapitre 9).

Pour l'historien donc, les deux chroniques renseignent sur l'état d'esprit durant cette période indécise qui s'écoule entre la mort de Jeanne et la reconquête du royaume; elles ne peuvent aucunement renseigner sur les faits, que d'ailleurs ni l'une ni l'autre ne prétendent tirer au clair.

En revanche les faits sont établis par les documents parfaitement clairs que nous avons cités dans notre chapitre :

1. *Documents officiels :* Lettre de l'Université de Paris notifiant au pape la condamnation et le supplice de Jeanne. Il y est bien dit expressément qu'elle est morte : « *migravit a seculo* ». (C 435).

Même notification faite par l'Université au Collège des cardinaux (C 435).

Lettre du roi d'Angleterre à l'empereur, aux rois, ducs et princes de toute la chrétienté, datée de Rouen, 8 juin 1431 (C 423).

Lettre du même roi d'Angleterre notifiant également la mort de Jeanne « aux prélats de l'Église, aux ducs, comtes et autres nobles, et aux cités de notre royaume de France », donnée également à Rouen le 28 juin (C 426).

2. *Chroniques* : celle du Bourgeois de Paris que nous avons citée et qui relate un acte public dans lequel l'inquisiteur de France en personne agit ès-qualité pour annoncer au peuple de Paris la condamnation et la mort d'une hérétique. Et celle de Monstrelet.

Ajoutons à cela les divers actes qui énoncent ou sous-entendent l'exécution de Jeanne, comme la condamnation de Pierre Bosquier (Il y est dit expressément que « l'on avait été mal fait de... délaisser Jeanne à la justice séculière », – ce qui est l'expression consacrée pour désigner le supplice des hérétiques) (C 432) ; ou encore les lettres de garantie données à ceux qui avaient pris part au procès et à la condamnation.

Certains se sont étonnés que le procès-verbal de l'exécution ne figurât pas au dossier; c'est faire preuve d'une curieuse ignorance, car, en fait, tout procès d'inquisition est clos là même où se trouve clos celui de Jeanne : lorsque le coupable est livré par le tribunal au « bras séculier ». C'était le bras séculier, la justice laïque, qui appliquait la condamnation. Le procès-verbal, s'il a existé, ne pouvait se trouver que dans les archives du bailliage; mais les usages variaient en fait beaucoup selon les régions et il n'est pas du tout certain qu'il en ait été dressé.

3. Enfin nous possédons toute une série de récits de témoins oculaires présentant tous les signes de véracité et s'accordant tous sur le fait essentiel : le supplice de Jeanne; il s'agit des dépositions faites au procès de réhabilitation et émanant de personnages très divers, puisqu'on y trouve non seulement ceux qui avaient assumé une charge dans le procès comme l'évêque de Noyon, les notaires, l'huissier et les deux frères dominicains qui assistèrent Jeanne jusque

sur l'échafaud, mais encore des gens qui y assistèrent en simples curieux comme Jean Riquier ou qui, comme Pierre Cusquel, refusèrent d'y assister parce qu'ils n'auraient pu en supporter le spectacle.

Or, curieusement, au lieu de s'en remettre aux témoins oculaires, les amateurs d'hypothèses s'adressent à la Chronique de Perceval de Cagny – lequel ne pouvait avoir assisté à la scène et pour cause! – pour en extraire un détail qui leur paraît décisif.

Nous lisons en effet dans cette Chronique, – dont on sait qu'elle émane d'un écuyer du duc d'Alençon et donne d'ailleurs les détails les plus vivants sur la campagne de Loire notamment – les lignes suivantes :

« Les gens de la justice du roi d'Angleterre en la ville de Rouen firent appareiller lieux convenables et les habillements (préparatifs) pour exécuter la justice, en lieu qui pût être vu de très grand peuple (foule); et le dit 24e jour de mai (il fait confusion quant à la date avec la scène de Saint-Ouen), environ l'heure de midi, (Jeanne) fut amenée du château, le visage *embronché,* au lieu où le feu était prêt; et après certaines choses lues en la place fut liée à l'attache et brûlée, par le rapport de ceux qui disaient ce avoir vu. » (Q,IV,36)

Ce terme *embronché* a donné lieu à d'innombrables commentaires. En fait il signifie en vieux français, soit *voilé,* soit *penché ;* et il est probable, comme le fait remarquer Maurice Garçon (voir son article paru dans *Ecclesia,* no 158, mai 1962, p. 66), qu'il signifie seulement que la mître dont on coiffait généralement les condamnés était par dérision posée de travers.

Mais de toutes façons il est bien net pour l'historien que l'on doit préférer les témoignages directs au seul témoignage, indirect, de Perceval de Cagny; il n'a pas assisté à l'exécution et le dit clairement; frère Isambart et les autres cités plus haut y avaient assisté. Ils ne nous ont pas dit que le visage de Jeanne fût voilé.

Autre question : qui aurait-on brûlé à la place de Jeanne ? Elle n'embarrasse guère nos faiseurs d'hypothèses : les prisons, paraît-il, « regorgeaient de sorcières à brûler ». Ici leurs allégations deviennent franchement risibles. Ils devraient savoir que, si les procès d'hérésie sont nombreux au xvᵉ siècle, les procès en sorcellerie sont encore très rares. Jeanne elle-même, on l'a vu, n'a pas été condamnée comme sorcière, bien qu'au cours de l'instruction plusieurs interrogatoires aient tenté de la convaincre de faits de sorcellerie. Et les suppositions de nos amateurs d'hypothèses touchent au fantastique lorsqu'ils déclarent qu'en 1432 à Rouen on brûla quatre cents sorcières... En fait un procès en sorcellerie intenté en 1456 en Lorraine, et qui fit huit victimes, souleva beaucoup d'émotion. Mais qu'il nous suffise de renvoyer les lecteurs qui voudraient en connaître davantage sur cette question des procès en sorcellerie aux ouvrages qui font autorité : Celui de Maurice Garçon, *les Procès en sorcellerie,* et le petit ouvrage de Jean Palou paru dans la collection *Que sais-je* sur *la Sorcellerie* (nᵒ 756 de la collection).

Et terminons sur le trait savoureux emprunté toujours aux mêmes amateurs d'hypothèses qui déclarent avoir trouvé le détail des quatre cents exécutions de sorcières dans les « Archives des domaines de la cité de Rouen » où ils s'étonnent, disent-ils, de n'avoir pas en revanche trouvé « la moindre allusion » au supplice de Jeanne d'Arc...

Les Archives des domaines antérieures à 1789 ont été versées aux Archives départementales de la Seine-Maritime où elles occupent les séries : C 632-641, C 2329, 2348-49, 2353-2355, 2554 et 2602.

Nous n'hésitons pas à promettre une forte récompense à quiconque y trouvera un document relatif à des sorcières à brûler au xvᵉ siècle.

Quant à la dame des Armoises, son histoire est bien établie[1]; comme nous l'avons vu, son assimilation à la vraie Jeanne ne repose que sur des interprétations abusives (le terme : *absentement,* par exemple) ou des erreurs notoires (ainsi la preuve qu'on prétend tirer du fait qu'elle fut accueillie par une dame de Luxembourg que l'on confond

---

1. On consultera, sur l'ensemble de la question, GROSDIDIER DES MATTONS, *le Mystère de Jeanne d'Arc,* Paris, 1934.

avec celle qui avait reçu Jeanne et qui était morte avant Jeanne elle-même, le 13 novembre 1430).

Du reste tous ceux qui ont voulu devant l'Histoire soutenir sa cause présentent d'évidentes lacunes dans leur formation ou leur information historique. A commencer par le trop fameux Père Jérôme Vignier auquel Dom Calmet a emprunté la plupart des actes qu'il publie concernant Claude des Armoises. Ce prêtre de l'Oratoire a été un faussaire d'ailleurs plein de verve, qui s'appliquait à fabriquer de toutes pièces des lettres de papes des IVe et Ve siècles et composa, d'ailleurs avec un talent incontestable, un soi-disant « colloque entre chrétiens et ariens » qui aurait eu lieu à Lyon en 499, et qui longtemps trompa les historiens (voir à ce sujet l'article que lui avait consacré Julien Havet dans la *Bibliothèque de l'École des Chartes,* année 1885).

Et ce ne sont pas non plus, hélas! les « portraits récemment découverts » de la Pucelle de France et de son époux Robert des Armoises, malencontreusement publiés par un ouvrage reprenant la fameuse hypothèse, qui pourront convaincre les lecteurs : leur seule photographie révèle une facture qui évolue entre le style troubadour et les illustrations genre « Bibliophile Jacob » ; aucun besoin d'être expert pour refuser d'y voir des portraits du XVe siècle. Ne pourront s'y tromper que ceux qui aiment décidément être mystifiés!

9. La réhabilitation.

Dès le 24 octobre 1430, au moment où Jeanne était encore prisonnière à Beaurevoir, le duc de Bourgogne avait dû lever le siège de Compiègne, la ville ayant été secourue par une armée française commandée par le comte de Vendôme et le maréchal de Boussac. L'offensive préparée par lui à la faveur des trêves qu'avait si imprudemment conclues Charles VII ne se révélait pas aussi profitable qu'il l'avait espéré. En 1431, les succès français se poursuivirent sous l'impulsion surtout de La Hire, nommé capitaine général en Normandie aussitôt après la prise de Louviers (décembre 1429), et aussi du sire de Barbazan en Champagne. Le bâtard d'Orléans fut lui-même envoyé à Louviers dès le mois de mars 1431. Mais l'effort militaire ainsi entrepris ne se soutient guère : le 28 octobre 1431, Louviers doit capituler sous la pression anglaise (un corps de troupes avait débarqué à Calais le 30 juin précédent) et le 2 juillet le sire de Barbazan – « cœur d'argent fin, fleur de chevalerie », dit son épitaphe – trouvait la mort dans la bataille de Bulgnéville au cours de laquelle René d'Anjou était fait prisonnier. Notons que, par une curieuse coïncidence, le 30 mai 1431, jour de la mort de Jeanne dont il ne pouvait encore connaître la nouvelle, le roi Charles VII adressait aux habitants de Reims une lettre pour leur recommander de bien recevoir ce sire de Barbazan.

Du moins le duc de Bourgogne semblait-il, après cette campagne de 1430-1431, infructueuse pour lui sur le plan militaire, décidé de son côté à rechercher la paix avec le roi de France. Il s'abstient de paraître à la cérémonie du sacre du petit roi d'Angleterre Henri VI à Paris (16 décembre 1431), ce qui est de sa part une affirmation d'indépendance vis-à-vis des Anglais et, durant ce même mois de décembre (le 13 exactement), signe à Lille, avec les ambassadeurs de Charles VII, une nouvelle trêve. Beaucoup plus avantageuse pour le roi de France que les précédentes, celle-ci est prévue pour une période de six ans et se présente comme des préliminaires de paix. A Rouen même, les sentiments français de la population avaient dû être stimulés par la mort de Jeanne; le 3 février 1432, par un coup de main d'une étonnante audace, un routier nommé Ricarville parvient, avec cent trois compagnons, à se rendre maître du château. Malheureusement, les secours indispensables pour tenir lui firent défaut et, quelques jours plus tard, les cent quatre hommes d'armes étaient décapités sur cette même place du Vieux-Marché qui avait vu flamber le sinistre bûcher l'année précédente, par ordre de Bedford et du comte d'Arundel, capitaine de Rouen.

Cependant l'attention du roi est plus que jamais accaparée par son indigne favori Georges de La Trémoïlle. Celui-ci, toujours opposé aux actions militaires, flatte l'apathie naturelle de Charles VII. Un beau jour, il recevra un coup d'épée dans le ventre; l'attentat avait été perpétré par le connétable Arthur de Richemont et la famille angevine : la reine Marie d'Anjou, Charles du Maine et leur mère Yolande de Sicile, décidés une fois pour toutes à faire le bien du roi de France malgré lui. Sauvé par l'épaisseur de sa graisse, La Trémoïlle quitte du moins la cour pour n'y plus revenir et, dès ce moment (juin 1433), l'action sera plus énergique et mieux soutenue. Le 16 janvier 1435, s'ouvraient les conférences de Nevers entre France et Bourgogne, dans lesquelles René d'Anjou allait jouer le rôle d'intermédiaire. Lorsqu'elles se terminent, c'est pour donner aux négociateurs un nouveau rendez-vous à Arras où, en dépit des protestations anglaises, la paix entre France et Bourgogne est enfin conclue le 20 septembre 1435. Le régent Bedford avait vu le début des négociations; il n'en vit pas la fin, étant mort le 14 septembre précédent dans ce même château de Rouen où Jeanne avait été tenue par lui prisonnière. L'un des principaux négociateurs du côté français avait été le successeur de Cauchon au siège épiscopal de Beauvais, nommé par le roi de France après que la ville eut été reprise dès 1429 : Jean Jouvenel des Ursins.

Partout, dans le même temps, les populations frémissaient d'attente; en Basse Normandie, des soulèvements avaient eu lieu dès 1434; à l'époque du traité d'Arras, les Anglais étaient pratiquement impuissants dans cette région et la ville de Dieppe se ralliait au roi de France. Enfin, le 13 avril 1436, le connétable Arthur de Richemont, mettant à profit l'insurrection qui grondait dans Paris depuis quatre mois, fait son entrée par la porte Saint-Jacques, tandis que les plus compromis des « Français reniés », parmi lesquels Pierre Cauchon lui-même, s'enfuyaient hâtivement, poursuivis par les cris de la foule : « Au renard, à la queue » (une curieuse croyance populaire voulait, en effet, que les Anglais fussent pourvus d'une queue!). « Avant qu'il soit sept ans, disait Jeanne (en 1431), les Anglais perdront plus grand gage qu'ils aient jamais eu en France. »

Mais les Parisiens attendront un an la venue du roi dans leur ville : il n'y fait son entrée que le 12 novembre 1437. Le Bourgeois de Paris lui-même doit admettre qu' « on le fêta comme Dieu lui-même » (p. 136); le dauphin Louis, héritier du trône, l'accompagnait.

Plusieurs années se passent ensuite durant lesquelles ni la France ni l'Angleterre ne semblent en état de continuer la lutte. Dans les deux pays les finances sont au plus bas, comme l'attestent les diverses mesures monétaires; les allées et venues des routiers paralysent la culture des terres en semant la terreur dans le monde paysan; le désordre règne partout et, pour comble, une effrayante épidémie de peste s'abat sur le royaume, qui sévit avec intensité à Paris en 1438 et 1439; cinquante mille personnes meurent dans la ville; parmi

les victimes, on compte Marie de Poissy, l'une des
sœurs de Charles VII, prieure du couvent de Poissy.

L'action militaire reprend en 1441 avec la prise de
Pontoise, puis, l'année suivante, avec une chevauchée
en Guyenne; le roi récupère Saint-Sever et Dax, mais
échoue devant La Réole.

Découragé par cet insuccès, il s'empresse de regagner les bords de Loire et c'est de nouveau l'apathie;
d'autant plus que sa favorite, Agnès Sorel, qui a fait
son apparition à la cour en 1444, éveille chez lui sur
le tard une frénésie de plaisirs; banquets et tournois
se succèdent, dans lesquels revit le goût du faste qui
avait marqué cette lignée des Valois depuis son accès
au trône. L'archevêque de Reims, Jean Jouvenel des
Ursins, élèvera une voix indignée pour tenter de rappeler le roi à ses devoirs et évoquer la misère du peuple
face à ce débordement de luxe payé par les « aides
levées pour la guerre ».

En 1444 aussi, ont été signées avec l'Angleterre des
trêves que consacre le mariage d'Henri VI avec Marguerite d'Anjou, la fille du roi René; ces trêves seront
renouvelées périodiquement jusqu'en 1449.

A cette date, un coup de main anglais sur Fougères
détermine la reprise des opérations; celles-ci se
concentrent sur la Normandie où la population entre
en effervescence. Successivement sont prises, au mois
de mai 1449, les petites places de Pont-de-l'Arche,
Conches et Gerberoy; puis Dunois s'empare de Verneuil et enfin, le 6 août, Charles VII s'installe devant
Louviers. Partout les villes se soulèvent. A Rouen, une
insurrection oblige le gouverneur anglais, Somerset, à
quitter précipitamment le château pour se réfugier à
Caen le 29 octobre; quelques jours plus tard, le
10 novembre, Charles VII fera son entrée dans la
capitale de la Normandie, reconquise après trente années
d'occupation.

A ce moment-là – et à ce moment-là seulement,
remarquons-le – la possibilité s'offrait de savoir exactement la façon dont avaient pu se passer le procès et
le supplice de Jeanne. Toutes les pièces du procès

étaient conservées, comme de juste, à l'archevêché et c'était à Rouen aussi que se trouvaient les témoins de ses derniers moments. Il était donc impossible d'entreprendre jusque-là une action quelconque pour la réhabiliter. C'est chose évidente, mais qui n'a pas toujours été assez clairement établie par les historiens. Longtemps, en effet, on a méconnu – parce qu'on le connaissait mal – ce procès de réhabilitation; on y voyait un acte de pur opportunisme : Jeanne est condamnée par l'Église lorsque les Anglais sont victorieux, elle est réhabilitée lorsque ceux-ci sont vaincus. C'est faire abstraction des circonstances concrètes dans lesquelles se déroulent les événements. Tant que les Anglais sont maîtres de Rouen, le seul fait qu'ils détiennent les pièces du procès mené par eux maintient leur version, celle d'un procès d'Église régulièrement mené, par lequel Jeanne a été reconnue hérétique. En l'occurrence, faire reproche au roi ou à l'Église de n'avoir rien tenté auparavant reviendrait exactement à reprocher à la France de n'avoir pas entrepris le procès des criminels de guerre d'Oradour avant 1945...

C'est peut-être le seul fait à mettre réellement à l'actif de Charles VII que d'avoir, peu de temps après son entrée à Rouen, entrepris de connaître ce qui s'y était réellement passé concernant Jeanne. Le 15 février 1450, il dicte, à l'intention de l'un de ses conseillers, maître Guillaume Bouillé, chanoine de la cathédrale de Noyon, une lettre ainsi conçue :

« Comme jadis Jeanne la Pucelle a été prise et appréhendée par nos anciens ennemis et adversaires, les Anglais, et amenée en cette ville de Rouen, contre laquelle ils ont fait faire tel procès par certaines personnes à ce commises et députées par eux, dans lequel procès ils ont fait et commis plusieurs fautes et abus, tellement que, moyennant ce procès et la grande haine que nos ennemis avaient contre elle, ils la firent mourir iniquement et contre raison, très cruellement : pour ce, nous voulons savoir la vérité du dit procès et la manière selon laquelle il a été conduit et procédé. Vous mandons, commandons et expressément enjoignons que vous

vous enquériez et informiez bien et diligemment sur
ce qui en est dit; et l'information par vous sur ce
faite, l'apportiez close et scellée devant nous et les
gens de notre conseil... » (R 11-12)

Les termes de cette lettre sont bien significatifs :
savoir la vérité dudit procès ; jusqu'alors on ne savait rien,
sinon ce que les adversaires avaient bien voulu en dire.
Alors, mais alors seulement, la vérité pouvait être faite.

Guillaume Bouillé allait mettre à l'affaire un empressement qui révèle assez ses sentiments personnels;
fidèle depuis toujours à la cause royale, il avait été
désigné, en 1439, comme recteur de l'Université de
Paris désormais épurée. Moins de trois semaines après
la lettre citée, comparaissait déjà devant lui le premier
témoin qu'il avait appelé : Guillaume Manchon, le
notaire du premier procès. Il avait assisté à ce procès
du début jusqu'à la fin; il avait apposé sa signature sur
chaque page et son sceau à la fin de la procédure, et
avait conservé les notules, les notes en français, dans
lesquelles étaient consignées les paroles mêmes de
Jeanne avant leur traduction en latin. Son audition à
elle seule occupe toute la journée du 4 mars.

Le lendemain étaient entendus six autres témoins
dont quatre appartenaient à ce couvent Saint-Jacques
de Rouen où l'exécution de Jeanne avait soulevé
quelque effervescence, puisque c'était là qu'avait été
arrêté, au lendemain du supplice, frère Pierre Bosquier.
Les deux frères qui avaient assisté Jeanne jusque sur
l'échafaud, Isambart de la Pierre et Martin Ladvenu,
se trouvaient là et furent, comme on s'en doute, longuement interrogés; deux autres, dont le rôle avait été
plus obscur, frère Guillaume Duval et frère Jean Toutmouillé, furent entendus aussi; enfin, on avait convoqué
aussi l'huissier Jean Massieu et une bonne fortune
avait voulu qu'un personnage de tout premier plan
aussi se trouvât dans la ville, maître Jean Beaupère
lui-même, venu revendiquer une prébende de chanoine
qu'il cumulait d'ailleurs avec beaucoup d'autres; il
vivait en général retiré dans le diocèse de Besançon.

Les témoignages fournis par ces sept personnages

étaient amplement suffisants pour établir ce qu'avait été réellement le procès de Jeanne : procès politique dans lequel, sous l'inculpation d'hérésie, on tentait de confondre celle en qui les Anglais voyaient, non sans raison, l'instrument même des victoires de Charles VII et de son couronnement.

Cet interrogatoire se passait sur une toile de fond dramatique; dans cette Normandie frémissante, les villes, l'une après l'autre, s'ouvraient au roi de France : Lisieux, Coutances, Saint-Lô, tandis qu'Henri VI, de l'autre côté de la Manche, tentait un suprême effort et allait jusqu'à mettre en gage les joyaux de la couronne pour faire débarquer une nouvelle armée sur le continent.

Elle prit terre à Cherbourg le 15 mars sous le commandement de Thomas Kyriel, qui devait faire jonction avec les forces de Somerset retranché à Caen. Mais celui-ci fut devancé par l'armée de Richemont qui survint inopinément; et ce fut Formigny qui, le 15 avril 1450, effaçait définitivement le souvenir d'Azincourt... Désormais, la Normandie était recouvrée; le 24 juin Caen était prise et Cherbourg le 12 août. Toute la France du Nord revenait entre les mains du roi.

Or, l'année suivante, le pape Nicolas V, qui avait succédé à Eugène IV après la victoire de celui-ci sur les pères du concile de Constance et la démission de l'antipape Félix V, envoyait en France un légat, Guillaume d'Estouteville, chargé avant tout d'amener les princes chrétiens à la paix. Le pape ne voyait pas sans angoisse les Turcs menacer de près Constantinople et voulait adjurer la chrétienté à un rapprochement qui permettrait de tenter de nouveau quelque entreprise sur l'Orient.

Guillaume d'Estouteville était le propre frère de ce Louis d'Estouteville qui avait défendu le Mont Saint-Michel depuis la date de 1425 jusqu'à la libération de la Normandie. On se doute de ce que pouvaient être ses sentiments personnels; il était le premier légat envoyé en France après cette longue suite de désordres et de querelles qui avaient affaibli la papauté, et arrivait

dans un royaume lui-même en voie de rétablissement.
Peu de temps avant son arrivée (13 août 1451),
Dunois, qui conduisait cette fois les opérations en
Guyenne – dernier bastion anglais sur le continent –,
était entré dans Bordeaux le 30 juin, puis, dans le cours
du mois d'août (le 25), il allait s'emparer de Bayonne. On
imagine que, de toutes les affaires qui pouvaient rester
pendantes entre la France et la papauté, le procès de
Jeanne d'Arc n'était pas la dernière à l'intéresser.

En effet, l'enquête ordonnée par le roi l'année précédente avait bien pu établir que Jeanne n'avait suc-
combé qu'à la haine de ses ennemis politiques. Reste
qu'ayant eu l'habileté de lui faire faire un procès d'Église,
sa cause demeurait cause d'Église et, officiellement,
Jeanne restait une hérétique condamnée comme telle.
Mené par un tribunal d'Inquisition, son procès ne
pouvait être annulé que par l'Inquisition elle-même.

Guillaume d'Estouteville eut avec le roi une entrevue
à Tours en février 1452; deux mois plus tard, il se
dirigeait vers Rouen; il est probable qu'il eut alors
connaissance des faits qu'avait révélés l'enquête royale
menée par Guillaume Bouillé. Dans cette ville de Rouen
qui se relevait péniblement des horreurs endurées
(l'état des paroisses atteste qu'à la fin de l'occupation,
elle avait passé de 14.992 à 5.976 habitants), il dut
lui-même entendre évoquer par des témoins oculaires
le souvenir de « la bonne Lorraine ». Toujours est-il
qu'il se mit en relations avec l'inquisiteur général de
France, récemment désigné, le dominicain Jean Bréhal.
Normand comme lui, Jean Bréhal allait prendre en
mains la cause de Jeanne jusqu'à sa complète réalisation.

Dès le 2 mai, s'ouvrait, sous l'impulsion de Bréhal
et d'Estouteville, la première enquête officielle sur le
fait de Jeanne la Pucelle. Bien que menée sur l'ordre
du roi de France en personne, l'enquête précédente,
celle de 1450, n'avait en effet, aux yeux de l'Église et
des tribunaux d'Inquisition, qu'un intérêt privé; elle
fut cependant étudiée et versée comme telle au dossier
de la réhabilitation. Le texte du procès de condamnation fut soigneusement étudié par les deux prélats, qui

s'adjoignirent pour ce travail deux juristes faisant partie de la suite de Guillaume d'Estouteville, Paul Pontanus et Théodore de Leliis; sur cette base, ils rédigèrent un interrogatoire destiné aux témoins qui allaient comparaître dans l'enquête.

Les premiers témoins allaient comparaître le 2 mai; mais très vite – au bout de deux jours – leurs réponses avaient soulevé tant de questions nouvelles qu'un second questionnaire, beaucoup plus approfondi que le précédent et comportant vingt-sept questions, fut dressé. C'est ce second questionnaire qui, désormais, allait servir de base à tout le procès de réhabilitation; et les interrogatoires reprirent le 8 mai sur cette nouvelle base (voir le texte des deux questionnaires dans R 277-282). Dans l'ensemble, les questions posées portent notamment sur les vices de fond du premier procès : la partialité des juges, la haine que les Anglais pouvaient porter à Jeanne, le manque de liberté qui en découlait pour les juges et pour les assesseurs, quelles pressions avaient pu être faites; y étaient aussi examinés les vices de forme : le fait que Jeanne avait été détenue en prison laïque tout en étant jugée par un tribunal ecclésiastique, le défaut d'avocat, contraire au droit, les moyens employés pour l'embarrasser sur la question capitale de la rébellion envers l'Église, la façon dont furent menés les interrogatoires; enfin, on tentait de savoir ce qu'avait pu être au juste l'innocence de Jeanne et sa piété, les causes de sa « relapse », son attitude à ses derniers moments, etc.

Quelques-uns des témoins qui comparurent lors de cette enquête ecclésiastique avaient déjà été interrogés par ordre du roi : ainsi Guillaume Manchon, Martin Ladvenu, Isambart de la Pierre; d'autres comparaissaient pour la première fois, comme l'un des assesseurs du premier procès, Pierre Miget, et aussi ce Pierre Cusquel qui avait ses entrées, comme attaché aux œuvres de la maçonnerie, dans le château de Rouen. Après le 8 mai, on voit comparaître la plupart des anciens assesseurs encore vivants : Nicolas Caval qui avait été l'exécuteur testamentaire de Cauchon, André Marguerie,

Richard du Grouchet, Jean Fabri, Guillaume du Désert, et quelques autres personnages qui avaient manifesté l'intention de témoigner sans avoir pris une part effective au procès de condamnation : ainsi Jean Favé, Jean Riquier, Thomas Marie, et surtout le fameux « résistant », Nicolas de Houppeville. La plupart des autres partenaires étaient morts. Cauchon le premier était mort subitement le 14 décembre 1442. Nicolas Loiseleur était mort subitement à Bâle, la même année 1442; le promoteur Jean d'Estivet avait été trouvé noyé dans un égoût; quant au vice-inquisiteur Jean Lemaître, était-il encore vivant ou non ? c'est ce que les textes ne permettent pas d'affirmer. Toujours est-il qu'on n'a plus aucune trace de son existence après janvier 1452. Nicolas Midy, celui qui avait adressé à Jeanne le dernier sermon du Vieux-Marché, était mort lépreux une dizaine d'années auparavant.

A la date du 22 mai, Guillaume d'Estouteville informait officiellement le roi de la fin de l'enquête. Quelques jours plus tard, agissant en sa qualité de légat du Saint-Siège, il accordait à Orléans des indulgences à tous ceux qui assisteraient à la procession et aux cérémonies du 8 mai; c'est donc qu'à cette date (9 juin 1452) il était, lui, légat du pape, pleinement convaincu de l'innocence de Jeanne et de l'injustice de sa condamnation.

Vers le même temps, Jean Bréhal et Guillaume Bouillé passaient à Orléans et étaient reçus avec empressement par la municipalité qui leur offrait un vin d'honneur. Enfin, dans les premiers jours de juillet, Guillaume d'Estouteville était reçu par le roi en son château de Mehun-sur-Yèvre et lui faisait part de la conviction qu'il avait acquise au cours de l'enquête ecclésiastique. La cause de la réhabilitation entrait dès lors dans une nouvelle phase, plutôt juridique et théologique : il s'agissait de recueillir des avis de canonistes sur l'ensemble de l'affaire. Jean Bréhal rédige à leur usage un résumé, le *Summarium* qui, reprenant l'un après l'autre les chefs d'accusation, les faisait suivre des réponses contenues dans le procès-verbal de la condamnation; puis la question était posée aux docteurs : d'après ces réponses, tireriez-vous la même conclusion qu'en tirèrent jadis les juges de Rouen ? Ces consultations forment à elles seules un épais volume, attestant que tout ce qui compte alors en fait de canonistes et théologiens importants dans le royaume (quelques-uns même hors du royaume, comme ce frère Léonard de Brixenthal, de l'Université de Vienne) ont été priés de donner leur avis. Citons en dehors des deux jurisconsultes romains déjà mentionnés, Robert Ciboule, ancien recteur de l'Université et chancelier de Notre-Dame de Paris, Élie de Bourdeilles, évêque de Périgueux, Thomas Basin, le fameux évêque de Lisieux, qui devait plus tard écrire l'Histoire de Charles VII, Martin Berruyer, évêque du Mans, Jean Bochard, évêque d'Avranches, etc.

Guillaume d'Estouteville regagnait Rome à la fin de l'année 1452 et devait être, le 30 avril 1453, nommé à l'archevêché de Rouen, ce qui semblait devoir donner une impulsion nouvelle à l'affaire de la réhabilitation.

Cette année 1453 allait être fertile en événements sur le plan militaire. En effet, on avait vu, non sans stupeur, en octobre 1452, Talbot, le vieux Talbot, celui que Jeanne avait jadis fait prisonnier à Patay, débarquer en Guyenne – à quatre-vingt-un ans – et y être reçu avec empressement par les habitants de Bordeaux qui, en revanche, faisaient prisonnier le sénéchal français Olivier de Coëtivy. Il s'agissait d'un complot de la bourgeoisie de Bordeaux et des environs dont les ressources, qui provenaient surtout de la forte vente des vins de Guyenne en Angleterre, se trouvaient fâcheusement taries depuis le retour de la ville dans l'obédience française. Et l'on assiste, durant les premiers mois de 1453, à ce qui semblerait être le détachement progressif de la Guyenne et de la Gascogne, revenant sous l'égide de l'Angleterre. Toutefois, le 17 juillet 1453, la bataille de Castillon allait en décider autrement. Talbot fut tué et Bordeaux dut faire sa soumission.

D'autres événements se déroulaient en Orient où,

on le sait, Constantinople, au matin du 29 mai 1453, succombait à la pression ottomane. Le dernier empereur byzantin, Constantin Dragasès, était retrouvé parmi les morts et sa tête embaumée allait être envoyée successivement dans les principales villes de l'empire turc comme signe de la victoire du sultan Mahomet II qui, monté sur l'autel de Sainte-Sophie, avait lui-même transformé en mosquée la vénérable basilique chrétienne.

Plus que jamais, le pape allait presser les souverains occidentaux de se réunir pour concerter une action en Orient; il n'obtint d'eux que des réponses évasives – ou illusoires comme cette promesse de se croiser que fit le duc de Bourgogne, Philippe le Bon, au cours d'un fastueux banquet. En réalité, l'avance turque ne sera arrêtée que sous les murs de Vienne, après d'effroyables ravages commis en Hongrie.

Est-ce en conséquence de ces événements que le procès de réhabilitation semble suspendu ? En tout cas, on ne voit pas que la victoire définitive du roi de France en Guyenne ait hâté le cours des choses, au contraire. Une année entière se passe sans que l'on ait le moindre fait à mentionner.

En 1454, on constate que Jean Bréhal fait un voyage à Rome « pour aller devers notre Saint-Père le pape touchant le procès de feu Jeanne la Pucelle ». C'est sans doute au cours de ce voyage qu'aura été remise au Souverain Pontife une supplique de la famille de Jeanne demandant que soit ouvert le procès de réhabilitation. Seul le pape pouvait en effet autoriser l'ouverture de ce procès, les décisions de l'Inquisition étant sans appel. L'un des canonistes consultés, Jean de Montigny, de l'Université de Paris, avait émis l'avis que la famille de Jeanne était la plus qualifiée pour se porter partie civile : « Bien que plusieurs personnes puissent être partie civile, comme tous ceux que la chose regarde sont à entendre et qu'elle regarde plusieurs personnes en général et en particulier... il nous semble que les proches parents de la Pucelle défunte doivent avoir le pas sur les autres et doivent être admis à ce procès comme poursuivant l'injure faite à l'un des leurs dans le meurtre et le lamentable étouffement de la dite Pucelle. »

De la famille de Jeanne ne subsistaient alors, nous l'avons vu, que sa mère, Isabelle Romée, pensionnée par les bourgeois d'Orléans, et ses deux frères, Pierre et Jean. C'est donc en leur nom que le procès allait être entrepris. Entre-temps, le pape Nicolas V mourut, mais son successeur, Calixte III, n'occupait le trône pontifical que depuis deux mois lorsqu'il délivra un rescrit qui, en date du 11 juin 1455, allait autoriser Isabelle Romée et ses fils à demander la réhabilitation de Jeanne la Pucelle. Ce rescrit désignait trois commissaires chargés de « faire rendre en dernier ressort une juste sentence » : l'archevêque de Reims, Jean Jouvenel des Ursins, l'évêque de Paris, Guillaume Chartier, l'évêque de Coutances, Richard Olivier.

Le 7 novembre 1455, Isabelle Romée, assistée de ses fils (le procès-verbal définitif, remarquons-le, ne mentionne que Pierre), allait présenter elle-même le rescrit pontifical aux commissaires désignés par le pape dans la nef de Notre-Dame de Paris où se trouvait aussi l'inquisiteur Jean Bréhal. Audience extraordinairement émouvante, car la vieille paysanne était escortée de tout un groupe d'habitants d'Orléans, joignant leur plainte à la sienne, et bientôt cette nef de Notre-Dame où la foule s'écrasait s'emplit d'un tel tumulte que les commissaires durent se réfugier en hâte dans la sacristie, entraînant avec eux Isabelle et son entourage.

L'émotion de la foule, on la partage à la lecture de la requête de la vieille paysanne, telle que les procès-verbaux nous l'ont conservée :

« J'avais une fille, née en légitime mariage, que j'avais munie dignement des sacrements de baptême et de confirmation et avais élevée dans la crainte de Dieu et le respect de la tradition de l'Église, autant que le permettaient son âge et la simplicité de sa condition, si bien qu'ayant grandi au milieu des champs et des pâturages elle fréquentait beaucoup l'église et recevait chaque mois, après due confession, le sacrement de l'Eucharistie, malgré son jeune âge, et se livrait aux jeûnes et aux oraisons avec grande dévotion et ferveur, pour les nécessités alors si grandes où le peuple se trouvait et auxquelles elle compatissait de tout son cœur ; pourtant, bien qu'elle n'ait jamais pensé, conçu ou fait quoi que ce soit qui l'écartât de la foi ou la contredît, certains ennemis... l'ont fait traduire en procès de foi... et... malgré ses récusations et appels, tant tacites qu'exprimés, sans qu'aucun secours ait été donné à son innocence, en un procès perfide, violent et inique, sans l'ombre de droit... l'ont condamnée de façon damnable et criminelle, et l'ont fait mourir très cruellement par le feu... pour la damnation de leur âme et en notoire, infamant et irréparable dommage porté à moi, Isabelle, et aux miens... » (Q,II,82)

C'était le vrai procès de Jeanne qui commençait là, dans ce sanctuaire de Notre-Dame de Paris, plus chargé d'Histoire qu'aucun autre sur notre sol. Allaient comparaître la plupart de ceux qui l'avaient connue, paysans ou paysannes de Domremy, compagnons d'armes, princes de sang royal, prélats de l'Église – chacun avec son accent particulier et ses souvenirs personnels. Et certes, il se peut bien qu'à vingt-cinq ans de distance, ces souvenirs aient été souvent affaiblis ou défigurés ; il est certain aussi que les défaillances de mémoires seront nombreuses parmi les anciens assesseurs du tribunal qui, visiblement, auraient bien voulu, lorsqu'on les interrogeait au procès de réhabilitation, ne pas être là : ainsi, un André Marguerie, un Nicolas Caval, un Thomas de Courcelles, lesquels, à qui mieux mieux, déclarent qu'ils ne se souviennent pas, que d'ailleurs ils n'ont pris qu'une part restreinte au procès, etc. Il reste que, de l'ensemble des témoignages, se dégage un portrait qui soutient la comparaison avec ce que nous savons de Jeanne par elle-même, par ses paroles que le procès de condamnation a eu du moins le mérite de nous transmettre. Et la réhabilitation se déroule dans une atmosphère de paix retrouvée, d'incontestable liberté aussi – des « lettres d'abolition » avaient été données par Charles VII qui eut le mérite de savoir se

montrer clément dans sa victoire –; il est presque surprenant pour nous de voir certains témoins parmi les
plus compromis, comme ce Jean Beaupère lors de
l'enquête royale, persister dans leurs dires, en complète
opposition avec l'évolution des circonstances politiques,
et se retirer ensuite sans être inquiétés; sans doute y
eut-il, surtout parmi les témoins de Rouen, un certain
nombre d'opportunistes – comme ce Jean Marcel, marchand de la ville, qui avait notoirement « collaboré »
au temps de l'occupation et qui semble bien ne venir
déposer que pour « se blanchir ». Mais l'ensemble des
témoignages fournis est suffisamment concordant, avec
des teintes personnelles, selon l'âge et la condition de
celui qui témoigne.

Pour la représenter au cours de ce procès, la famille
de Jeanne fera choix d'un avocat, Pierre Maugier, et
de divers procureurs dont le principal fut Guillaume Prévosteau, conseiller de l'Échiquier; le tribunal
en effet allait se déplacer pour se rendre en tous les
lieux où il importait d'être renseigné sur Jeanne, et la
famille ne pouvait évidemment le suivre en tous ses
déplacements. La première séance eut d'ailleurs lieu à
Paris même, à l'évêché, le 17 novembre; séance solennelle à laquelle assistaient les trois commissaires pontificaux, l'inquisiteur et de nombreux prélats. Les deux
greffiers désignés pour enregistrer les procès-verbaux,
Denis Lecomte et François Ferrebouc, remplissent dès
lors leur office.

Puis le tribunal se transporte à Rouen où toutes les
personnes intéressées par le procès sont invitées à comparaître du 12 au 20 décembre. Comme il était d'usage
dans les procès d'Inquisition ou d'officialité, les procla-
mations étaient faites par voie d'affiches et surtout
« criées » dans les rues. C'est au cours de la principale
de ces séances, le 12 décembre 1455, dans la grande
salle du palais archiépiscopal, que Guillaume Manchon
remit entre les mains du tribunal toutes les pièces qu'il
détenait encore, y compris les fameuses notules, la
minute française, dont il est possible que le manuscrit
aujourd'hui conservé à Orléans soit une copie, ainsi que

le manuscrit dit d'Urfé, conservé à la Bibliothèque nationale; c'est également au cours de cette séance qu'est désigné un promoteur remplissant les fonctions du ministère public, maître Simon Chapitault. La plupart des témoins qui avaient comparu lors des enquêtes précédentes, tant royale qu'ecclésiastique, sont de nouveau invités à déposer, et c'est au cours de ces séances, notamment celle du 17 décembre, presque entièrement consacrée à interroger le notaire Guillaume Manchon, qu'est réellement fait « le procès du procès » et que sont rendues évidentes les lacunes de la condamnation : le fait que les douze articles de l'accusation n'avaient pas été lus à Jeanne, la substitution d'une cédule d'abjuration à l'autre, ont notamment frappé l'assistance, et Simon Chapitault put, en fin de session, prononcer un réquisitoire dans lequel il déclarait que le procès de condamnation avait été vicié quant au fond et à la forme.

Une série particulièrement émouvante d'interrogatoires est celle qui eut lieu à Domremy, puis à Vaucouleurs. Elle se déroule à partir du 28 janvier 1456 dans le presbytère de la petite église de Domremy. Comme il est toujours d'usage pour les tribunaux d'officialité, on avait alors désigné sur place les personnages destinés à composer le tribunal auquel avait été donnée la liste des questions à poser. C'était le doyen de l'église Notre-Dame de Vaucouleurs, maître Réginald Chichery, et un chanoine de la cathédrale de Toul, Wautrin Thierry, qui remplissaient ici l'office des commissaires pontificaux. Mais, bien entendu, le promoteur, Simon Chapitault, était venu de Paris pour assister à l'enquête; celle-ci se termine le 11 février après que, à défaut de Baudricourt lui-même qui était mort, on eut entendu les deux chevaliers qui avaient escorté Jeanne, Jean de Metz et Bertrand de Poulengy. Le 16 février, les audiences reprenaient à Rouen et deux enquêtes étaient ordonnées, l'une à Orléans, l'autre à Paris où déjà des dépositions avaient été recueillies entre le 10 et le 15 janvier : c'est alors que, entre autres, on avait entendu Thomas de Courcelles et aussi l'ami dévoué de Cauchon, Jean de Mailly, évêque de Noyon.

A Orléans aussi, comme à Domremy, le sentiment populaire se manifeste; nombreuses sont les petites gens qui défileront entre le 22 février et le 16 mars 1456, et, à travers toutes les dépositions, perce cet enthousiasme pour l'héroïne qu'attestent aussi de grands seigneurs comme Dunois ou le duc d'Alençon (ces derniers entendus à Paris le 12 mai).

Un témoignage capital eût manqué : celui de Jean d'Aulon, le fidèle intendant de Jeanne, si l'archevêque de Reims n'avait pris soin de lui demander d'adresser tout au moins sa déposition par écrit. Jean d'Aulon, en effet, était alors sénéchal de Beaucaire; plutôt que de venir déposer à Paris, il fut invité à dire ce qu'il savait devant l'officialité de Lyon; sa déposition a été envoyée en français alors que toutes les autres ont été au fur et à mesure traduites en latin par les greffiers. Elle se trouve être la dernière en date (20 mai 1456). Entre-temps, les audiences avaient repris à Rouen le 10 mai pour s'y terminer le 14.

Le 30 mai, une nouvelle audience s'ouvrait qui n'était plus que simple formalité : on faisait appel aux contradicteurs qui ne se produisirent pas; le 2 juin, les témoignages recueillis au cours de l'enquête furent déclarés acquis au tribunal. Enfin, le 10 juin, après une dernière assignation, tous les documents du procès se trouvaient réunis entre les mains de l'inquisiteur Jean Bréhal. C'est alors que celui-ci, rentré à Paris, dresse sa révision de l'ensemble du procès, à laquelle on a donné le nom de *Recollectio*. Point par point, les accusations portées vingt-cinq ans plus tôt sur Jeanne se trouvent ici réfutées pièces en main, confrontant les réponses du premier procès, les enquêtes du second, etc. Travail fort approfondi après lequel rien ne subsiste de l'accusation d'hérésie.

Pendant le cours du mois de juin, les commissaires se consacrent à l'étude des documents et de la *Recollectio*. De nouveau, le 24, aux portes des églises de Rouen, sont affichées des citations adjurant les contradicteurs éventuels à la réhabilitation à venir dire ce qu'ils savent, mais personne ne se présente. Le 2 juillet, en audience solennelle, le promoteur Simon Chapitault, puis Guillaume Prévosteau au nom de la famille de Jeanne, viennent supplier les juges de prononcer, au nom du Saint-Siège, sa réhabilitation.

Le 7 juillet 1456, à 9 heures du matin, dans la grande salle du palais archiépiscopal de Rouen, prenaient place les trois commissaires pontificaux : l'archevêque de Reims, l'évêque de Paris, l'évêque de Coutances, ainsi que l'inquisiteur Jean Bréhal. De la foule se détachaient, assis au banc, le promoteur Simon Chapitault et, à la barre, Jean d'Arc, celui qu'on appelait Petit-Jean, assisté de l'avocat Pierre Maugier et du procureur Guillaume Prévosteau ; dans l'assistance se trouvait l'un de ceux qui avaient assisté Jeanne jusqu'à ses derniers moments, frère Martin Ladvenu. Frère Isambart de la Pierre était mort dans l'intervalle.

Cérémonie solennelle, mais, on l'a fait remarquer, toute juridique. Après les préambules et formalités d'usage, l'archevêque de Reims qui préside la commission pontificale lit les attendus :

« Attendu la requête de la famille d'Arc contre l'évêque de Beauvais, le promoteur des affaires criminelles et l'inquisiteur à Rouen... vu les informations... et consultations juridiques... vu les faits, vu les articles infamants... Nous, siégeant à notre tribunal et ayant Dieu seul devant les yeux, disons, prononçons, décrétons et déclarons que les dits procès et sentences (de condamnation) entachés de dol, de calomnie, d'iniquité, de contradiction et d'erreurs manifestes en fait et en droit, y compris l'abjuration, l'exécution et toutes leurs conséquences, ont été et sont nuls, sans valeur, sans effet et anéantis... Nous les cassons, annulons, et déclarons qu'ils doivent être lacérés... Vu l'appel de Jeanne au Saint-Siège... vu les menaces de tortures... Nous proclamons que Jeanne n'a contracté aucune note d'infamie et qu'elle en sera et qu'elle en est lavée et, s'il en est besoin, nous l'en lavons absolument... »

L'un des exemplaires des articles d'accusation est alors lacéré symboliquement. Puis l'assemblée se transporte au cimetière Saint-Ouen où avait eu lieu la

fameuse « abjuration » pour répéter l'arrêt ainsi prononcé. Il en sera de même le lendemain sur la place
du Vieux-Marché où a lieu de plus une prédication
solennelle et l'érection d'une croix « en mémoire perpétuelle et pour qu'on y prie pour le salut de son âme et
celui des autres défunts ».

Dans plusieurs villes de France fut célébrée la réhabilitation de Jeanne, entre autres, bien entendu, à
Orléans, où le 27 juillet eurent lieu des fêtes que prési-
dèrent Jean Bréhal et Guillaume Bouillé. La municipalité se mit en frais et leur offrit un grand banquet pour
lequel on fit l'achat de « dix pintes et chopines de
vin... douze poussins, deux lapereaux, douze pigeons,
deux levreaux..., etc. ». Et l'on aime à imaginer Isabelle Romée, au milieu de cette foule amie; longtemps
déshonoré par cette tache d'infamie que l'ennemi
avait réussi à lui infliger, le vrai visage de sa fille lui
était enfin rendu; elle pouvait mourir; la tradition veut
que cette mort soit survenue dans le petit village de
Sandillon près d'Orléans, le 28 novembre 1458.

COMMENTAIRE

On a souvent déploré que Jeanne, cette fille pleine de
sève et de vie, ne nous soit connue, par un étonnant para-
doxe, que par des « grimoires de notaires ». Nous avouons
ne pas partager cette opinion. Dans un cas aussi surprenant – car tout est exceptionnel dans son histoire : les faits
et la personne – il est bon au contraire que les documents
comportent le maximum de rigueur et c'est pourquoi il nous
semble que même les chroniques contemporaines doivent
le céder au texte des deux procès (puisse-t-il quelque jour
s'y ajouter celui qui manque encore : le procès de Poitiers!)
à travers la raideur des formules juridiques et le dépouil-
lement des témoignages directs, sur des pages authentifiées,
marquées chacune de la signature des notaires. C'est
pour l'historien une garantie rétrospective. Jamais il n'ac-

cordera la même confiance à une chronique, dans laquelle le fait est toujours vu à travers le prisme déformant d'une personne, ayant ses idées, son tempérament, son angle de vue, — qu'à un acte notarié.

La remarque prend toute sa valeur à propos de la scène même de la réhabilitation. C'est le P. Doncœur qui faisait remarquer la sécheresse de cette cérémonie. Il n'y a pas un geste, pas un mot qui soit autre chose que mots et gestes juridiques. Et c'est vainement que l'on chercherait dans cette sentence de réhabilitation un seul terme qui sente le panégyrique. Des commissaires ont été désignés pour répondre à la question : Jeanne était-elle ou non une hérétique ? Ils répondent : Non. C'est tout. C'est bien un acte purement négatif. L'Église se contente de désavouer une sentence autrefois portée par des ecclésiastiques qui ont mal jugé. Certains historiens ont voulu voir dans cette scène de la réhabilitation le début de la « légende » de Jeanne d'Arc, par laquelle le personnage aurait été artificiellement amplifié et proposé à l'admiration des foules... Cela prouve simplement qu'ils ne s'étaient pas reportés aux textes. En fait, lorsqu'on s'y reporte, nous qui avons l'habitude d'entendre sur Jeanne tous les panégyriques possibles et imaginables, émanant de ministres autant que de prélats, on est au contraire curieusement déçu. On cherche la minute d'émotion sans la trouver; l'émotion n'existe, relatée dans les procès-verbaux, que le jour où Isabelle Romée s'est présentée à Notre-Dame de Paris, mais précisément ce n'était que le début du procès et l'émotion venait de ce qu'une pauvre vieille paysanne réclamait dramatiquement justice.

Nous avons cru bon de rapporter une à une toutes les étapes de la réhabilitation parce que, si aride qu'en soit l'étude, elle est nécessaire pour prendre conscience du sérieux et du soin avec lesquels l'affaire a été menée. Trop souvent, en effet, ce procès a été méconnu des historiens eux-mêmes, nous l'avons dit. Il est bon de « réaliser » qu'il s'est déroulé, si l'on tient compte de l'enquête civile qui a d'abord cherché « à connaître la vérité » de la condamnation, sur sept années complètes, qu'il a mobilisé tour à tour une commission royale et un tribunal d'Église, que deux papes s'en sont mêlés, que cent quinze témoins ont été appelés à déposer, certains jusqu'à quatre fois. On n'invente pas une super-cherie de pareille envergure.

Nous avons vu comment le tribunal de la réhabilitation avait entendu des témoins dans la plupart des villes où Jeanne avait vécu, entre autres aux lieux de son enfance, à ceux de ses exploits et à ceux de son supplice. On procédait alors comme pour tout autre procès : un greffier écrivait, prenait des notes, au fur et à mesure des dépositions, les-quelles étaient traduites en latin, et le procès-verbal de chaque séance était dressé. L'ensemble de ces notes étaient recopiées sur un registre; plus exactement trois exemplaires de l'en-semble du dossier furent ainsi dressés, portant sur chaque page la signature des deux notaires, Denis Lecomte et François Ferrebouc. Registres énormes car, en dehors du procès proprement dit qui se déroule en 1455-1456, comportant procès-verbaux de séances, questions posées aux témoins et dépositions de ceux-ci, les notaires recopient toutes les pièces de procédure, comme les consultations de juristes et aussi l'enquête canonique menée par le cardinal d'Estouteville en 1452. On aura idée des dimensions de l'ensemble si l'on sait que les deux volumes de Quicherat (t. II et III de sa publication) font 855 pages de textes serrés; or il a laissé de côté toutes les consultations juridiques et théologiques qui fournissent par ailleurs deux gros volumes (édités par Lanéry d'Arc en 1889) ainsi que les deux ouvrages de Bréhal, le *Summarium* et la *Recollectio,* dont une édition a été donnée en 1893 par les PP. Belon et Balme. Enfin, il faut ajouter que les manuscrits du procès de réhabilitation ne comportent pas l'enquête civile, ni le mémoire rédigé par Guillaume Bouillé, qui a été recopié à part (manuscrit dit de Soubise, aujourd'hui à la Bibliothèque de la ville d'Orléans, No 1613 et manuscrit d'Urfé conservé à la Bibliothèque nationale, fonds latin 8838).

Les trois exemplaires authentifiés du procès de réhabili-tation ont été conservés jusqu'à notre temps. Deux d'entre eux sont conservés à la Bibliothèque nationale dans le fonds latin : nos 17 013 et 5 970. Un autre se trouve aujourd'hui, assez curieusement, en Angleterre, conservé au British Museum, manuscrit Stowe 84.

Pour avoir une description plus complète des différents

manuscrits et de leur contenu on pourra consulter Pierre Champion, *Notice des manuscrits des procès de réhabilitation*, Paris, 1930. Pour lire le texte de l'ensemble dans l'original latin on ne dispose encore que de l'édition de Quicherat (t. II et III des *Procès*) et des deux ouvrages qui la complètent, celui de Lanéry d'Arc et celui des PP. Belon et Balme, dont nous avons parlé. Mais une réédition est en cours; déjà une réédition récente de l'enquête civile a été faite à l'occasion du cinquième centenaire de la réhabilitation : P. Doncœur et Y. Lanhers, *L'enquête ordonnée par Charles VII en 1450 et le codicille de Guillaume Bouillé*, Paris 1956, Librairie d'Argences; cela dans une série intitulée *Documents et recherches relatifs à Jeanne la Pucelle* et qui comportait déjà une édition de la *Minute française des interrogatoires de Jeanne* et une édition de *L'instrument des sentences* (actes d'accusation) *portés par Pierre Cauchon et Jean Lemaître contre Jeanne la Pucelle*.

Le travail méthodique entrepris par la Société de l'Histoire de France permettra bientôt d'avoir ce texte du procès de réhabilitation dans une édition nouvelle. Il s'agit toujours du texte original, c'est-à-dire en latin. Mais diverses traductions françaises ont été faites :

Eugène O'Reilly, *Les deux procès de condamnation, les enquêtes et la sentence de réhabilitation de Jeanne d'Arc*, Paris, 1868, 2 vol.

Joseph Fabre, *Procès de réhabilitation de Jeanne d'Arc raconté et écrit d'après les textes officiels latins*, Paris, 1888, 2 vol.; réédité en 1912.

Nous avons d'autre part donné une traduction de toutes les dépositions de témoins faites à ce procès de réhabilitation dans l'ouvrage intitulé *Vie et mort de Jeanne d'Arc, les témoignages du procès de réhabilitation*, 1450-56, Paris, Hachette, 1953.

Enfin une analyse du procès avec extraits des dépositions a été éditée par le Club du meilleur livre en 1954, et l'on trouvera des études très complètes sur les circonstances de la réhabilitation et la rédaction des procès dans l'ouvrage édité en 1956 sous les auspices du Comité national de Jeanne d'Arc : *Mémorial du Ve centenaire de la réhabilitation de Jeanne d'Arc, 1456-1956*.

Rappelons ici, pour être complet, comment Jeanne, béatifiée le 18 avril 1909, a été canonisée le 9 mai 1920. Sa fête a été en France déclarée fête nationale le 10 juillet de cette même année 1920.

Il reste à dire un mot des erreurs soutenues par les partisans de la fameuse hypothèse de la « bâtardise »; la méthode qui leur est habituelle consiste en effet à écarter en bloc les textes qui anéantissent l'hypothèse, mais à puiser dans ces mêmes textes un détail, une ligne, à laquelle ils accordent une importance exclusive. En l'espèce il s'agit du Procès de Réhabilitation, dont on écarte en bloc les témoignages pour n'en retenir qu'un seul. Ce qui est pour le moins curieux, car enfin, on ne voit pas comment, si l'ensemble est faux, tel détail serait plus exact et plus véridique que tout le reste.

Ici le choix du détail sur lequel ils s'appuient est doublement malheureux, car ce n'est qu'en commettant un contresens dans la traduction qu'il signifie ce qu'on veut lui faire dire. Il s'agit de la déposition du notaire Guillaume Colles, dit Boisguillaume, qui, parlant de l'examen de virginité fait à Rouen sur l'ordre de la duchesse de Bedford, ajoute : *et quod dux Bedfordie erat in quodam loco secreto ubi videbat eandem Johannem visitari.* Le sens est parfaitement clair : *et que le duc de Bedford était en un endroit caché où il voyait examiner Jeanne* (littéralement : *Jeanne être examinée,* ou : *être visitée*). (R 224). L'amateur d'hypothèses en déduit tranquillement que le duc de Bedford avait l'habitude de *rendre visite* à Jeanne par un souterrain qui allait de son appartement à la prison... Citons ici l'article de Me Maurice Garçon auquel nous nous sommes déjà reporté : « On demeure confondu : *loco secreto* n'a jamais voulu dire un souterrain, *ubi* est un adverbe de lieu exclusif de mouvement qui n'a le sens ni de *quo* ni de *unde, videbat* n'est pas *solebat* et *visitari* est un infinitif passif. »

Et l'archéologie de son côté confirme la traduction correcte. Car – et l'on a soutenu le contraire, mais en se gardant bien, et pour cause, de fournir des pièces à l'appui – le château de Rouen a fait l'objet, par deux fois, de fouilles très complètes qui n'ont révélé l'existence d'aucun souterrain; on trouvera l'exposé du résultat de ces fouilles, menées par F. Bouquet, puis par le commandant Quenedey, dans l'ouvrage de ce dernier : *la Prison de Jeanne d'Arc à Rouen,* Paris, 1923. Voir aussi les comptes rendus du Congrès archéologique de Rouen, 1926.

Précisons que le même auteur renvoie au *Journal de Pierre Cusquel,* lequel indiquerait, dit-il, que Jeanne s'est évadée. Dommage : le *Journal de Pierre Cusquel* n'existe pas... Nous avons cité les dépositions du personnage au procès de réhabilitation, dans lesquelles, à trois reprises, il raconte au contraire comment Jeanne fut brûlée ; c'est tout ce que nous possédons de lui.

Conclusion.

Nous avons tenté dans cet ouvrage de rendre le plus fidèlement possible le « cas Jeanne d'Arc » en laissant parler uniquement les textes du temps, dûment contrôlés et passés au crible de la critique historique, et auxquels chacun peut recourir aujourd'hui, des traductions ayant été faites, suffisamment accessibles et fidèles. Et l'on ne saurait trop recommander aux lecteurs de recourir à ces textes, car limités que nous étions par les dimensions de cet ouvrage, nous n'en avons donné que des extraits qui sont peut-être suffisants pour suivre l'histoire même de Jeanne, mais restent insuffisants pour faire réellement connaissance avec sa personne. Tout le monde devrait avoir lu au moins le procès de condamnation, l'un des plus beaux textes de notre langue; il est inconcevable de penser qu'à l'heure actuelle, ce texte ne figure dans aucun des « morceaux choisis » de littérature présentés aux écoliers.

Est-ce à dire que tout soit clair désormais sur le « cas Jeanne d'Arc » ? Non, tout n'est pas clair; l'historien le premier se doit de le reconnaître. Parmi les événements qu'il expose il en est qui échappent à toute explication rationnelle et cela lui marque des limites qu'en toute loyauté il doit se garder de franchir. Son rôle consiste à raconter les faits, à démêler parmi les matériaux qui lui sont offerts le vrai du faux, à retracer le cours des événements et la carrière des personnages pour autant que les documents exacts lui permettent de le faire; le reste est conjecture. Et ici l'historien n'est en somme pas plus qualifié que n'importe lequel de ses lecteurs.

Dans le cas de Jeanne d'Arc précisément de singulières confusions se sont produites entre l'exposé des faits et leur explication. On se trouve devant des faits dont le caractère extraordinaire saute aux yeux. Le désir de les expliquer n'en est que plus vif et chacun y va de son explication personnelle.

Rien de plus légitime, croyons-nous; Jeanne elle-même a donné, des événements auxquels elle préside, son explication : « Tout ce que j'ai fait, je l'ai fait du commandement du Seigneur... Je suis venue de par Dieu... N'était la grâce de Dieu je ne saurais rien faire... Je vous l'ai assez dit, que je n'ai rien fait que par le commandement de Dieu... etc. » Mais il est évident que du point de vue de la critique historique, une affirmation qui émane d'un seul témoin et ne peut être contrôlée par ailleurs n'emporte pas la certitude; et si le croyant peut donner son adhésion à cette explication, elle ne peut pas compter pour l'incroyant.

Aussi trouvons-nous parfaitement légitimes les tentatives d'explications qui ont été données au cours des siècles concernant l'histoire de Jeanne. Ces explications sont de toutes sortes et chaque lecteur peut ajouter la sienne ou choisir parmi celles qui lui sont proposées.

Il en est évidemment qui paraissent simplistes : lorsque M. et Mrs Butterfield nous disent sans sourire que Jeanne avait la tuberculose du cerveau parce qu'elle buvait du lait de vache et que cela explique tout, on en conclurait volontiers que des mesures devraient être prises pour interdire la pasteurisation; car enfin, le risque de tuberculose du cerveau se serait révélé suffisamment bénéfique pour que, dans l'intérêt de la nation, il vaille la peine d'être couru sur une large échelle.

Mais il y a des explications plus logiques; lorsque l'historien américain Francis Leary (*The golden longing*, New York, 1959) propose d'expliquer l'histoire de Jeanne par le spiritisme, son explication paraît devoir être tout à fait convaincante pour ceux qui partagent sa croyance au spiritisme. D'autant plus que l'auteur a auparavant exposé très loyalement l'ensemble des faits de la vie de Jeanne d'Arc.

Car c'est là le point capital et celui sur lequel trop d'écrivains sont pris en défaut : dans leur désir de présenter une explication des événements qui constituent l'histoire de Jeanne, ils défigurent cette histoire. Procédé inadmissible aux yeux de l'Histoire. Autant l'interprétation qu'on peut donner d'un personnage est affaire de conscience personnelle, autant les faits historiques, eux, sont affaire de documents, de preuves admises et contrôlées par la méthode

historique, et échappant complètement aux fantaisies individuelles. Voilà pourquoi, disons-le, un certain nombre
d'explications doivent être d'abord écartées : parce qu'elles
méconnaissent le fait historique. Le chroniqueur bourguignon qui faisait de Jeanne une servante d'auberge était
dans l'erreur : il est démontré qu'il n'en fut rien. Quand
Girard du Haillan au XVIe siècle faisait d'elle une prosti-
tuée, il était dans l'erreur. De même sont dans l'erreur ceux
qui imaginent que Jeanne a pu échapper au supplice et
reparaître sous les traits de l'aventurière Claude des Armoises. Quant à l'hypothèse de la bâtardise, il est démontré
qu'elle ne repose sur rien et on se demande au surplus ce
qu'elle pourrait bien expliquer; car enfin ce n'est pas for-
cément parce que l'on est bâtard que l'on peut gagner une
bataille... Somme toute, c'est le désir d'expliquer qui généralement est venu embrouiller les données et compliquer
l'histoire de Jeanne. Cette histoire est pourtant l'une des
mieux établies qui soit. Le texte des deux procès, les documents publics et privés qui en confirment les données font de
Jeanne l'un des personnages sur lesquels on se trouve à l'heure
actuelle le mieux informé. Et repousser une conclusion établie par la méthode historique, c'est comme mettre en doute
une formule algébrique; on ne peut le faire sans arguments,
c'est-à-dire sans documents dûment établis et inattaquables.

Mais, encore une fois, il s'agit de bien distinguer entre
le fait et son explication. Établir le déroulement des faits,
c'est le travail des historiens, et l'on ne peut pas plus s'im-
proviser historien, qu'on ne s'improvise ingénieur atomiste.
Quant à l'*interprétation* du fait, une fois établi, c'est affaire
purement personnelle et dans laquelle la liberté de l'indi-
vidu reste entière, que l'on soit ou non historien.

Libre donc à chacun d'interpréter Jeanne à sa guise
pourvu qu'en toute loyauté on respecte, en ce qui la concerne,
les données de l'Histoire. Et l'on comprend mieux, une
fois cette distinction faite, pourquoi les historiens de toutes
tendances, cléricaux ou anticléricaux, communistes ou
monarchistes, sont parfaitement d'accord en ce qui concerne
les événements mêmes de l'histoire de Jeanne d'Arc; ces
événements ont été racontés de la même façon par Michelet
anticlérical, par l'érudit Quicherat, anticlérical lui aussi,

par le catholique chanoine P. H. Dunand, par Charles Péguy socialiste avant et après sa conversion, et de nos jours par Édith Thomas communiste et par le P. Doncœur, jésuite. Un trait commun entre ces divers auteurs en effet : ils sont historiens. Et il ne serait venu à l'idée d'aucun d'entre eux de nier des faits historiques.

Au contraire les trop nombreux ouvrages qui, à des époques plus ou moins récentes, ont soutenu la thèse de la bâtardise, par exemple, ont également un trait en commun : aucun de leurs auteurs n'est historien ; et l'on ne peut s'empêcher de trouver quelque peu suspecte leur manière de lire l'histoire et de la comprendre lorsqu'on s'aperçoit que tous prétendent s'appuyer sur des documents « nouveaux » ou « nouvellement découverts » et que chaque fois ces documents prétendus nouveaux se trouvent être éternellement les mêmes : le contrat de mariage de Robert des Armoises par exemple, – à moins qu'il ne s'agisse de documents inexistants comme celui qui énumérerait les quatre cents sorcières à brûler à l'époque du supplice de Jeanne !

L'histoire n'a rien de commun avec de pareilles fantaisies ; l'histoire de Jeanne d'Arc moins que toute autre. Combien nous préférons à ces maladroites tentatives le mot de Robert Bresson – le premier cinéaste français qui ait consacré un film à l'histoire de Jeanne d'Arc – disant, lorsqu'on lui demandait si son œuvre apportait une « explication » de l'héroïne : « On n'explique pas la grandeur, on tente de s'accorder avec elle. » On pourra verser inutilement des torrents d'encre pour tenter d'expliquer Jeanne – sans avoir rien compris au personnage. Tout autre aura été, dès le xvᵉ siècle, la réaction du peuple de France : Il a senti d'emblée que, devant elle, l'attitude la plus sage, c'était de l'admirer ; et en l'admirant il l'a comprise. Il a canonisé Jeanne et en a fait son héroïne, tandis que l'Église et l'État mettaient respectivement cinq cents ans pour l'admettre sur les autels et au rang des héros nationaux.

Il reste qu'aujourd'hui, pour nous, Jeanne est essentiellement la sainte de la réconciliation, – celle que, quelles que soient les convictions personnelles, on admire et on aime, parce qu'au-delà des positions partisanes, chacun peut découvrir en soi une raison de l'aimer.

Table des chapitres

IMPRIMERIE OFFSET-AUBIN, POITIERS
D.L. Ier TR. 1975 N° 3563 (5272)

LIVRE DE VIE

27, RUE JACOB, PARIS VI